1일 1페이지
경제사 365

읽기만 해도 내 것이 되는 경제 입문서

1일 1페이지
경제사 365

초판 1쇄 발행   2023년 5월 19일

지은이   강준형
발행인   곽철식
펴낸곳   ㈜ 다온북스

마케팅   박미애
편 집   김나연
디자인   박영정

인쇄와 제본   영신사

출판등록   2011년 8월 18일 제311-2011-44호
주소   서울시 마포구 토정로 222, 한국출판콘텐츠센터 313호
전화   02-332-4972   팩스   02-332-4872
전자우편   daonb@naver.com

ISBN 979-11-93035-05-4 (03300)

1일 1페이지 경제사 365

읽기만 해도 내 것이 되는 경제 입문서

강준형 지음

다온북스
DAON BOOKS

일러두기

1. 이 책의 맞춤법과 외래어 표기법은 국립국어원 『표준국어대사전』 규정을 바탕으로 하였으며, 규정에 없는 경우는 현지음에 가깝게 표기했습니다.

2. 영어 및 역주, 기타 병기는 본문 안에 작은 글씨로 처리했습니다.

경제사, 우리 일상의 이야기

경제사란 경제와 역사를 합친 말로 사전적 의미에서는 '경제발전의 역사'를 뜻한다. 멀리서 볼 때 우리 경제는 꾸준한 발전을 거듭해온 게 사실이나, 이 과정에서 성장과 침체 때로는 붕괴와 같은 상황을 경험하기도 했다. 애초 경제활동의 주체가 인간인 이상, 경제사의 한 면을 장식한 수많은 사건도 결국엔 다양한 인간군상이 그려낸 결과물일 수밖에 없기 때문이다.

경제사의 의미가 이와 같다면, 이제 우리는 경제사를 어떻게 받아들이고 해석해야 할 것인가의 문제가 남는다. 경제학이라는 학문 형성에 지대한 영향을 미친 인물인 알프레드 마셜(Alfred Marshall, 1842~1924)은 경제를 '인간의 일상'에 비유했다. 그는 재화나 용역의 생산, 소비, 그밖에 분배와 같은 딱딱한 용어를 쓰지 않고도 경제가 의미하는 바가 무엇인지 아주 명쾌하게 짚어냈다.

외교관이자 역사가였던 에드워드 카(Edward Hallett Carr, 1892~1982)는 자신의 저서 「역사란 무엇인가(1961)」를 통해 역사란 '현재와 과거의 끊임없는 대화'라는 말을 남겼다. 그에게 역사란 현재의 위치에서 과거를 알고 이를 통해 앞으로의 방향성을 가늠할 수 있어야 함을 의미한다. 이 또한 경제가 그렇듯, 역사의 사전적 의미와는 궤를 달리한다.

다시 본론으로 돌아가서, 이 책의 주제는 경제사다. 따라서 기존 해석을 따를 경우 역사적으로 존재한 경제발전과 체제변환의 과정 등을 짚어본다고 예측할 수 있다. 하지만 그보다는 '과거, 우리의 일상을 이야기하는 것' 정도로 생각해보면 어떨까. 그때 그 시절에는 어떤 환경에서 살았으며 무슨 일을 겪었는가를 이야기로 듣는 것이다. 과거와 현재 어느 한쪽을 우위에 두지 않은 채 말이다.

왜 대한민국 경제사인가

대개 경제사라고 하면 원시시대부터 시작해 화폐경제의 출현, 봉건제와 중상주의, 그밖에 자본주의와 공산주의 같은 내용을 떠올리기 쉽다. 동시에 그 변화를 이끈 정책이나 인물을 다루곤 한다. 이러한 경제사는 인류 역사 전반에 영향을 미칠 정도의 큰 사건인 만큼 꼭 알아둘 필요가 있는 것들이다.

반면 이 책은 우리 경제, 다시 말해 대한민국 경제사를 출발점으로 둔다. 이마저도 해방 후 분단과 전쟁을 거치며 수립된 1948년이 기준이라 시간상으로는 기껏해야 70년에 불과하다. 경제사의 주제가 되기엔 턱없이 짧은 게 사실이다. 그러나 이 시기 우리 경제는 세계사에 유례가 없는 고도성장을 일궈냈다. 이 책은 마치 주마등처럼 스쳐 간 우리 경제 속 수많은 이야기들을 조명하고 있다.

최근 우리 경제에는 여러 난제가 산적해 있다. 경기침체 우려와 가계부채, 고령화, 지방소멸 등 어느 하나 간단하지 않은 것이 없다. 글로벌 경제 또한 코로나19와 러-우크라 전쟁 장기화로 위기감이 커지고 있다. 무엇보다 우리 외교 정책의 큰 틀이었던 '안미경중(安美經中)'에도 변화의 압박이 거세진 상태다. 그렇다면 이 해법을 우리 경제사에서 찾아보는 건 어떨까.

사실 대한민국은 누군가의 말처럼, 뭔가 준비해서 제대로 한 일이 그리 없는 나라다. 준비할 여건이 되지 못했기 때문이다. 그렇게 도로를 깔고 제철소를 지었으며 조선소를 설립했다. 올림픽과 엑스포, 월드컵을 개최했다. 코로나19라는 위기 속에도 방역 모범국의 위상을 드높였다. '일단 해보자' 이것이 바로 위기 속 우리 대한민국을 견인했던 원동력인 것이다.

1페이지, 그리고 365개의 이야기

이 책은 한 페이지마다 하나의 이야기를 담고 있다. 다소 짧게 느껴질 수 있겠지만 하나의 이야기를 전달하는 데에는 충분한 분량이다. 사건과 일화, 인물, 장소 등 서로 다른 영역이지만 각각의 이야기로 재탄생하였다. 그렇게 모인 이야기는 하나의 장(章)을 이뤘다.

1장 '해방 후 경제 70년'에서는 이승만 정부에서부터 시작해 최근 문재인 정부에 이르기까지 역대 정부의 주요 정책과 성과, 한계를 정리하였다. 거대 두 정당 간의 정책 노선 차가 뚜렷한 우리나라에서 특정 정부의 정책을 평가한다는 것은 그리 간단한 문제가 아니다. 평가에 이견이 따른다는 점을 미리 밝히는 바이며, 따라서 이 부분은 독자의 영역으로 남겨두고자 한다.

이어지는 2장 '고도경제성장의 명과 암'에서는 60년대에 추진하고 70~80년대에 본격화한 우리 경제의 성과를 담았다. 앞 문단에서도 밝혔듯이 우리 경제사는 결코 성장만 이어져 온 것은 아니었으며 정경유착과 노동탄압 등 부조리한 측면도 적지 않았다. 그런 와중에도 경제가 성장하면서 새로이 제도를 도입하고 또 개편하였다. 이러한 흐름 전반을 조망해보고자 하였다.

3장 '그때 그 사건들', 4장 '경제 속 인물'도 비슷한 구성을 따른다. 1, 2장의 내용을 접해본 만큼 여기서부터는 큰 부담 없이 읽어갈 수 있을 것이다. 또한 중반 이후부터는 세계 경제사 일부를 포함하였는데, 특히 12장에는 '주변국 및 세계 경제사'를 배치해 경제사의 마지막 이야기로 최근 신냉전 동향과 그 시사점을 짚어보면서 마무리할 수 있도록 하였다.

떠나는 베이비 붐 세대, 이제 다음 세대로

끝으로 이 책을 쓰면서 느낀 소회를 짧게 밝힌다. 앞서 역사를 현재와 과거의 끊임없는 대화라고 하였는데, 우리 경제사는 불과 70여 년에 그친다. 따라서 우리 경제의 과거란 곧 이전 세대, 특히 1950~60년대에 태어나 산업화를 이끈 베이비 붐 세대의 현재이기도 하다.

이들은 유년 시절 보릿고개를 경험할 정도로 빈곤했음에도 경제·사회적 변화를 주도했으며 일에 대한 강한 의욕으로 지금의 경제성장을 견인하였다.

이들이 흘린 땀과 노고 덕분에 이만큼 먹고 살 수 있게 된 것을 부정해선 안 된다. 하지만 이것만을 강조하기엔 이들의 유산이 결코 밝지만은 않은 것도 사실이다. 능력보다는 학력과 인맥을 중시했고, 자식은 무조건 서울로 보내야 한다고 가르쳤다. 투기를 통해 번 돈은 부동산 불패신화로 이어졌다. 그 확신이 지금의 사회 양극화와 지방소멸, 저출산 문제를 양산했다.

시시비비를 가리자는 함은 아니나, 다만 이 말을 전하고 싶다. 베이비 붐 세대 중에서도 '58년 개띠'는 이른바 태어난 연도와 띠를 묶어서 표현할 만큼 한국 사회에 커다란 족적을 남긴 이들이다. 숨 가쁜 인생 여정을 살아온 결과 이들은 어느덧 환갑을 맞았다. 58년 개띠와 베이비 붐 세대의 인생에 박수를 보낸다.

한편 최근 우리 사회에 세대 교체의 움직임이 일고 있다. 베이비 붐 세대가 떠난 자리는 다음 세대가 이어가고 있다. 그사이 경제 환경은 크게 달라졌다. 과거 우리 경제가 목표를 달성하기 위해 앞만 보고 열심히 달리는 경주마와 같았다면, 지금은 결승선이 사라진 상태다. 경쟁국의 거센 충격을 따돌리면서도 경쟁 우위를 확보하고 지속가능한 경제성장을 도모할 수 있는 혜안을 찾아야 할 때다.

　이 책을 통해 우리 경제의 지난 한 세대를 조망하고 기억하며, 그 속에서 의미를 찾는 시간이 되길 바란다.

프롤로그

13

11. 세계경제의 주요 사건

12. 주변국 및 세계경제사

"우리의 후손들이 오늘에 사는 우리 세대가 그들을 위해 무엇을 했고 조국을 위해 어떠한 일을 했느냐고 물을 때 우리는 서슴지 않고 조국 근대화의 신앙을 가지고 일하고 또 일했다고 떳떳하게 대답할 수 있게 합시다."

박정희 대통령

1
해방 후
경제 70년

제1공화국, 이승만 정부

제1공화국은 대한민국 제헌 헌법에 의거, 1948년 8월 15일 수립되어 1960년까지 존속했던 체제다. 독립운동가이자 임시정부 국무총리였던 이승만 대통령의 재임 기간이기도 하다.

이승만이라는 인물과 그의 재임 시 벌어졌던 각종 사건을 놓고는 비판이 따르는 것이 사실이다. 하지만 이 시기 경제, 그중에서도 긍정적 평가를 받은 정책으로는 우선 농지개혁을 들 수 있다. 이승만 대통령은 초대 농림부 장관으로 좌익 세력의 조봉암을 파격 임명한다. 여기에는 북한의 토지개혁에 따른 정치적 불안과 미국의 압력 등이 작용했다는 해석이 있다. 어쨌든 이승만을 믿었던 지주 계층은 뒤통수를 맞은 격이었다. 한국전쟁이라는 어려움 속에서도 농지개혁은 끝내 이뤄졌고, 현재에 이르러서는 대체로 성공적이었다는 평가다.

다른 하나는 교육이다. 1949년 교육법을 제정·공포하면서 교육의 기회균등과 의무교육을 명시했다. 여성이라고 해서 차별을 두지도 않았다. 덕분에 문맹률이 크게 낮아졌다. 한편 중·고등 및 대학교육도 점차 확대했는데, 한국의 MIT를 꿈꾸며 설립한 인하공과대학(現 인하대)이 대표적이다. 이역만리 하와이에서 사탕수수 재배라는 고된 노동을 견디며 살아가던 우리 동포들은 고국에 대학이 생긴다는 소식을 접했고, 땀 흘려 번 돈을 기부금으로 내놓았다. '인하'라는 명칭은 인천과 하와이를 합친 데서 유래한 것이다.

한국전쟁, 분단체제의 고착화

　1950년 6월 25일 새벽, 북한군은 선전포고 없이 기습적으로 남침을 감행한다. 임시수도였던 남한의 부산과 북한의 강계 정도를 제외하면 한반도 대부분이 잿더미가 될 만큼 전쟁의 피해는 컸다. 이 전쟁은 3년이 지난 1953년 7월 27일 끝났는데, 이마저도 종전이 아닌 휴전에 그친다. 이후 군사분계선을 기준으로 약 70년간 남북 단절이 이어지고 있으며 우리나라는 사실상 사방이 막힌 섬나라로 전락했다.

　남북 간 체제 대결도 이때부터 시작됐다. 전쟁 이전까지는 비록 미소 주도의 냉전 체제이긴 했으나 통일 정부를 수립하려는 노력이 있었다. 하지만 전쟁이라는 참상을 겪으며 남한은 민주주의와 시장경제를, 북한은 사회주의와 계획경제라는 서로 다른 노선을 택한다. 타 체제를 언급하는 것조차 금기시될 만큼 대립은 심각했다. 한편 북한보다 열위에 있던 남한은 1970년대 본격화한 경제개발 전략이 성공하며 현재는 북한과 비교하는 게 무의미할 정도의 압도적인 국력을 갖췄다.

　그런데도 남북 사이에는 1·21 사태, 아웅산 테러, 무장공비 침투, 천안함 피격, 연평해전 등 크고 작은 도발과 교전이 계속되었다. 특히 북핵 문제는 코리아 디스카운트의 주원인이다. 남북은 2018년 판문점 선언을 비롯해 이듬해 역사적인 북미정상회담까지 성사되는 등 종전이 눈앞에 가까워지는 듯했다. 하지만 북미정상회담이 소위 '하노이 노딜'에 그쳤고, 다시 관계는 급랭하였다. 북한의 도발은 여전히 계속되고 있다.

두 차례의 화폐개혁

그동안 화폐개혁은 두 차례 있었다. 첫 번째는 1953년에 실시하였는데, 한국전쟁의 여파로 산업활동이 크게 위축되고 물가가 급등하는 등 경제 전반이 큰 혼란에 빠짐에 따라 이를 타개하기 위한 목적이었다.

화폐 단위를 '원(圓)'에서 '환(圜)'으로 변경하고 화폐가치를 100대 1로 절하하였다. 또한 일제강점기 중앙은행이었던 조선은행의 화폐를 더는 인정하지 않기로 했다. 전쟁 중이긴 하나, 한국은행권을 유일한 법화로 인정함으로써 우리나라 화폐의 완전한 독자성이 확보되었다는 평가다.

2차 화폐개혁은 1962년에 실시하였다. 당시 정부는 경제개발 5개년 계획 추진의 일환으로 긴급통화조치를 단행하였는데, 화폐 단위를 다시 '원'으로 변경하고 가치는 10대 1로 절하하였다. 여담이지만 500원권 지폐가 주화(동전)로 변경된 게 이때다. 그리고 현재까지 원 단위가 이어져 오고 있다.

최근 화폐개혁 목소리가 나오는데, 정확히는 리디노미네이션(Redenomination)이다. 화폐 단위는 그대로 쓰되 가치만 조절하자는 것이다. 3,500원을 '3.5', 10,000원을 '10'으로 표시하는 것에서 알 수 있듯 물가가 오르면서 100원 미만 단위는 거의 쓰이지 않는 상황이다. 정책당국도 이 점을 알고 있으나 화폐개혁이 미칠 파장을 고려해 논의에는 신중한 모습이다.

장면 내각 출범과 한계

1960년 6월 15일부터 1961년 5월 16일까지 약 1년 남짓 존속했던 체제다. 여담이지만 대한민국 정부 수립 후 최초이자 유일한 양원제 의원내각제 시절이기도 하다.

4·19혁명으로 이승만 대통령이 하야하면서 사태 수습을 위해 허정 과도 정부가 수립되었다. 이후 윤보선을 대통령, 장면을 국무총리로 하는 내각이 완성됐다. 독재 정치를 종식시킨 국민의 열망은 뜨거웠고, 이는 적극적으로 표출되었다. 하지만 장면 내각은 이러한 사회적 요구와 잦은 시위에 미온적으로 대처하면서 5·16 군사 정변(당시에는 이 사건을 정변이 아닌 혁명으로 평가)이 발발하는 계기가 된다. 물론 이것이 쿠데타를 정당화하는 이유가 될 순 없다.

시기가 워낙 짧았고, 이후 박정희 정부에서 대대적 경제개발에 나섰기에 제2공화국은 다소 묻힌 감이 없지 않다. 그럼에도 1961년 들어 국토건설사업이 첫발을 내디뎠으며 제1차 경제개발 5개년 계획도 추진하기에 이른다. 대개 알려진 바와 달리 경제개발 5개년 계획을 수립한 시기는 제2공화국 장면 내각에서다.

박정희 정부 들어 정책을 보다 구체화한 것이다. 통일에 있어서도 장면 내각은 '선경제 후통일' 즉 우선 먹고사는 것부터 해결한 후 통일을 준비하자고 보았다. 이 역시 박정희 정부에 그대로 계승되었다.

박정희 정부의 선택, 경제성장

쿠데타로 장면 내각을 무너뜨린 박정희는 국가재건최고회의를 통해 권력 기반을 다졌고 곧 대통령에 취임한다. 그는 이승만(1~3대)과 윤보선(4대)에 이어 제5~7대 대통령으로 재임했으며, 이 시기인 1963년부터 1972년까지를 제3공화국이라 한다.

좋든 싫든 대한민국 경제발전에 있어 박정희 전 대통령을 빼놓을 수 없는 게 사실이다. 대표적으로 경부고속도로를 들 수 있다. 자동차는 부자들의 사치품이라고 여겨지던 시절임에도 그는 경제발전을 위해서는 도로 등 인프라 시설이 갖춰져야 한다고 믿었다.

포항제철, 울산 조선소와 같이 우리 경제의 기둥이라 할 수 있는 중화학공업 투자 방침을 정했을 때도 마찬가지다. 오히려 농업에 주력해야 한다는 주장이 나오던 때다. 결과적으로 한강의 기적을 이끈 원동력이 중화학공업임을 떠올려보면 박 대통령의 판단이 맞은 셈이다.

사실 돌이켜봤을 때, "박정희가 경제를 발전시켰다"라는 말도 결국 그 정책이 성공한 덕분이다. 이 무모해 보이기까지 한 결과물은 온전히 우리 국민의 노력으로 달성했다. 공장에서, 지하에서, 용광로에서, 다리 난간에서 열악한 환경을 버티며 밤낮을 가리지 않고 일한 결과다. 박 대통령 또한 평가가 엇갈리긴 하나, 최고지도자의 위치에서 산업화를 성공적으로 이끌었다.

수출만이 살길이다

　분단 이전의 대한민국은 남북 간 산업 차이가 뚜렷했다. 북한은 풍부한 지하자원을 기반으로 공업 단지(특히 흥남)와 수력발전 시설 등을 갖췄고, 남한은 농업을 통한 식량 확보와 경공업 성장에 중점을 뒀다. 얼핏 남한이 열세인 것으로 보이지만 국가 차원에서는 상호보완적으로 운영될 수 있는 구조였다.

　해방 후 분단과 이어지는 전쟁으로 남한은 독자적인 산업화에 나서야 했다. 아무것도 없는 상황인 만큼 처음에는 해외 원조에 의지할 수밖에 없었다. 특히 미국의 지원은 절대적이었는데, 시설 복구·확충에 필요한 생산재 도입을 요구한 우리와 달리 미국은 당장 필요한 소비재 중심으로 제공해주었다. 이 시기 식료품, 섬유 등 소비재산업이 성장한 것은 이러한 이유에서다.

　한편 1960년대 들어 미국의 원조가 줄어들면서 우리 스스로 살길을 찾아야 했다. 방법은 수출이었다. 중석(텅스텐), 흑연 등 광산물을 비롯해 오징어, 생사(누에고치에서 만든 실), 김, 한천 등을 팔았다. 심지어 다람쥐도 수출했는데, 애완용으로 마리당 1달러에 판매했다고 한다(참고로 91년 다람쥐 포획은 전면 금지됨).

　그 밖에도 솔방울, 쥐 가죽, 돼지털, 연탄재, 갯지렁이, 심지어 소변까지 수출했다. 이렇게 시작은 초라했으나 수출주도 성장전략은 적중하여 우리 경제성장의 탄탄한 밑바탕이 되었다.

민둥산의 기적, 녹화사업

김동인의 소설 「붉은 산(1932)」에서 알 수 있듯이 과거 한국의 산은 극도의 황폐화로 온통 벌거숭이 모습이었다. 온돌이라는 난방 문화와 일제강점기 목재 수탈, 한국전쟁 등이 이어진 탓이다.

산에 나무가 없다 보니 비만 오면 홍수가 났고 토사가 밀려왔다. 애써 지은 농사를 망치기 일쑤였다. 한편 조금만 가물어도 하천에 물이 흐르지 않았다. 민둥산에 새와 짐승들이 있을 리 만무했다. 전 국토의 사막화가 우려되는 상황 속에 1964년 지리산 도벌 사건(정부 기관과 유착해 대규모 도벌이 이뤄져 수사 과정을 '인간 송충이 토벌'에 비유)은 큰 충격으로 다가왔다. 처참한 모습에 '나라의 허파가 사라졌다'라는 탄식이 쏟아졌다.

1967년 박정희 대통령은 대대적인 녹화사업을 추진했다. 먼저 석탄을 개발해 난방 문제를 해결하기로 했다. 검목관 공무원은 서로 감시하게끔 하여 성과를 높였다. 화전민에게는 집을 지어주고 직업교육을 지원했다. 그밖에 식목일, 국립공원, 그린벨트 지정 등도 녹화사업 성공에 영향을 주었다. 그 결과 대한민국은 '민둥산의 기적'이라 할 만큼 푸르른 지금의 모습을 얻었다. UN은 "유일하게 인공조림에 성공한 사례"로 평가했다. 이 시기 경험을 바탕으로 우리나라는 개도국의 사막화 방지사업에도 나서고 있다.

유신체제와 새마을운동

　1972년 유신헌법 하에서 1981년까지 존속한 체제다. 이 시기 박정희 대통령은 선거라는 최후의 민주주의 제도마저 저버리는 모습을 보여 완전한 독재의 길로 들어섰다. 역사에 가정(假定)이 없다지만 만약 그가 깔끔하게 권위에서 물러서는 모습을 보였다면 과보다 공, 특히 경제적 업적을 높이 평가하는 인물이 더 많아졌을 것이다.

　유신체제 하에서 이뤄진 경제 사건으로는 먼저 부가가치세(부가세) 도입을 들 수 있다. 소비세의 일종인 부가가치세는 중립적이면서도 투명한 방식으로 세수를 증대시킬 수 있는 세목으로 1960년대 말 유럽을 중심으로 도입하였다. 우리나라의 경우 경제개발이 본격화되면서 이를 뒷받침할 세목이 많아지자 세제 전반을 통합·운영할 방안으로 부가세를 도입하였다.

　다른 하나는 새마을운동이다. '잘살아 보세'라는 구호로도 잘 알려진 이 정책은 종종 농촌계몽운동으로도 불린다. 그 결과 농촌은 소득 증대, 농촌 생활환경 개선, 농민 의식 변화 등의 성과를 이뤄냈다. 한편으로는 자연환경과 전통문화를 훼손했다는 평가도 있다. 1980년대 들어서도 새마을운동을 진행하였으나 도시로의 유입이 확대되며 예전만큼의 성과를 거두진 못했고, 지금도 새마을운동이라고 하면 1970년대 전개한 모습만을 떠올린다.

부가가치세 도입

부가가치세란 국가가 부과하는 조세 중 하나로, 거래 단계별 상품이나 용역에 새로 부가(附加)하는 가치에 대하여 매기는 세금이다. 우리나라가 부가가치세를 도입한 것은 1977년인데 당시 세율은 10%. 애초 13%였던 것이 국민의 저항에 밀려 10%가 됐다고 한다.

이마저도 가까운 일본이 1989년 3%로 도입한 것에 비춰보면 상당히 높은 수준이다. 일본은 1997년 5%로 인상하였다가 2014년 8%, 2019년 10%를 달성했다. 부가가치세만 놓고 보면 우리가 일본보다 40년 정도 빠른 셈이다.

최근 저성장 국면과 복지지출 확대가 이어지면서 세수 부족을 우려하는 목소리가 나온다. 부가가치세 인상은 가장 확실한 대안이다. 그럼에도 10% 수준에서 40년 넘게 요지부동이다. 몇 차례의 인상 시도가 이뤄졌으나 모두 실패했다. 역진성 논란도 그렇지만, 정치권에서 부가가치세를 건드리는 것은 '정권의 무덤'으로 향하는 길로 여겨지기 때문이다. 실제로 박정희 정부는 부가가치세 도입 다음 해인 1978년 총선에서 야당보다 적은 득표율을 기록했다.

그럼에도 부가가치세 인상은 가장 간편하고 빠른, 또 확실한 세수 마련책이다 보니 인상론이 꾸준히 제기되는 상황이다. 국민의 반대도 만만치 않겠지만 늘어만 가는 재정지출을 바라만 볼 수도 없는 일이다. 조만간 인상 논의가 이뤄질 것으로 예상된다.

전두환 정부, 두 마리 토끼를 잡다

10.26 사건으로 박정희 대통령이 서거한 후 민주화의 열망이 크게 일었다. 하지만 신군부 세력이 주도한 12·12 군사반란이 발발했고, 5·17 내란을 통해 전두환은 정권을 찬탈했다. 제5공화국은 전두환이 대통령에 취임한 1981년부터 1988년까지 존속했던 체제다.

정치적으로는 암흑기였음에도 단군 이래 최대 호황이라 불렸던 시기다. "경제는 당신이 대통령이야"의 주인공 김재익은 경제비서관으로 전두환을 보좌했다. 그는 서울대를 나와 스탠퍼드 경제학 박사과정을 이수한 당대의 엘리트로, 인플레이션은 '돈에 물타기' 임금은 '사람의 가격'에 비유하는 등 경제를 알기 쉽게 설명하는 능력이 독보적이었다고 한다. (안타깝게도 1983년 아웅산 테러로 목숨을 잃는다)

경제 사건으로는 단연 3저 호황을 들 수 있다. 저물가(저유가)와 저금리, 여기에 저환율(저달러)이 겹치면서 경제는 서서히 안정세에 들어선다. 덕분에 전두환 정부는 경제성장과 물가안정이라는 두 마리 토끼를 잡은 시기로 평가받는다. 물론 이 과정에서 자동차공업 통합조치, 국제그룹 해체 등 부당한 공권력을 행사하기도 했다.

다른 하나는 3S 정책으로 대표되는 스포츠(sports), 성 풍속(sex), 영상(screen) 산업의 성장이다. 그중에서도 스포츠가 두드러졌다. 프로야구, 프로축구 슈퍼리그, 농구대잔치, 민속씨름 등이 이 시기에 대거 창설되어 국민적 스포츠로 인기를 끌었다. 특히 지역별 연고를 둔 프로야구는 현재까지도 그 인기가 이어지고 있다.

80년대 경제 이끈 3저 호황

3가지가 낮다는 뜻으로 '저유가' '저금리' '저달러'를 의미한다. 경제지표라는 게 대개 그렇듯 낮다고 해서 꼭 좋은 건 아니며, 빛이 있으면 그늘도 있는 법이다. 그럼에도 3저 호황은 80년대 후반 우리 경제의 대외 여러 상황과 맞물리며 '단군 이래 최대 호황'을 가져오는데, 구체적으로는 다음과 같다.

먼저 '저유가'다. 80년대 초반 유가는 석유파동의 영향으로 고공행진을 이어갔다. 이에 각국이 중동 석유 의존도를 낮추고자 유전 개발에 나섰고, 중동은 시장 점유를 위해 다시 유가를 낮춘다. 그 결과 국제유가는 크게 하락했으며 우리 경제도 물가안정을 달성할 수 있었다.

'저금리' 또한 비슷하다. 국제 유가의 혜택을 우리만 누린 것은 아니라서, 세계 각국은 석유파동으로 위축된 경제를 활성화하고자 금리 인하를 단행했다. 이 시기 상당했던 외채(빚) 부담을 덜고 우리 기업이 더 적극적으로 생산과 투자에 나서는 계기가 됐다.

마지막으로 '저달러'의 경우 일본의 반사이익을 본 감이 없지 않다. 1985년 미국은 플라자합의를 통해 일본 엔화 가치를 반강제적으로 격상시키는데, 상대적으로 우리나라 제품의 수출 가격경쟁력을 갖추는 결과로 이어졌다. 설상가상으로 미·일 반도체 협정이 더해지면서 일본 반도체 업계는 큰 피해를 입었고, 상대적으로 우리 기업이 그 자리를 꿰차는 결과로 이어졌다.

노태우 정부, 보통 사람의 시대

전두환 대통령의 특별담화(4·13 호헌조치)로 촉발된 6월 항쟁은 마침내 6·29 선언이라는 결실을 맺는다. 군부 독재 종식과 대통령 직선제의 기대감은 점차 높아졌으나, 양김(김영삼-김대중)의 단일화가 끝내 실패하며 민정당의 노태우가 당선되는 상황에 이른다. 이렇게 출범한 노태우 정부는 1988년~1993년까지 이어졌다.

노태우 정부 또한 역사적 평가에서 자유로울 수 없으나 그럼에도 성과라 칭할 수 있는 부분이 바로 외교다. 1989년 베를린장벽 붕괴와 이듬해 독일 통일, 1991년 소련 해체에 이르기까지 당시 국제 정세는 탈냉전의 시기였다. 우리 정부는 1989년 동구권 헝가리와의 수교를 시작으로 공산 진영으로의 진출을 확대했다. 1990년에는 소련과 수교했으며 1992년에 이르러서는 한중수교가 이뤄졌다. 이중 소련과의 수교는 의도치 않게 불곰사업으로 확대됐으며, 중국이야 두말할 것 없이 우리 경제의 최대 교역국으로 자리 잡았다.

범죄와의 전쟁도 기억할 필요가 있다. 동명의 영화가 제작되면서 유명해졌는데, 실제로는 청명계획(정부의 민간인 사찰)이 폭로되자 민심 수습의 일환으로 진행됐다는 평가다. 어쨌건 정부가 나섰으니 치안이 좋아지기는 했으나, 실적 채우기 압력으로 무고한 사람이 피해를 보는 일도 생겼다.

1988 서울올림픽

1988년 서울에서 개최된 24대 올림픽이다. 최빈국이었던 한국의 경제성장을 세계에 드러냈다. 주제가였던 '손에 손잡고'는 냉전 속 동서화합을 담은 가사와 그에 걸맞은 퍼포먼스를 보여줘 지금까지도 종종 회자된다. 개최국이었던 우리나라는 소련과 동독, 미국에 이어 4위라는 준수한 성적을 거뒀다.

당초 박정희 전 대통령의 지시로 시작된 올림픽 유치는 10·26 사건으로 전면 백지화됐다. 하지만 전두환의 신군부 세력이 집권하면서 민심 수습의 대응 방안으로 되살아났다. 당시 국무총리가 '올림픽 망국론'을 꺼낼 정도로 상황은 좋지 않았지만 올림픽 유치단원들의 노력 끝에 준비는 차질 없이 이뤄졌고, 마침내 1981년 독일 바덴바덴에서 서울이 최종 결정됐다.

역사적인 사건이고 자랑스러워할 일임에는 논란의 여지가 없다. 국가신인도가 크게 높아졌으며, 무엇보다 아시아에 일본과 중국만 있는 게 아니라는 점을 분명히 했다. 외교 영토가 넓어진 만큼 우리 기업의 진출에도 도움을 주었다. "우리도 올림픽 개최국"이라는 사회적 분위기가 형성됐다.

한편 올림픽을 앞두고 경기장 주변 판자촌은 물론이거니와 언덕 달동네까지 철거됐다. 미관에 좋지 않다는 이유였다. 게다가 거지, 부랑자, 장애인들은 수용소로 내몰렸다. 화려했던 올림픽의 이면이다.

1기 신도시 추진

　노태우 정부 시절 주택난 해결을 위해 서울 근교에 건설한 신도시를 말한다. '주택 200만호 건설'의 일환으로 추진되었으며 분당, 일산, 평촌, 중동, 산본의 5곳이 선정되었다. 이전에도 울산과 구미, 성남, 강남 등 도시개발 사례는 있었지만 대개 산업단지의 배후 역할에 머물거나 기존 도심을 확장한다는 인식이 강했다. 반면 1기 신도시는 규모와 공급물량에서부터 이들과 차이가 있다. 50.1㎢ 면적에 인구 117만 명 수용, 29만호 주택 건설을 목표로 했다.

　신도시 건설은 주택가격 안정화와 경기 활성화 측면에 크게 기여했다는 평가다. 분당, 일산은 신도시의 대명사로 자리 잡았으며 특히 분당은 '천당 위 분당'이라는 유행어를 낳기도 했다. 이후의 도시개발 역시 1기 신도시를 모델 삼아 추진되었다. 한편 자체적인 산업 기반을 갖지 못했고 서울로의 장거리 통근, 그에 따른 교통 체증을 가져왔다는 평가가 있다. 아파트 중심의 획일화된 주택공급, 난개발, 토지보상 과정에서의 투기 문제 등을 낳았다.

　최근 1기 신도시의 노후화가 진행되면서 재건축, 리모델링 등에 관심이 쏠린다. 제20대 대선을 놓고는 윤석열 당시 후보가 재건축 안전진단을 폐지하겠다는 공약을 내놔 집값이 들썩이기도 했다. 일각에서는 재건축과 관계없이 시대 변화에 발맞춰 스마트시티 등 도시 공간의 완전한 재편이 필요하다는 의견도 나온다.

문민정부, 미완의 개혁

김영삼 정부를 가리키는 말이다. 제6공화국의 2기 정부이며 기간은 1993년부터 1998년까지다. 경제뿐 아니라 여러 분야에 크고 작은 개혁을 단행했으며, 덕분에 대통령의 인기가 치솟아 한때 지지율이 90%에 달했다. 외환위기만 발발하지 않았더라면 아마 역대 최고의 대통령으로 기록됐을 것이다. 그만큼 김 대통령의 개혁 의지는 완고했고 방향또한 뚜렷했으나 외환위기가 경제에 미친 영향은 너무나도 컸다.

'대도무문(大道無門, 큰길에는 문이 없다는 뜻으로 언제나 당당하고 원칙 있게 행동하면 거칠 것이 없음을 의미. 김영삼 대통령의 좌우명으로 알려져 있음)'이라는 말처럼 문민정부의 개혁에는 거침이 없었다. 그가 취임 일성으로 "부와 명예를 동시에 갖지 못하게 하겠다"라고 밝혔듯 고위공직자 재산공개는 사회 전반에 만연한 부패 척결에 크게 기여했다. 금융실명제역시 김영삼이 아니었다면 불가능했을 것이라는 평가가 나올 만큼 그의 의지는 분명했다.

한편 측근·친인척 비리는 그조차도 막지 못했고 특히 한보 사태가외환위기로 번지면서 '나라를 망친 대통령'이라는 비판에 시달려야 했다. 사실 외환위기는 김영삼 정부의 정책 실패라기보다 한국경제의 구조적 문제가 누적된 탓이 크다. 그럼에도 지도자의 위치에서 나라 경제가 부도의 상황까지 내몰렸다는 것과 그 피해를 온전히 국민이 떠안았다는 점에서 여전히 부정적 목소리가 크다.

금융실명제 실시

1993년 8월 12일, 김영삼 대통령은 「금융실명거래 및 비밀보장에 관한 긴급명령」을 발동하였다. 그는 특별담화를 통해 "금융실명제가 실시되지 않고는 이 땅의 부정부패를 원천적으로 봉쇄할 수 없다"라며 발동 배경을 설명했다.

사실 금융실명제의 필요성은 이전부터 꾸준히 제기되었으나 번번이 무산됐다. 1982년 이철희·장영자 부부 어음 사기 사건이 사회에 가져온 충격이 컸음에도 불구하고 기업과 관료 그리고 정치권마저 검은돈이 유출되는 걸 꺼렸기 때문이다. 그러던 것이 김영삼 대통령의 지시로 전격 시행되었다. '눈 뜨고 보니 세상이 달라졌다'라는 말을 실감할 만큼 과연 김 대통령다운 개혁이라 할 수 있겠다.

무엇보다 금융실명제 준비 과정이 한 편의 영화에 가까웠다. 철저한 보안 유지가 생명이다 보니 어떤 이는 해외로 출장을 가는 것처럼 꾸며서 여행 가방을 가지고 공항까지 갔다가 되돌아오기도 했다. 담당자들은 보안이 누설되면 그 책임으로 사표를 쓸 것을 각오했다. 그중 한 명이 경제부총리와 국회의장을 지낸 김진표다.

어렵게 시행된 금융실명제가 우리 경제에 기여한 바는 크다. 지하경제 자금을 끌어냈으며 탈세를 예방하고 부정부패도 방지하는 효과를 가져왔다. 임기 말 외환위기로 그의 개혁이 빛을 발한 감도 있으나, 고위공직자 재산공개와 금융실명제는 김영삼 정부의 치적으로 평가받고 있다.

1997 외환위기

대한민국 경제가 파산 직전까지 갔던 사건이다. 외환위기라는 용어에서 알 수 있듯, 당시 우리나라는 보유한 외환이 부족해 국제통화기금(IMF)에 긴급 자금을 요청하였다. IMF는 이를 승낙하는 조건으로 혹독한 체질 개선을 요구했다. 이것이 어찌나 가혹했던지 지금도 외환위기가 아닌 'IMF 사태'로 기억하는 이들이 많다.

외환위기의 여파로 수많은 기업이 도산했으며 살아남은 이들도 구조조정을 단행해야만 했다. 거리는 실업자로 넘쳐났고, 무엇보다 평생직장의 개념이 이때 사라졌다. 비정규직이라는 용어가 알려진 것도 이 시기의 일이다. 일자리를 잃은 가장이 가족에게 차마 사실을 알리지 못한 채 집을 나서는 '등산출근'이 언론에 보도되었으며 주부들은 취업 시장을 전전했다. 부랑아 정도로만 인식되던 노숙자가 얼마 전까지 번듯한 사회 구성원이었다는 점이 알려지면서 사회에 충격을 더했다.

이렇듯 엄청난 고통 속에서도 우리 국민의 자세는 남달랐다. 한국전쟁 이후 최대의 국난 극복을 위해 결혼반지와 돌 반지를 주저 없이 내놨는데, 여기에는 국가대표선수의 금메달도 포함되어 있었다. 바로 '금 모으기 운동'이다. 한 단체의 금가락지 모으기 운동으로 시작된 캠페인은 방송을 타며 전국적 운동으로 확대되었고, 총 227톤의 금을 모으는 결실을 맺는다. 무엇보다 국난 극복을 위해 자발적으로 나서는 모습은 국제 신용도 향상에 기여했다. 마침내 우리 경제는 비교적 빠른 기간 내에 외채를 상환하였으나, 그 부작용은 경제 곳곳에 남아 있다.

김대중 정부, 정보강국의 초석을 놓다

제6공화국의 세 번째 정부이자 정치사적으로 볼 때 5·16 군사 쿠데타(1961) 이후 처음으로 민주당계 정당이 집권한 시기다. 외환위기라는 초유의 사태 속 김대중 후보가 당선되었으며 1998년부터 2003년까지 재임했다. IMF 조기 졸업이라는 성적표에도 불구, 경제에는 적지 않은 상처를 남겼다. 공공기관 인력은 14만 명 가까이 줄였으며 포항제철, 한국전력 등 공기업을 민영화했다. 반면 비정규직과 정리해고, 카드대란 등의 문제가 뒤따랐다.

이 시기 정책으로는 단연 '정보화'를 꼽을 수 있다. 비록 IT 버블 등 부작용도 있었으나 우리 경제가 정보통신 강국으로 성장하는 데에는 김대중 정부의 역할이 컸다. 임기 초 1만 4,000여 명 수준이던 초고속 인터넷 가입자 수는 임기 말 1,040만 명으로 증가했다. 동시에 전자정부 출범에도 속도를 냄으로써 행정의 역량을 민간 못지않게 높이는 데 주력했다. 그밖에 여성부가 출범하는 등 여성의 사회진출 확대에 따른 정책적 뒷받침이 이뤄졌다.

한편 반세기 넘게 지지부진하던 남북관계에서도 역사적 장면이 연출됐다. 바로 햇볕정책이다. 연평해전과 이후 북한의 행보를 볼 때 평가가 엇갈리는 게 사실이나, 그럼에도 남북 최고지도자가 만나 서로의 손을 꼭 잡는 모습은 우리 국민에게 깊은 인상을 남겼다. 개성공단과 금강산관광 등 대북사업이 실제 진행되기도 했다.

IT 버블, 코스닥의 몰락

　외환위기의 후유증이 채 가시지 않은 1990년대 말 정부는 경제 회복과 더불어 신산업 육성을 위한 지원에 나선다. 당시만 해도 인터넷으로의 산업 변화, 밀레니엄(2000년)에 대한 막연한 동경심, 외환위기로 갈피를 못 잡던 경제 심리가 맞물렸던 때다. 주식시장에는 엄청난 자금이 유입되기 시작했고, 야심 차게 출범한 코스닥 시장은 꾸준한 상승세를 이어갔다. 그중에서도 IT 기업의 성장세는 단연 돋보였는데, 새롬기술이 대표적이다. 무료로 전화를 쓸 수 있다는 파격적인 기술을 내세운 새롬기술 주가는 급등을 거듭했고, 코스닥 황제주 칭호를 받는다.

　1999년 8월 기준 2,300원 수준이던 주가는 불과 반년만인 2000년 3월 30만 8,000원까지 올랐다. 새롬기술 시가총액이 현대자동차를 넘어서는 기현상도 나타났다. 이쯤 되면 주식 투자에 앞서 냉철한 분석이 필요할 법도 한데, 삼성에서조차 주당 11만 원에 새롬기술 주식 80만 주를 살 정도였다.

　한편 새롬기술의 핵심 수익모델인 무료 인터넷 전화에서 이렇다 할 성과가 나타나지 않았고, 오히려 유상증자 과정에서 회계장부 조작 및 횡령 혐의가 드러나며 주가는 급속도로 하락하기에 이른다. 투자에 실패한 이들은 큰 손실을 입었다. 새롬기술 사태는 과도한 기대심리가 어떤 결과를 가져오는지를 보여줬다. 단, 이 시기 IT 시장에 유입된 자금이 우리나라가 정보통신 강국으로 발돋움할 수 있는 계기가 됐다는 점만큼은 부정하기 어렵다.

주 60시간제에서 주 52시간제로

1953년 근로자의 실질적 지위를 보호·개선하기 위한 목적으로 「근로기준법」이 제정되었다. 동 법에서는 근로시간에 대해 '휴게 시간을 제하고 1일에 8시간 1주일에 48시간을 기준으로 한다'고 명시하였다. 또한 당사자의 합의에 따라 1주일 60시간을 한도로 근로할 수 있다고 예외를 두었다.

이후 1989년 법이 개정되어 주 46시간, 다시 44시간으로 단축되었다. 이는 1980년대 후반 민주화 열기에 따른 노동계의 요구로 얻어진 결과다. 한편 1990년대 들어 삶의 질 향상을 근거로 주 40시간 단축 논의가 나왔으나 경영계의 반대로 입법화에 실패하다가 외환위기로부터 어느 정도 회복한 2000년대 들어 마침내 주 40시간제가 실시되었다.

이처럼 주 40시간에 노사 합의 시 연장할 수 있는 12시간을 포함하면 주 52시간이 된다. 그런데 고용노동부가 1주의 기준을 7일이 아닌 평일(5일)로 보면서 논란이 일었다. 토·일 하루 8시간씩 총 16시간을 더해 최대 68시간을 일해도 위법이 아니게 된 것이다. 이를 놓고 정부가 장시간 근로를 방관했다는 비판이 제기됐고, 문재인 정부 들어 1주일을 7일로 법에 명시하며 주 40시간제, 연장근로 포함 시 주 52시간제가 완전하게 자리 잡았다.

한편 윤석열 정부 들어 근로시간 상한을 조절하자는 논의가 제기되었는데, 시대에 역행한다는 비판이 나온다. 정부 입장에서는 억울한 부분도 있겠으나, 직장인 대부분은 주어진 연차도 제대로 소진하지 못하는 상황인데 덥석 근로시간만 늘리는 꼴이니 충분히 예견된 일이다.

노무현 대통령의 결단

별칭은 참여정부로, 국민의 정부(김대중)에 이어 두 번째 민주당계 정부다. '좌측 깜빡이 켜고 우회전한다'라는 말처럼 노무현 정부의 정책은 보수와 진보 어느 한쪽에 치우치지 않았다. 반대로 그만큼 지지층도 뚜렷하지 못해 임기 내 많은 비판에 직면하기도 했다. 대표적으로 김현종(당시 44세) 통상교섭본부장을 발탁하여 추진했던 한미FTA를 들 수 있다.

트럼프 대통령이 '끔찍한 거래(horrible deal)'라는 표현을 써가며 재협상을 요구한 것에 비추면, 한미FTA는 우리가 더 이득을 봤다. 하지만 협상을 추진했던 노무현 정부 시절에는 레임덕을 걱정해야 할 만큼 부정적 여론이 높았다. 단, 여기에는 FTA 체결의 문제점은 외면한 채 그저 장밋빛 전망만 내놓았던 정부의 모습도 고려할 필요가 있다. 심지어 이명박 정부가 들어서며 야당이 된 민주당은 오히려 FTA를 반대하는 등 정치적 수단으로 활용했다.

한편 종부세 도입에 있어서는 해석에 주의할 필요가 있다. 노무현 정부는 단순히 투기세력을 잡는 것에 그치지 않고 국가균형발전 3대 특별법(국가균형발전특별법, 지방분권특별법, 신행정수도의건설특별조치법)을 마련하는 등 지방 분권을 위해 노력하였다. 행정수도 이전을 추진한 것도 노무현 정부 때의 일이다. 이 시기 지방분권화 논의가 좀 더 생산적이었더라면 지금의 한국 사회 모습도 크게 달라져 있을 것이다.

종합부동산세 도입 논란

특정 기준 이상의 부동산을 보유할 때 내는 세금이다. 과세기준일(매년 6월 1일) 국내에 소재한 재산세 과세대상인 주택 및 토지를 유형별로 구분하여 인별로 합산한 결과, 그 공시가격 합계액이 유형별로 공제금액을 초과하는 경우 그 초과분에 대하여 과세한다. 예를 들어 주택 공시가격 합계액이 6억 원을 초과하면 이에 대하여 과세하는 방식이다.

종합부동산세는 투기 수요를 억제하여 부동산 가격을 인정시킬 목적으로 참여정부 시절인 2005년 도입됐다. 세금 폭탄이라는 언론의 비난, 2008년 헌법재판소의 위헌 결정 등 숱한 우여곡절을 겪었다. 문재인 정부 들어 주목받았지만 오히려 집값이 급등하면서 본 취지가 무색해졌다. 보수·진보 어느 한쪽에도 사랑받지 못하는 신세로 전락했다.

종부세가 과도한 정부의 개입인지 아니면 부동산시장 안정화의 불가결한 조치인지를 두고서는 여전히 입장 차가 크다. 그럼에도 한 가지 분명히 짚고 넘어가야 할 것이 있다. 바로 정부의 정책 일관성이다. 대한민국에서 부동산을 건드리는 것은 그야말로 정치적 생명을 걸어야 가능한 일이다. 그런 부동산에 문재인 정부(정확히 말하면 국토부)는 임기 초부터 강력한 규제 신호를 보냈다. 또 수많은 대책을 내놓았다. 하지만 단 한 번이라도 성공한 정책이 있는지 의문스럽다. 어설픈 정책으로 부작용만 키웠다는 뜻이다. 집값이 과도하게 오르며 정부 곳간만 채웠다는 비판도 나온다. 2018년 1조 9,000원 수준이던 종부세수는 2022년 7조 원 규모에 육박한다.

FTA, 더욱 넓어진 경제영토

Free Trade Agreement, 우리말로 자유무역협정이라고 한다. 협정 체결국간 상품 관세장벽뿐만 아니라 서비스·투자 등 다양한 분야에서의 비관세장벽까지 완화하는 협정이다. 최근의 FTA는 지적재산권·정부조달·경쟁 등 다양한 통상규범도 포함하여 체결되는 추세다.

우리나라의 경우 세계적인 FTA 확산추세에 대응하여 안정적인 해외시장을 확보하고, 개방을 통해 우리 경제의 경쟁력을 강화하고자 FTA를 적극 추진하였다. 그 결과 56개국('20.1월 기준, 영국 포함)과의 16건 FTA가 체결되었으며, 여타 신흥국가와의 FTA도 지속적으로 추진 중이다. 참고로 최초의 FTA 체결국은 칠레이며, 가장 중요한 FTA 체결국은 미국이다.

FTA의 종착지는 한일 FTA가 될 가능성이 크다. 실제로 동아시아 3국(한·중·일)은 경제 규모 면에서 미국·유럽에 결코 밀리지 않으며, 아세안·인도 및 태평양의 지리적 조건이 더해지면 오히려 우위에 있다. 북한마저 참가한다면 그 파급력은 막강할 것이다.

문제는 실현 가능성이다. 일본에 대한 국민 정서는 차치하더라도 "우리 경제가 일본을 상대로 모든 문호를 열어도 될 만큼 탄탄한가?"라는 물음에는 입장이 엇갈린다. FTA는 통상, 결국엔 장사의 영역이다. 이렇다 보니 아직은 시기상조라는 판단이 우세다. 그런 측면에서 북한은 더더욱 어렵다. 비현실적 가정이긴 하나, 종전선언으로 남북의 대립은 끝났음을 세계에 알린 후 양국 간 잠정 FTA 혹은 CEPA 수준의 경제협력을 체결하여 교역량을 늘리는 것이 바람직할 것이다.

경제대통령 이명박

고려대 경영학과를 졸업해 현대건설 평사원으로 출발, 12년 만에 사장 자리까지 오르면서 '샐러리맨의 신화'라 불렸다. 이후 정계에 입문해 국회의원과 서울시장을 거치면서 인지도를 쌓았다. 이 시기 주요 정책으로는 서울시 청계천 사업과 버스 환승제를 들 수 있다.

임기 초 경제정책으로 '747 공약'을 제시했다. 이는 경제성장률 7%, 국민소득 4만 달러, 세계 7대 강국 진입을 목표로 한 것이다. 단, 이 세 가지 중 단 하나도 여태껏 달성하지 못했음에 비출 때 무리한 공약이긴 했다. 어쨌건 당시 이명박 후보의 이미지는 "일 잘하는 건설사 사장 출신 정치인"이었고, 실제로도 경제대통령을 전면에 내세우며 무난하게 당선되었다.

G20 정상회의를 통해 어느 정도 지역 강국의 면모를 보였으며 금융위기 여파도 조기에 정상화했다는 평가를 받는다. 그밖에 1인당 국민소득도 2만 달러를 돌파했으며 서울 그린벨트를 풀어 보금자리 주택을 조성하는 등 공공주택 확대로 부동산에 대응했다. 저탄소 및 녹색성장 채택, MB 물가지수를 통해 물가 안정화에 노력한 점 등도 긍정적으로 평가할 부분이다. 다만 자원외교 및 UAE 원전 수출, 4대강 사업 진행 등의 논란이 일기도 했다. 임기를 무사히 마쳤음에도 결국 다스 실소유주 논란 및 뇌물 혐의가 인정되어 구속·수감됐다.

자원외교, 어떻게 볼 것인가

요소라는 물질이 있다. 이중 자동차에 사용되는 것을 요소수라고 한다. 그동안 우리나라는 (다른 자원이 그렇듯) 경제적인 이유로 가까운 중국으로부터 요소를 수입했다. 그러던 것이 중국의 내부 사정으로 요소 수출 통제가 이뤄졌고, 국내 요소수 부족이 심해진다. 이른바 '요소수 대란'이다. 일시적 품귀 현상에 그치긴 했지만 지난 몇 년간 국제 정세 변화에 비출 때(미·중 무역분쟁, 일본 수출규제, 코로나19) 언제든 재발할 여지가 있다.

자원외교란 글자 그대로 자원개발 및 확보를 위해 국가가 행하는 외교를 말한다. 천연자원, 특히 석유에 있어서는 전량 수입에 의존한다고 봐도 무방할 만큼 우리나라는 자원 빈국인 게 사실이다. 수급불균형에 따른 가격 변동도 중요한 이슈다. 원자재 수입에만 매년 100조 원 가까이 지출하는 우리나라에서 자원외교의 중요성은 아무리 강조해도 지나치지 않을 것이다.

한편 자원외교에 대한 세간의 인식은 부정적인데, 여기에는 이명박 정부의 방만한 투자 탓이 크다. 손실 규모가 천문학적이라 투자는커녕 비리투성이라는 비판이 나왔을 정도다. 그렇다 보니 이후 정부에서도 자원외교는 일종의 금기어가 됐다. 자원외교 특성상 손실도 감수해야 하는 부분은 분명 있다. 따라서 무턱대고 막을 게 아니라, 그 필요성은 인정하되 제도적 보완 장치를 마련해야 할 것이다.

제조업의 근간, 뿌리산업

'소재는 부품으로, 부품은 완제품으로' 뿌리산업은 나무뿌리처럼 겉으로 드러나지는 않지만, 최종제품을 만드는 데 스며들어 제조업 경쟁력 근간을 형성한다는 의미에서 붙여진 이름이다. 기초 공정기술 업종인 주조, 금형, 소성가공, 용접, 표면처리, 열처리 분야가 해당한다.

우리 경제에서 제조업이 차지하는 비중은 절대적이다. 세계적으로도 독일, 일본 등과 겨룰 수 있는 몇 안 되는 제조업 강국이 대한민국이다. 이러한 관점에서 뿌리산업의 중요성은 아무리 강조해도 지나치지 않는다. 자동차·조선 등 전통 제조업뿐 아니라 스마트폰, 로봇과 같은 첨단산업에 이르기까지 제조과정 전반에 공정기술로 이용되는 게 뿌리산업이다. 만약 아이폰의 테두리 마감이 엉성하다면 어떨까, 결코 지금과 같은 인기를 누리지 못했을 것이다. 그만큼 뿌리산업은 최종제품의 품질경쟁력 확보에 필수적이다.

그럼에도 뿌리산업은 그 중요성과 역할이 저평가되고 있는 게 사실이다. 밖으로는 중국의 저가공세, 안으로는 청년층의 3D업종 기피 현상이 이어지며 국내 뿌리산업은 고사 위기에 직면했다. 영세한 규모, 낮은 생산성, 고령화의 삼중고가 겹쳤다. 세간의 인식도 크게 다르지 않아 용접, 도금 같은 직업을 "못 배운 사람들이나 하는 일"로 여긴다. 한국 뿌리산업의 현실이다. 정부는 2011년에야 뿌리산업 진흥법을 제정했으나 의미 있는 성과를 거두기까지는 적지 않은 지원과 노력이 필요한 상황이다.

박근혜 정부, 무엇이 남았나

　박근혜 정부의 경제정책은 '창조경제'이지만 사실상 유명무실해졌다. 줄·푸·세(세금은 줄이고 규제는 풀고 법치는 바로 세우고) 공약을 설계하며 대통령의 경제 가정교사로까지 불렸던 김광두 국가미래연구원장과는 대선 후 거리를 뒀다. 김종인 前 청와대 경제수석을 전격 영입해 경제민주화 공약을 설계했으나, 이 또한 당선 후 흐지부지됐다.

　반면 초이노믹스가 주목받았는데, 최경환 부총리의 이름을 딴 이 정책은 '내수활성화' 한 단어로 요약할 수 있다. 그런데 정작 경제 혁신보다 무리한 돈 풀기로 귀결되면서 가계부채만 증폭시켰다는 비판을 받는다. 그밖에 한국은행과의 정책 협조에 관한 질문에 "척하면 척"이라고 답해 중앙은행의 독립성 침해 문제를 낳기도 했다.

　무상교육, 담뱃값 인상, 문화가 있는 날, 공무원 연금개혁, 청탁금지법, 단통법, 도서정가제, 심지어 메르스 사태까지 많은 일들이 있었다. 여타 정부처럼 당시 박근혜 정부 역시 공이 있고 과가 있다. 그럼에도 세월호 참사가 큰 충격을 줬다. 아이들이 배에 갇혀 몇 시간 동안 서서히 침몰하는 모습이 그대로 중계되면서 전 국민은 슬픔에 빠졌다. 이는 국가 운영에 대한 불신으로 이어졌고, 최순실 게이트마저 사실로 드러났다. 박근혜 대통령은 탄핵당해 임기를 마치지 못했다.

다시 꺼내든 경제민주화

"국가는 균형 있는 국민경제의 성장 및 안정과 적정한 소득의 분배를 유지하고, 시장의 지배와 경제력의 남용을 방지하며, 경제주체 간의 조화를 통한 경제의 민주화를 위하여 경제에 관한 규제와 조정을 할 수 있다(헌법 제119조 제2항)"

우리 헌법 제9장에서는 경제를 규정하고 있다. 이 중 제119조는 경제질서의 두 원칙을 담고 있는데, 하나는 자유시장경제의 원칙이고 다른 하나는 경제규제 및 조정의 원칙이다. 자유시장 경제체제에 기본을 두되, 시장지배력 남용을 규제할 수 있도록 법적 근거를 둔 것이다.

1987년 개헌 당시 삽입된 이 조항을 두고 '관치를 탈피하는 경제운영의 민주화'를 의미한다는 해석도 있으나, 일반적으로는 재벌개혁과 중소기업 보호, 노동시장 양극화 해소, 금산분리 강화 등을 위한 정부의 개입을 가리킨다. 이를 통해 민주화의 핵심가치인 자유와 평등을 (경제 영역에서) 달성하겠다는 뜻이다.

경제민주화가 이슈로 떠오른 것은 18대 대통령 선거에서다. 당시 박근혜 후보는 경제민주화를 공약으로 내세웠는데, 정작 당선된 이후에는 소극적인 모습을 보였다. 대선 당시 박근혜를 도왔던 김종인은 훗날 "(박 대통령이) 경제민주화의 의지가 없다"라며 비판하였다.

청탁금지, 김영란법 신설

정식 명칭은 「부정청탁 및 금품등 수수의 금지에 관한 법률」로, 최초의 여성 대법관이자 국민권익위원회 위원장을 지낸 김영란 교수의 이름을 따온 것이다. 김 교수는 이 법에 대해 "거절할 수 있도록 하는 법"이라 설명했다. 우리나라 문화상 선물이나 접대를 거절하면 무례한 사람 취급을 받는데, 이를 절차대로 반환할 수 있도록 하자는 취지다.

2011년 소위 '벤츠 여검사 사건'이 4년 만에 무죄 판결(사건 청탁과 함께 받은 금품을 대가성이 없다고 봄. 2015년 대법원 무죄 확정)을 받자 국민의 불만은 이내 사법 불신으로 이어졌다. 더 강한 법이 필요하다는 목소리가 높아졌고, 그 결과 만들어진 것이 김영란법이다. 다만 법 제정 과정에서 여러 협상을 거쳤는데 정작 김영란조차 후퇴가 염려된다고 할 정도로 본래 입법 취지와 멀어졌다는 비판이 일기도 했다.

청탁금지를 목적으로 한 법이기에 도입 자체를 반대하는 의견은 없다. 단 과잉금지의 원칙과 대상 선정의 형평성, 획일화된 기준 등을 개선해야 한다는 지적이 나온다. 실제로 외식업 관련 단체들은 김영란법 가액 조정을 꾸준히 요청하였는데, 물가 상승 속 침체기를 겪는 외식업 경기 회복을 위해서다. 사회 전반에 만연한 부정청탁을 법 하나로 해결할 수는 없듯, 업계의 고충을 반영하면서도 사회 전반의 부정부패를 축소해나가는 노력이 필요할 것이다.

문재인 정부 5년의 평가

탄핵에 따른 전직 대통령 궐위로 조기 대선이 치러졌고 민주당계 정당의 문재인이 대통령으로 당선되었다. 주요 경제정책으로는 소득주도성장, 혁신성장, 공정경제를 들 수 있다. 이중 소득주도성장이 크게 부각된 감이 없지 않으며, 혁신성장과 공정경제는 묻혔다기보다 별 성과를 내지 못했다고 해석하는 게 타당할 것이다.

긍정적 평가를 받는 것으로는 신남방정책, 해운사업 재건 등을 꼽을 수 있다. 또한 평가가 엇갈리긴 하나 코로나19 방역에 있어서도 모범국으로 불릴 만큼 위기를 성공적으로 극복했다. 그밖에 유엔무역개발회의(UNCTAD)에서 한국을 선진국으로 분류한 것도 문재인 정부 시기의 일이다.

부정적 평가로는 두 가지가 있는데, 하나는 통계청장 경질 논란이고 다른 하나는 LH 사태다. 현 정부 최대 실책으로 평가받는 부동산 정책은 어쨌건 시장 반응에 따라 추후 개선의 여지라도 있다. 하지만 통계청장 경질 과정을 살펴보면 문재인 정부가 원하는 통계치가 나오지 않아 청장을 교체했다는 의심을 피하기 어렵다.

통계의 중요성을 고려할 때, 결국 임기 말까지 소득분배 논쟁에 휩싸인 것을 자초한 셈이다. LH 사태는 할 말이 없을 정도다. 결국에는 내부 단속도 못 하면서 무리한 부동산 정책으로 시장 혼란만 초래했다는 박한 평가를 받게 됐다.

혁신 빠진 소득주도성장

문재인 정부 5년 중 전반을 대표하는 경제노선이었으며, 혁신성장·공정경제와 맞물려 경제정책의 3대 축으로도 불렸다. 가계소득 증대, 가계지출 경감과 안전망·복지 강화를 기반으로 일자리를 늘리고 성장 잠재력을 확충하는 동시에 소득분배를 개선하는 경제성장 전략이다.

"2조 원인 기업 1개보다 1,000억 원 자본금 중소기업 20개가 더 낫다"라는 말은 소득주도성장이 추구하고자 하는 바를 여실히 드러낸다. 이는 중소기업과 가계소득 증대 중심으로의 성장전략 변화를 취해야 한다는 뜻이다. 비슷한 관점에서 '분수효과'라는 말도 있는데, 기존 대기업 중심의 '낙수효과(상위층에 돈이 몰리면 아래로 가는 현상)'와 달리 아래에서 물이 뿜어져 올라온다는 점에 빗댄 표현이다.

문재인 정부는 임기 첫해부터 최저임금 인상, 비정규직의 정규직화, 근로시간 단축, 의료보장 확대 등 소득주도성장 관련한 여러 정책을 펼쳤다. 특히 최저임금 인상은 모든 경제 이슈를 잠식할 정도로 큰 파장을 가져왔다. 그럼에도 평가는 엇갈리는데, 이유는 간단하다.

결코 최저임금을 높이 올려서만이 아니다. 만약 필요하다면 1만 원 이상이라도 높여야 하는 게 맞다. 문제는 수레의 두 바퀴처럼 함께 가야 할 혁신성장이 제대로 움직이지 못했기 때문이다. 박근혜 대통령 탄핵에 따른 진영 간 갈등으로 여러 정책이 합의점을 찾지 못한 채 시간을 허비했다. 새로운 시대를 요구했던 촛불의 열망에 비출 때, 공정경제는 가장 아쉬운 부분이다.

NOTE

"철은 산업의 쌀이다."
"이 돈은 우리 조상님들의 핏값이다. 공사를 성공하지 못하면 우리 모두 다 우향
우해서 저 포항 앞바다에 빠져 죽자."

박태준 포스코 명예회장

2
고도 경제성장의
명과 암

라인강의 기적과 한강의 기적

영국의 템스강, 프랑스의 센강, 뉴욕의 허드슨강까지 강이 없는 인류의 모습은 상상하기 어렵다. 식수 공급을 비롯해 농경과 산업용수, 그밖에 운송(교통) 심지어 영토 방어에 이르기까지 모두 강이 존재했기에 가능했다. 인류 최초의 문명이 모두 큰 강 유역에서 발생한 것도 우연이 아니다. 시대가 변했어도 강이 경제활동의 중심인 것은 변함이 없다.

알프스산맥에서 발원하여 북해에 이르는 라인강은 독일 최대 공업 지대인 루르를 지나는데, 전후 독일(서독)의 경제성장을 상징하는 말로 '라인강의 기적'이 있다. 1950년대 독일은 고도의 경제성장을 기록하며 재건에 성공한다. 이 과정에는 서독 초대 총리 아데나워와 경제부 장관 에르하르트의 공이 컸고, 독일식 질서자유주의를 정립한 발터 오이켄도 빼놓을 수 없다.

한편 라인강의 기적은 종종 우리의 '한강의 기적'과 비교되는데, 이는 평가 잣대를 잘못 놓아도 한참 잘못 놓았다고 밖에 볼 수 없다. 독일이 경제 재건에 성공한 건 맞지만 정확히는 이전 수준을 회복한 것이다. 이미 세계대전을 일으킬 만큼의 기술력과 경제 규모를 갖췄던 독일에 비해 우리나라는 그야말로 폐허 속에서 출발해 지금의 성장을 이뤄냈다. 한강의 기적이야말로 세계 속 유례를 찾을 수 없는 진정한 기적이다.

철강왕 박태준, 포항제철 준공

1967년 6월, 제2차 경제개발계획에 따라 철강공업육성계획이 수립되었다. 정부는 경북 포항을 최종입지로 선정하였다. 이듬해 명동 유네스코회관에서 창립식을 갖고 '포항종합제철주식회사'가 출범했다. 한편 제철소 건립을 두고서 국내외 반대 여론이 높아지고 해외 차관에도 실패하는 등 악재가 이어졌다.

당시 박정희 대통령의 지시로 포항제철 건립을 진두지휘하던 박태준은 대일청구권 자금을 떠올렸다. 대통령의 승인을 받은 그는 일본과의 협상에 나섰다. 철에 대한 지식과 경험이 적었던 당시로서 일본의 협조는 필수적이었다. 일본 역시 한국으로의 수출을 통해 큰 이익을 기대하는 상황이 서로 맞아떨어졌다. 마침내 1970년 착공에 이어 1973년 7월 3일 제철소를 준공하기에 이른다.

박태준의 각오는 비장했다. 그는 "이 돈은 우리 조상님들의 핏값이니 제철소 공사 실패 시 모두 우향우해서 영일만에 빠져 죽자"라며 의지를 독려했다. 지금도 회자되는 제철보국과 우향우 정신이다. 1978년 중국 덩샤오핑이 일본 신일본제철 회장을 만나 제철소 기술 협력을 요청하자 그가 "(제철은 돈과 기술만으로 되는 것이 아니라면서) 중국에는 박태준 같은 인물이 없다"라고 답변한 것도 유명한 일화다.

55

전자산업, 과학입국의 초석을 놓다

우리나라 전자산업 역사는 1958년 금성사(現 LG)가 설립하면서부터
다. 금성사는 국내 최초로 라디오를 출시하였으며 이후에도 냉장고와
텔레비전을 출시하는 등 자타공인 국내 전자산업을 이끄는 업체로 성
장하였다. 그러나 동시대 기술력은 미국·일본에 크게 떨어져, 핵심 부
품을 수입해 조립하는 수준에 불과했다. 미래 전자산업 발전 가능성에
비출 때 시급한 육성이 필요한 시기였다.

정부도 이 사실을 알아 1966년 전자공업진흥 5개년계획을 발표하는
등 준비에 나섰다. 1969년에는 전자·반도체 산업의 육성을 목적으로
구미국가산업단지가 설립되었다. 삼성전자(1968), 대우전자(1971) 등
민간업체의 진출도 이어졌다. 그 결과 현재 우리 전자산업은 세계적 경
쟁력을 갖추기에 이르렀다. 그리고 이 과정에 과학입국을 고민했던 김
완희 박사가 있다.

경기고와 서울대 전기공학과를 나와 컬럼비아대 교수로 있던 그는
1967년 박정희 대통령의 초청을 받는다. 고국의 전자산업 육성을 도
와달라는 간곡한 요청이었다. 몇 차례의 만남 속에 김 박사는 컬럼비아
대 교수직을 내려놓고 귀국해 대통령 특별자문을 담당하며 우리나라
전자산업의 기초를 닦았다. 이후 전자시보(現 전자신문)을 창간해 초대
발행인을 맡았다.

이역만리 애국자, 파독광부·간호사

독일로의 파견이 이뤄진 시기는 대략 1960~80년으로, 주목적은 실업 해소와 외화 획득에 있었다. 이 시기 독일은 아데나워와 에르하르트 지휘 하에 높은 경제성장을 이룩했는데, 여타 선진국이 그렇듯 자국인이 꺼리는 일을 대신할 사람을 필요로 했다. 우리 또한 경제발전을 위해서는 외화 한 푼이 절실한 상황이었으며, 젊은이들에게도 매월 600마르크(약 160달러)라는 독일의 높은 급여가 매력적으로 다가왔다.

산업화 세대의 삶을 조명한 영화 「국제시장(2014)」에서는 주인공 덕수가 파독광부 역할을 맡는데, 일하던 갱도가 무너져 죽을뻔하는 장면이 나온다. 실제로도 많은 이들이 작업 중 사고로 죽거나 부상당했다고 전해진다. 파독 간호사의 상황도 다르지 않아, 간병인과 같은 고된 육체노동을 감수해야만 했다. 영화에서는 덕수의 아내 영자가 파독간호사 역할을 맡았다. 이렇듯 열악한 환경 속에서 이들은 보내준 외화는 우리 경제성장에 큰 보탬이 됐다.

시간이 지나 현재는 파독광부, 간호사 중심으로 독일 교민 1세대를 이루고 있다. 국내의 경우 경남 남해에 남해독일마을이 조성되어 있으며, 독일문화를 체험하는 공간으로 활용 중이다. 2020년에는 「파독 광부·간호사·간호조무사에 대한 지원 및 기념사업에 관한 법률」이 제정되어 늦게나마 파독광부, 간호사 지원 사업을 벌이고 있다.

리비아 대수로 공사

리비아 내륙 사막에서 35조 톤 규모의 지하수가 발견되었다. 당시 리비아 지도자였던 카다피는 이 물을 끌어옴으로써 도심의 식수로 쓰고 북아프리카의 '녹색 혁명(농경지대 구축)'을 이끄는 한편, 자신의 권력을 유지하는 도구로 삼고자 했다.

그는 국민들 먹을거리부터 해결해야 한다는 반대에 '대수로를 통해 농토를 늘리겠다'라며 사업을 추진했다. 전례 없는 대규모 공사에 세계 굴지의 건설사들이 도전장을 던졌고 우리나라 기업도 참여 의사를 밝혔다. 때마침 베트남 특수와 중동 붐이 끝나는 시기였기에 새로운 시장 개척이 필요했던 상황도 맞물렸다. 치열한 선정 과정과 물밑 협상 속 마침내 동아건설이 최종 당사자로 선정됐다.

지름 4m에 길이 7.5m, 무게 75톤의 송수관 수백 개가 움직이기 시작했다. 사막이라는 가혹한 환경 속에서 제작과 운송·매설 작업이 이뤄졌다. 노동자들은 때로는 모래 섞인 밥을 먹으며, 때로는 고국과 가족을 그리며 공사에 매진했다. 건설 도중 리비아 정세가 급변하는 위기의 순간도 있었음에도 성공적으로 작업을 마무리했다. 총길이 4,000km의 대장정이었다.

마침내 통수식이 있던 날 카다피를 비롯한 관계자들이 모두 모였다. 사막 한복판 거대한 관 속에서 물이 뿜어져 나왔고, 감격한 리비아인들은 '세리카 동가(동아건설)'을 외쳤다. 세계 건설사에 기록되는 순간이었다.

신발 산업의 메카, 부산의 재도약

　섬유, 의류와 더불어 신발은 대표적인 노동집약산업이다. 그 말인즉 슨 임금이 오를수록 신발 생산에는 불리해진다는 뜻이다. 이는 역사적 으로도 증명된 사실로 1960년대 세계 신발업계의 중심은 이탈리아였 다. 그것이 1970년대 한국과 일본으로 옮겨갔고, 1980년대 대만을 거 쳐 1990년대 중국에 이르렀다. 이 흐름 속에 우리 신발 산업의 메카, 부산의 이야기가 있다.

　신발이라고 해봐야 고작 짚신이 전부이던 시절. 1919년 고무신 생산 으로 시작된 부산의 신발 산업은 파란만장한 역사 속에서도 명맥을 이 어갔다. 해방 후 몰려든 수많은 피란민은 역설적이게도 노동 집약산업 인 신발의 성장에 크게 기여했다. 우수한 품질과 저렴한 가격, 그러면 서도 납품일 준수까지 어느 하나 빠지는 게 없었다. 국제상사, 삼화, 태 화, 진양, 화승, 동양, 대양 등 당시 메이저 업체들이 몰려있던 부산은 세계 최대의 신발 생산 거점이었다.

　한편 인건비가 오르며 신발업계는 중국 이전을 고려했으나 산업 붕 괴를 우려한 정부는 해외 투자를 제한하는 조처를 취한다. 같은 시기 대만은 대규모 공장을 증설하며 경쟁력을 키웠다. 부산 신발업계가 자 체 브랜드 '테즈락(TEZROC)'을 선보이는 등 재기에 나섰으나 끝내 실 패하였다. 부산 신발의 역사는 프로스펙스, 르까프, 트렉스타 등으로 이어지고 있다.

마산, 한일합섬과 팔도잔디

경상남도 진해만 안쪽 마산만에 있던 도시로 한때 마산은 우리나라 7대 도시 중 하나였다. 그래 봐야 서울을 비롯해 당시 5개 광역시를 제외하면 사실상 한 곳이 남는데, 그게 (울산이 아닌) 마산이었다는 뜻이다. 그리고 이 중심에 마산의 향토기업, 한일합섬이 있었다.

한일합섬은 사원 수만 2만 명을 넘어서는 섬유업체였다. 그 명성이 어찌나 대단한지 마산 지역경제를 이끌었다고 표현해도 될 정도다. 비록 섬유업의 쇠락과 외환위기로 몰락했으나 한일합섬의 흔적은 여러 곳에 남아 있다. 대표적으로 우리나라 최초 산업체 부설학교인 한일여자실업학교(現 한일여고) 설립을 들 수 있다.

시절이 시절인 만큼 당시 여성들은 초등학교나 중학교만 졸업하면 일터로 나가야 했다. 한일합섬도 예외는 아니라서 공장 내부는 앳된 여공들로 가득 찼다. 이에 한일합섬은 학교를 설립했다. 하루 2교대 근무를 3교대로 바꿨고, 교육에 필요한 다양한 시설을 갖췄다. 배우며 일할 수 있다는 소식에 전국에서 여공들이 찾아왔다.

개교식이 있던 날 이들은 고향에서 가져온 잔디를 가져와 운동장을 조성했다. 바로 '팔도잔디'다. 얼마 후 이곳을 방문한 박정희 대통령은 학생들의 열의에 큰 감명을 받고, 정식 고등학교로 승격시킨다.

구로공단 역사를 간직한 G밸리

한국 최초의 내륙공업단지로 1964년 첫 삽을 뜨기 시작해 1973년 완공됐다. 야산과 농지, 미군 탄약 창고 부지였던 이곳에 크고 작은 공장이 입주하기 시작해 거대한 기지를 형성했다. 1977년 수출 1억 달러를 돌파하면서 총수출량의 10%를 차지했으며, 70년대 말 공단 노동자 수는 11만 명에 달했다.

'조국 근대화에 헌신한 자랑스러운 산업역군' 칭호 이면에는 열악한 환경이 따랐다. 경공업 특성상 노동자 대부분은 어린 여공들이었다. 이들은 평균 12시간을 넘는 가혹한 노동에 노출됐으며, 철야 작업도 흔했다. 기숙사가 부족해 공장 인근 2평 남짓한 쪽방에 4~5명이 지내는 소위 '벌집 방' 구조가 등장한 것도 이 시기다.

한편 산업 구조가 재편되면서 구로공단은 디지털·지식산업의 중심지로 변모했다. 푸른 작업복은 말끔한 정장이, 시끄러운 기계 소리는 컴퓨터로 대체되었다. 2000년대 들어서는 구로·금천·가산의 첫 이니셜과 실리콘밸리의 용어를 딴 'G밸리'로 이름을 바꿨다.

그럼에도 구로공단은 당시 노동자들의 파란만장했던 삶의 장소로 기억되고 있다. 이곳에 위치한 G밸리 산업박물관을 통해 구로공단의 과거와 현재를 볼 수 있다.

아름다운 청년, 전태일

1948년 대구에서 장남으로 태어났다. 한국전쟁이 발발해 잠시 부산으로 피난을 갔으나 곧 상경했다. 1965년 평화시장에 견습공(시다)으로 들어가면서 그의 노동운동이 시작된다.

당시 노동환경은 매우 열악했다. 산업역군이라는 미명 하에 장시간 노동에 시달려야 했으며 환기장치 하나 없는 작업장에 몸은 망가지기 일쑤였다. 그럼에도 치료와 보상은커녕 제대로 된 휴일도 보장받지 못했다. 특히 여공들의 형편은 이루 말할 수 없을 만큼 비참했다. 상대적으로 재단사라는 좋은 위치에 있던 전태일은 이들을 자기 친동생처럼 아꼈다고 전해진다. 한편으로는 노동환경의 개선을 고민했는데, 이 과정에서 근로기준법이라는 것을 알게 된다. 하지만 곧 법조차 지켜지지 않는 현실에 개탄한다.

1969년 '바보회'라는 노동운동조직을 만든 그는 근로기준법 위반에 관한 설문조사를 하여 노동청에 진정을 제기하였다. 하지만 받아들여지지 않았다. 오히려 이 사실이 알려지면서 그는 해고되었다. 이후 여러 차례 노동운동을 벌였으나 돌아오는 것은 냉대와 멸시뿐이었다.

박정희 대통령에게도 서한을 보냈으나 전달되지 못했다고 전해진다. 끝내 그는 마지막 결정을 내린다. 근로기준법 화형식을 거행하며 자기 몸에 휘발유를 끼얹고 분신 항거하였다. 1970년 11월 13일, 그의 나이 22살이었다.

노동자의 어머니, 이소선

태일이가 병원에 실려 갔다는 소식을 듣고 달려온 그의 어머니 이소선 여사. 아들의 몸은 새까맣게 변해있었다. 통곡하는 그녀에게 아들은 "내가 못다 이룬 일을 어머니가 꼭 이루어달라"는 말을 남겼다. 그리고는 곧 숨을 거뒀다. 어머니는 그 약속을 지키겠노라 몇 번이고 다짐했다. 아들의 뜻을 이루기 전에는 결코 장례식을 치르지 않겠다고 버텼지만, 당장 어디서부터 어떻게 해야 할지 그저 막막할 따름이었다.

스물두 살의 청년 노동자가 근로기준법 준수를 외치며 분신 항거했다는 사실은 대학 계에도 큰 충격을 주었다. 당대 최고의 대학인 서울대, 그중에서도 법대생이었던 장기표가 찾아왔다. 당시 평화시장의 근로조건에 관심을 갖던 그는 전태일의 죽음이 마치 자신의 탓인 듯, 죄책감에 고개를 들지 못했다. 이소선 여사는 왜 이제야 왔느냐며 눈물을 쏟았다. 근로기준법 해설서에 한자가 너무 많아 '내게도 대학생 친구가 있었더라면' 하며 안타까워하던 아들의 모습이 떠올랐기 때문이다. 장기표도 눈물을 흘렸다.

많은 학생의 노력과 사회적 관심이 쏠린 결과 마침내 전태일이 못다 이룬 꿈, 청계피복노조가 결성되었다. 이소선 여사는 여기에 머물지 않고 노동운동을 계속해나가 '노동자의 어머니'로 불리게 된다. 2011년 별세했으며 사후 국민훈장 모란장이 추서되었다.

배고픈 여공들의 농성, YH 사건

1979년 YH무역의 여성 노동자들이 폐업에 항의하며 시위를 벌인 사건이다. 당시 정부의 노동정책, 특히 여공에 대한 인식이 어떠했는지를 단적으로 보여준다. 근현대사 측면에서는 유신체제의 몰락을 가져온 순간으로 평가된다.

한때 가발 수출을 주도했던 YH무역은 1970년대 직원 수만 4,000명에 이를 만큼 대기업으로 성장하였다. 하지만 공금횡령과 무리한 투자, 가발 산업의 후퇴 등으로 경영상태가 악화되자 일방적인 폐업을 선언하는데, 이에 노동자들은 회사 정상화를 요구하며 농성으로 대응했다. 그럼에도 상황은 개선될 기미가 보이지 않자 노동자들은 야당인 신민당을 찾아간다. 김영삼 총재는 이들의 손을 맞잡아주었고, 이는 언론에 보도되며 사회의 큰 관심을 받기에 이른다.

이 사태의 배경에 야당이 있다고 판단한 정부는 신민당사에 난입해 노동자들을 강제 연행했다. 진압 과정에서 노동자 김경숙 씨가 사망하고, 당원들은 무차별 폭행을 당한다. 김영삼 총재도 경찰에 끌려가는 수모를 겪는다. 한편 이 사건을 계기로 국회에서 김영삼 총재의 국회의원직 제명이 통과되자 부산과 마산 중심으로 시위가 일어났고 이는 10·26 사태의 도화선이 되었다.

8.3 사채동결 조치

　1960년대는 한국 경제성장의 발판을 다진 시기다. 당시 금융시장이 미숙했던 터라 기업들은 주로 사채시장에서 자금을 조달했는데, 취약한 재무구조임에도 경제가 성장 궤도였기에 가능한 일이었다. 한편 1970년 들어 환율 인상과 물가 상승 등의 영향으로 기업의 사채상환이 큰 부담으로 작용했고, 결국 연쇄도산으로 이어질 상황에 놓인다. 이에 전경련 김용완 회장은 대통령 면담을 요청한다.

　보고받은 박정희 대통령은 고민 끝에 사채동결 조치를 승인한다. 시장경제에서 절대로 발생할 수 없는 일이었지만 경제 전반의 위기는 막아야 했기 때문이다. 긴급명령의 방식으로 시행된 이 조치에 따라 무려 3,456억 원의 자금이 접수됐다. 당시 통화량의 80% 수준으로, 사채시장이 얼마나 성행했는지를 알 수 있는 대목이다. 어쨌건 이 조치로 숨통이 트인 기업들은 이후에도 정부의 지원을 받으며 승승장구했다.

　8.3 사채동결 조치는 당시 경제 여건상 불가피한 결정이었다는 판단과 달리 시장경제에 대한 불신과 관치금융의 확산, 무엇보다 '대마불사'를 우선시하는 잘못된 관행을 가져온 것으로 평가받는다. 한편 정부는 기업공개촉진법을 제정, 주식발행을 통한 기업 재무구조 개선을 유도하였다.

수서특혜 분양사건

노태우 정부 최대 부동산 비리로 알려진 이 사건은 여타 특혜분양과
는 비교를 달리할 만큼 정치권과 재계, 정부기관 모두가 개입한 권력형
게이트이다.

1989년 서울시는 강남 수서 일대에 아파트 공급을 위해 택지개발지
구를 지정한다. 당초 공공아파트를 지어 무주택자에게 분양할 계획이
었으나 위치가 위치인 만큼 특별분양 요구가 빗발쳤다. 서울시(당시 고
건 시장)의 입장은 원칙대로 공공아파트였다. 그런데 건설부가 돌연 입
장을 바꿔 특별분양이 가능함을 내비쳤다. 이에 반대하던 고건 시장은
쫓겨났고, 사업은 일사천리로 진행됐다.

특별분양이 가능했던 이유는 다름 아닌 뇌물이었다. 그리고 이 중심
에 한보그룹 정태수 회장이 있었다. 그는 정부 공무원을 비롯해 국회의
원 심지어 청와대 관계자에게까지 뇌물을 건넸다. 그렇게 선정된 특별
분양 대상자에는 유력 기관 및 기업체 리스트가 빼곡했다. 심지어 야당
마저 특별분양을 요청하는 공문을 보낸 것으로 알려졌다. 비난이 빗발
치자 검찰은 수사에 나섰고, 정태수 회장을 비롯한 관계자들이 구속됐
다. 하지만 정작 특별분양을 지시한 윗선을 규명하진 못했다. 이후 4년
이 지난 김영삼 정부에서 전 정권의 비자금을 조사하던 중 노태우 대
통령이 뇌물을 받고 서울시에 압력을 가한 사실이 알려졌다.

국제그룹 해체 사건

'왕자표 고무신' '프로스펙스'로 알려진 기업이다. 1947년 국제고무 공장에서 출발해 1960~70년대 들어 급성장하였다. 미국 시장에 최초로 국산 신발을 수출하기도 했다. 1985년 해체 시점에는 연간 매출 8조 원, 종업원 3만 8,000여 명에 육박했다. 부산 향토기업임에도 용산에 국제빌딩을 건립하면서 그 위용을 과시하였다.

하지만 전두환이 정권을 잡으면서 상황은 달라졌다. '국제그룹이 정권에 미운털이 박혔다'라는 소문이 돌기 시작했는데, 이유는 정치자금을 적게 냈다는 것이었다. 부산 지역에서 전두환의 민주정의당 표가 적게 나온 점도 영향을 줬다. 곧 주거래은행이었던 제일은행이 국제그룹의 대출을 막았다. 당시 경영환경이 그랬듯, 이는 곧 국제그룹의 심각한 유동성 위기를 가져왔다. 겉으로는 경영 건전성을 지적했으나 속으로는 기업 길들이기에 나선 셈이다. 한때 재계 서열 7위에 올랐던 굴지의 대기업은 권력 앞에 힘없이 무너졌다.

한편 국제그룹 양정모 전 회장은 회사를 되찾기 위해 갖은 노력을 기울였다. 마침내 7년여간의 싸움 끝에 국제그룹 해체는 위헌이라는 결정을 끌어냈지만, 뿔뿔이 흩어진 계열사를 되찾기에는 이미 시간이 흐른 뒤였다. 끝내 재건에 실패하였고 2009년 88세를 일기로 별세했다.

자동차공업 합리화조치

12·12 군사반란으로 정권을 잡은 신군부 세력은 국보위(국가보위비상대책위원회)라는 임시기구를 설치해 국정에 개입하였다. 전두환 정부 때 경제가 좋았다고는 하나 이는 1980년대 초중반에 이르러서였고, 이 시기 석유파동으로 나라 전체가 휘청이는 상황이었다. 정치권력을 장악하는 것만큼이나 경제 상황 수습이 중요했다. 이는 자동차라고 해서 예외일 수 없었다.

자칫 자동차 업계의 줄도산을 우려한 정부는 현대와 기아, 새한(現 한국GM) 등 업체를 통합하고 자동차 생산에도 제한을 둘 것을 지시했다. 하지만 정주영 회장의 반대와 미국 GM의 지분 문제 등이 겹치면서 통합은 실패로 끝난다. 그러자 국보위는 새로운 조치를 발표하는데, 이것이 자동차공업 합리화조치이다.

승용차는 현대와 새한이 생산하며, 기아는 소형 트럭과 버스, 동아(現 쌍용자동차)는 특수특장차 생산에 전문화하게끔 했다. 말이 전문화이지 다른 분야의 생산 자체를 금지했다는 뜻이다. 기아와 동아의 통합 역시 실패하면서 시장에 혼란만 가져다줬다. 1981년 발표된 이 조치는 무려 7년이 지나서야 해제되기에 이르는데, 국내 자동차산업의 경쟁력을 크게 후퇴시킨 것으로 평가된다.

석탄 산업 합리화 정책

1980년대에 들어오면서 석탄 수요는 크게 감소하는데, 여기에는 여러 사정이 맞물려 있다. 먼저 도시환경의 대대적 정비다. 86 아시안게임과 88 서울올림픽을 앞두고 정부는 석탄 사용을 줄이거나 아예 금지할 것을 명했다. 또한 아파트가 들어서면서 석유로의 연료 대체가 확대됐다.

다음으로는 탄광의 채산성 저하다. 오랜 시간 석탄을 채굴하면서 더 깊은 곳으로 들어가야 했음에도 질은 점차 떨어졌다. 반면 석유는 1986년 국제유가 폭락 사태가 발발하며 연료 대체에 탄력을 받는다. 이듬해 천연가스가 공급되기 시작하면서 석탄 수요는 더욱 감소한다.

영세 탄광부터 흔들리기 시작했고, 탄광 노동자들의 생계가 사회 문제로 불거졌다. 이에 나온 조치가 '석탄 산업 합리화 정책'이다. 정부는 폐광에 지원금을 주면서 그 수를 줄이고 한편으로는 경쟁력 있는 탄광 중심으로의 개편을 유도했는데, 예상과 달리 너무 많은 탄광이 폐광을 신청했다. 당시 선진국들은 30~40년에 걸쳐 석탄 산업을 정리한 것에 비추면 너무나도 빠르게 진행됐다.

석탄으로 먹고살던 지역경제는 마땅히 준비할 시간도 없이 위기에 직면했다. 강원 태백, 정선, 삼척을 비롯해 넓게는 경북에 이르기까지 많은 도시에 그 후유증을 남겼다.

사북항쟁과 강원랜드

1980년 4월 강원도 정선 사북읍에서 발생한 사건이다. 당시 사북읍에는 국내 최대 민영탄광이라 불리던 동원탄좌 사북광업소가 자리했는데, 열악한 노동환경으로 광부들이 진폐증에 걸리거나 각종 사고를 당하기 일쑤였다. 이를 견디지 못한 노동자들이 개선을 요구하기 시작했지만 동원탄좌는 어용노조를 설립해 이들을 외면한다.

불만이 극에 달한 노동자들은 투쟁에 나섰고, 시위는 유혈사태로 번졌다. 노동자들이 사북 일대를 점거하는 수준에 이르자 당국은 마지못해 합의에 나섰다. 그러나 상황이 진정되자 당국은 공권력을 발동, 합의를 무시하는 태도를 보이기도 했다.

한편 시대가 변하면서 광업은 점차 쇠퇴의 길을 걷는다. 투쟁으로 권리를 쟁취하기엔 석유로의 전환이 너무 빨랐다. 특히 석탄으로 먹고살던 동네의 경우 회복이 불가능할 정도의 심각한 타격을 받았다. 대체할 만한 산업을 찾기도 어려운 상황이 계속됐다. 이에 궁여지책으로 꺼내든 카드가 바로 도박이었고, 이는 국내 유일한 자국민 카지노인 강원랜드가 들어서는 계기가 된다. 애초 10년간 한시적으로 운영될 예정이었지만 연장에 연장을 거듭해 2045년까지 운영하기로 결정됐다. 당분간 '국내 유일 내국인 대상 카지노'의 지위에는 변동이 없겠지만, 인구 유입과 기업 유치 등 지역경제 발전을 위한 노력에 주력해야 할 것으로 보인다.

8·10 성남민권운동

1971년 경기도 광주군 중부면(現 경기도 성남 일대)에서 일어난 사건이다. 수만 명의 철거민 이주를 두고 정부는 제대로 된 대책은커녕 졸속 행정을 무리하게 추진했고, 이에 주민이 반발해 투쟁으로 이어졌다. 민권운동으로 명칭이 변경되기 전에는 광주대단지사건으로 불렸다. 소설가 조세희의 『난장이가 쏘아올린 작은 공』의 배경이 된 곳이기도 하다.

1960년대 서울은 밀려드는 인구 속 무허가 건물 난립으로 혼란이 극에 달한 상황이었다. 도시 정비를 위해 판자촌을 정리하면 다음 날 새로운 판자촌이 생겨날 지경이었다. 이에 1968년 서울시(당시 김현옥 시장 재임)는 광주대단지 조성계획을 발표하는데, 분양권을 주면서 서울 밖으로의 이주를 유도하였다. 한편 이주 후에는 다시는 서울에 들어오지 않을 것을 요구했다.

그런데 도착해보니 정부 말과는 달리 생활 기반시설이 거의 마련되지 않은 상태였다. 도로는 열악했고 공장, 시장도 턱없이 부족했다. 주택은커녕 천막이 전부였다. 이주민들은 분통이 터졌다. 설상가상으로 선거가 끝나자 정부는 말을 바꿨다. 토지 대금을 높이고 그마저도 일시불로 상환한 것을 요구했다. 사실상 쫓아내겠다는 조치였다. 이에 주민들은 투쟁위원회를 조직, 적극적인 투쟁에 나섰다. 결국 서울시가 주민들의 요구를 수용하면서 사태가 진정되었다.

87년 노동자 대투쟁

1987년 6월 항쟁을 기점으로 사회 전반에 억눌렸던 욕구들이 분출되기 시작했다. 6·29 선언으로 달성한 민주화의 열기는 곧 집단 노동운동으로 이어진다. 경제개발이 시작된 이래 그동안 '공돌이 공순이'로 불렸던 이들은 노조 설립, 임금 인상, 근로조건 개선 등을 요구했다. 이전에도 크고 작은 노동운동은 여러 차례 있었으나, 1987년 노동자 대투쟁은 이를 아득히 넘어설 만큼 최대 규모로 진행되었다.

노조라고 하면 거부감을 느끼는 사람도 있겠지만 분명하게 알아둘 것이, 1960~70년대만 해도 노동자들은 저임금을 받으면서도 하루 12시간을 넘는 장기간 노동에 시달려야 했다. 안전 장비도 열악해 사고가 잇따랐다. 1980년대 3저 호황이라 불리는 경제성장기에도 여건은 크게 달라지지 않았다. 대한민국 최고 기업을 일궈낸 이가 "내 눈에 흙이 들어가기 전에는 노조를 인정 못 한다"라고 말하던 시절이었다.

1987년 7월 울산 현대엔진에서 노조가 결성된 이후 노동운동은 빠르게 번져가기 시작했다. 한편 이 과정에서 대우조선 노동자 이석규가 최루탄에 맞아 사망하는 일도 발생했다. 전두환 정권의 탄압 속 노동자 대투쟁은 소강 국면에 접어들다가 1990년 '전국노동조합협의회(전노협)' 출범으로 이어졌다.

최저임금제 실시

　국가가 노·사간의 임금결정 과정에 개입하여 임금의 최저수준을 정하고, 사용자에게 이 수준 이상의 임금을 지급하도록 법으로 강제함으로써 저임금 근로자를 보호하는 제도이다. 헌법 제32조 1항은 법률이 정하는 바에 의하여 최저임금제를 시행하여야 함을 명시하고 있다.

　1953년에 「근로기준법」을 제정하면서 최저임금제의 실시 근거를 두었으나, 당시 우리 경제가 최저임금제를 수용하기 어렵다는 판단에 따라 이 규정을 운용하지 않았다. 이후 저임금의 제도적인 해소와 근로자에 대하여 일정한 수준 이상의 안정된 생활을 보장해주기 위하여 최저임금제의 도입이 불가피해졌고, 우리 경제도 이 제도를 충분히 수용할 수 있는 수준에 도달하였다고 판단하여 1988년 1월부터 실시하였다. 도입 첫해 업종을 2개 그룹으로 나눠 최저임금을 달리 적용했으나, 이후로는 지금처럼 전 업종 동일하게 적용해왔다.

　최저임금은 저임금 해소에 따른 임금격차 완화 및 소득분배 개선, 노동자의 생계 보장에 따른 생활 안정, 저임금 바탕의 경쟁방식을 지양하고 공정한 경쟁을 촉진하는 등의 효과를 가져왔다는 평가다. 반면 저임금 노동자의 고용불안, 영세자영업자의 인건비 부담 등도 지적된다.

　한편 최저임금으로 생활여건을 보장하기 어려운 이들의 삶의 질 향상을 목적으로 지자체 중심으로 생활임금을 도입하였다. 지자체 수탁업체 노동자가 대상이며, 최저임금보다 10~20% 정도 높은 수준이다. 확대 여부는 좀 더 지켜볼 필요가 있다.

의약분업 전면 실시

"진료는 의사에게, 약은 약사에게"라는 말이 있다. 의사가 환자를 진단하여 처방을 내리면 약사가 (그 처방에 따라) 약을 조제하는 것이다. 의약분업이 도입된 지도 20년을 넘다 보니 이제는 당연한 말로 들릴 법도 하나, 당시만 해도 의사와 약사 간 경계가 모호했다. 의약분업은 이를 구분하는 일종의 신호등이었다. 물론 신호등 설치과정이 쉽지만은 않았다.

사실 의약분업은 실보다 득이 많은 제도다. 의사와 약사 모두 본업에 매진하니 그만큼 질 좋은 의료 서비스를 달성할 수 있으며, 그 과정에서 의약품의 오남용도 예방할 수 있다. 어차피 약은 약사가 팔기 때문에 의사 입장에서 과도한 처방을 내릴 이유가 없다. 따라서 의료비 절감도 기대할 수 있다. 그밖에 처방전을 발급하므로 환자는 자신이 어떤 처방을 받았는지 정확하게 알 수 있다. 단, 어디까지나 전체적으로 봤을 때 이렇다는 것이지 실제로는 이해 상충 문제를 비롯해 당초 기대에 미치지 못했다는 평가도 나오고 있다.

우리나라는 1963년 약사법 개정으로 의약분업 원칙을 세웠으나, 시행 여건 부족으로 미루다 1988년 전 국민 의료보험의 확대 실시에 따라 도입을 준비했다. 이후 1993년 약사법 개정, 병·의원의 집단 휴·폐업이 이뤄진 3차례의 의료 대란 등을 거치며 2000년 7월 전면 시행하였다.

의료수가 적정화 논의

"건강할 때 이웃 돕고 병났을 때 도움받자" 1968년 설립한 부산 청십자의료협동조합의 표어다. 우리나라 최초의 자영자 민간의료보험이었던 청십자의료보험은 1989년 정부의 전 국민 의료보험이 시행되기 전까지 공동체 안전망 역할을 수행하였다.

사실 우리나라는 1963년에 이미 의료보험법을 만들었으나 허울에 불과했다. 애당초 경제 상황을 생각해보면 무리한 추진이었다. 그럼에도 청십자의료보험은 보험료 60원만 내면 누구나 진료를 받을 수 있었다. 참고로 담배 한 갑에 100원 하던 시절이다. 이 불가능해 보이는 의료행위가 이뤄질 수 있던 이유는 설립자 장기려 박사를 비롯해 의료봉사를 기꺼이 감수한 의료진의 노고 덕분이다.

한편 의료보험이 전 국민 대상으로 확대되면서 더 이상 의료진의 희생만을 강요하기 어려운 상황이 됐다. 적정 의료수가(의료비용) 문제가 수면 위로 떠 올랐다. 의사들의 박리다매 진료나 비급여 항목, 때로는 리베이트 등의 문제도 결국엔 적정 의료수가가 원인이다. 낮은 보험료로 모든 국민이 양질의 의료서비스를 받는다는 것은 신기루 같은 이야기다. 의료진에게도 그만한 대가가 돌아가며, 의료보험 본연의 목적에도 부합하는(의료정보 공개를 포함) 사회적 논의가 필요하다.

국민연금 도입

　노령·장애·사망 등 소득이 없는 자에게 국가가 생활 보장을 위하여 정기적으로 지급하는 금액을 말한다. 공무원, 군인, 사립학교 교직원을 제외한 18세 이상 60세 미만의 국내 거주 국민은 국민연금을 받기 위해서 정기적으로 일정액을 국가에 납부한다. 보험료의 성격을 가지나, 그 강제성 때문에 사실상 세금으로 인식된다.

　처음 법안이 마련된 것은 1973년 박정희 정권의 「국민복지연금법」 제정이다. 하지만 당시 경제 상황에 비출 때 시기상조라는 평가가 많았으며 이후 석유 파동, 10·26 사태가 이어지면서 전면 중단되었다. 그러던 것이 전두환 정권에서 속도를 내는데, 경제성장과 물가안정을 이룩하면서부터다. 마침내 1986년 12월 기존의 「국민복지연금법」을 「국민연금법」으로 개정, 1988년 시행하였다.

　국민의 노후를 보장하는 국가제도임에도 불구, 도입 후 30년이 지난 지금까지 국민연금에 대한 오해와 불신은 깊다. 한때 국민연금 반대운동이 일었고 수많은 루머가 나돌기도 했다. 국민연금 고갈 논란도 빼놓을 수 없다. 결론부터 말하자면 국민연금은 필요한 제도이다. 문제는 개혁이다. 저출산 기조가 이어짐에 따라 미래 세대의 부담은 점차 늘고 있다. 개혁 논의가 늦춰질수록 세대 간 갈등은 더욱 커질 우려가 있다.

통일벼 발명

박정희 정부에 있어 식량 증산은 군사정권의 정당성을 가져다줄 수 있는 절호의 기회였다. 이 사실을 모를 리 없는 중앙정보부는 해외에서 볍씨를 밀반입하는 계획을 세운다. 이집트에서 '나다(Nahada)'라는 볍씨를 들여오는데, 두꺼운 책의 안쪽을 도려내 볍씨를 채우는 방법이었다.

당시 중앙정보부장이었던 김형욱은 스스로를 '제2의 문익점'에 빗대었고, 박정희 대통령 역시 볍씨에 자신의 이름 한 글자를 떼어 '희농 1호'라 부르게 했다. 시험재배 결과는 부진했지만 정부의 의지는 단호했다. 결과는 어땠을까. 씨받이마저 어려울 수준의 흉작이었다. 애초 한국에 맞지 않았던 볍씨를 심은 이유가 가장 컸다. 애꿎은 농민들만 큰 피해를 입었다.

식량 증산이 어느 정도 성과를 보인 것은 통일벼를 개발하면서부터다. 서울대학교 농과대학 교수로 근무하던 故 허문회 박사는 필리핀 국제미작연구소(IRRI)에서 연구원으로 근무했던 경험을 바탕으로 신품종 연구에 몰두한다. 그는 열대지역에서 생산되는 인디카종과 온대지역의 자포니카종 교배에 주목했고, 마침내 통일벼(IR667)를 선보인다. 당시 농촌진흥청은 공모를 통해 '통일'이라는 이름을 붙였는데, "경제로써 부흥하면 북한을 압도할 수 있다"라는 의미를 담았다고 전해진다.

토지공개념 3법

1989년 노태우 정부는 부동산 투기를 근절하고자 특단의 대책을 내놓는다. 택지소유상한제·개발이익환수제·토지초과이득세제가 그것으로, 흔히 '토지공개념 3법'이라고 한다. 실수요자의 토지소유를 높이고 개발이익은 불로소득으로 환수하며 기업의 과다토지 보유를 억제하는 데 목적을 두었다.

우선 택지소유상한제는 지역에 따라 가구당 택지소유에 상한을 설정한 제도로 이를 초과할 시 부담금을 부과하였다. 개발이익환수제는 아파트나 공단 등 개발사업에 따른 개발이익 발생 시 50%를 개발부담금으로 내게끔 했다. 토지초과이득세제는 유휴토지의 지가 상승분이 정상 수준을 초과할 경우 30~50%를 환수하도록 했다.

하지만 시행한 지 얼마 지나지 않아 헌법상 재산권 침해 논란이 일었다. 헌재는 택지소유상한제에 대해 입법 목적은 정당하나, 소유 상한이 과도한 재산권 침해라고 해석했다. 개발이익환수제는 부담률을 낮췄다가 2005년까지 부과를 중단했다. 토지초과이득세제는 이중과세 문제로 헌법불합치 판결을 받았다.

이후 노무현 정부에서 토지공개념 3법을 다시 꺼내 들었으나 정책 부작용과 여론 반발 등에 밀려 성과를 내지 못했다. 문재인 정부는 2018년 개헌안에서 토지공개념 조항을 삽입했지만 국회 문턱을 넘지 못해 사실상 무산됐다.

시민아파트와 시범아파트

여러 논란이 있음에도, 어쨌건 주택공급에 있어서는 물량이나 속도 모두 아파트를 따라올 만한 게 없다. 한국은 '아파트 공화국'이 옛말이 될 정도로 아파트가 많고 또 익숙한 나라다. 그런데 돌이켜보면 우리의 전통은 한옥이다.

실제 1960년대까지만 해도 사람들은 한옥에 익숙했기에, 아파트 대중화는 쉽지 않은 일처럼 보였다. 이랬던 것이 시민아파트와 시범아파트가 건설되면서 아파트를 바라보는 시선이 크게 달라진다.

1970년대 일자리와 생계를 위해 상경하는 이들이 많아지면서 무허가 건물이 난립했고, 정부는 이를 철거하는 대신 아파트를 제공해주기로 한다. 바로 시민아파트다. 하지만 건설비 착복과 무리한 일정, 태만한 시공 등의 문제점이 나타났다. 이는 와우시민아파트 붕괴라는 참사로 이어졌다.

시범아파트란 글자 그대로 시범적으로 짓는 아파트다. 정부는 시민아파트 붕괴로 아파트에 대한 불신이 컸던 점을 고려, 튼튼하면서 고급스러운 아파트를 계획했다. 곧 여의도에 대규모 시범아파트가 들어섰다. 12층 규모에 엘리베이터와 중앙난방 시설을 갖췄다. 모래벌판이던 여의도는 시범아파트의 성공에 힘입어 방송국, 국회의사당 등이 들어서기 시작했고 현재의 여의도에 이른다.

난개발 방지한 그린벨트

정식 명칭은 개발제한구역이다. 도시 주변에 띠(belt)처럼 구역을 지정, 개발행위를 엄격히 제한함으로써 도시의 무분별한 확산을 방지하는 데 목적이 있다. 그렇다고 아예 개발이 제한되는 것은 아니라서, 특정한 용도 내에서는 허가를 받아 개발할 수 있다. 한 가지 특이한 점은 개발제한구역이라는 이름 대신 그린벨트를 쓴다는 건데, 아무래도 개발제한구역보다는 그린벨트가 강압적이지도 않고 또 녹지를 보전한다는 느낌을 주기 때문으로 보인다.

그린벨트의 시초는 영국이다. 16세기 런던에서 흑사병이 돌자 그 확산을 막기 위해 런던 경계에 숲을 만들었고 이것이 현재의 그린벨트로 이어졌다. 한국은 1971년 박정희 정부 시절 도입했으며 전 국토의 5% 수준에 이르는 면적이 그린벨트로 지정되었다. 재산권 침해라는 비판이 나왔음에도 독재정권이었기에 가능했을 일이다. 지금에 와서는 그린벨트 해제만큼이나 토지 보상 문제도 중요해졌다.

한편 노태우 정부에 들어서 그린벨트는 조금씩 해제되기 시작하는데, 이는 1987년 민주항쟁 이후 세상이 달라지기도 했거니와 정부 역시 1기 신도시 건립을 위해 토지가 필요했기 때문이다. 이후 김대중 정부 들어서도 그린벨트가 대거 해제됐다. 해당 부지에는 산업단지, 관광시설 등이 들어섰다.

시대별 표어로 보는 저출산

평균 자녀 수가 6명에 달했던 1960년대부터 적극적 산아제한 정책이 시행됐다. 구호는 "많이 낳아 고생 말고, 적게 낳아 잘 키우자" "덮어 놓고 낳다 보면 거지꼴을 못 면한다" 등이다. 3.3.35운동 또한 이 시기에 이뤄졌는데, '3자녀를 3년 터울로 35세 이전에 단산하자'는 뜻이다.

1970년대는 두 자녀 갖기를 권장했다. "딸. 아들 구별 말고 둘만 낳아 잘 기르자"가 대표적이다. 굳이 딸, 아들 구별을 강조한 것은 당시 사회에 만연한 남아선호사상 때문이다. 그밖에 "내 힘으로 피임하여, 자랑스런 부모 되자"라는 자발적 피임을 장려한 문구다.

1980년대 들어서는 아예 자녀 한 명을 강조했다. "여보! 우리도 하나만 낳읍시다" "하나 낳아 젊게 살고 좁은 땅 넓게 살자" "무서운 핵폭발 더 무서운 인구폭발" "축복 속에 자녀 하나 사랑으로 튼튼하게" 등이다.

1990년대의 "아들바람 부모세대, 짝꿍없는 우리세대" "선생님! 착한 일 하면 여자 짝꿍 시켜주나요"는 남녀 성비를 맞추고자 함이었다.

2000년대 들어서 표어에 큰 변화가 생겼다. "자녀에게 물려 줄 최고의 유산은 형제입니다" "가가호호 아이 둘셋 하하호호 희망 한국" "한 자녀보다는 둘, 둘보단 셋이 더 행복합니다"와 같은 표어가 이어졌다.

그럼에도 출산율은 쉽게 반등을 보이지 않는데, 2022년 우리나라의 합계출산율은 0.78명을 기록하며 0.8명대도 무너졌다.

고령화사회와 고령사회, 초고령사회

전체 인구 중 65세 인구가 차지하는 비중이 7% 이상일 경우 고령화사회, 14% 이상이면 고령사회, 20% 이상은 초고령사회로 분류한다. 주요 선진국은 이미 고령화사회와 고령사회에 진입했으며 초고령사회를 앞두고 있다. 우리나라는 2000년 고령사회 진입 후 2017년 고령사회로 진입했다. 속도만 놓고 보면 '노인 왕국' 일본보다 2배 빠르다.

생활 수준 전반이 향상되고 의료기술이 발전한 만큼 고령화는 자연스러운 결과이며 굳이 나쁘게 볼 필요만은 없다. 문제는 노인 빈곤이다. 우리나라의 노후소득보장체계는 (국민연금, 개인연금, 퇴직연금이라는) 그 형식만을 갖췄을 뿐 실제 지원으로는 턱없이 부족하다. 연금 사각지대가 넓다는 것도 지적되는 부분이다.

이렇다 보니 노후소득을 직접 마련해야 하는 노인이 늘고 있다. 최근 베이비 붐 세대 은퇴가 맞물리며 더 이상 늦출 수 없는 문제가 됐다. 하지만 민간에서 창출하는 노인 일자리는 제한적이며, 그마저도 정부의 공공일자리에 기대는 상황이다.

따라서 생산성을 고려한 정년 연장과 임금피크제를 유도하거나, 근력보조기구장치 등을 활용해 노인의 외부 활동 시 생산성을 높이는 것이 민간 일자리를 확대하는 방안으로 거론된다. 하지만 이마저도 노인의 수를 고려하면 제한적인 정책일 뿐, 출산율 저하에 따른 우리 경제의 고령화는 곧 현실이 될 전망이다.

NOTE

"첫날 어려움이 있었는데 이제는 국민이 용서하지 않습니다. 지금까지는 나도 불가항력이라고 이해하고 있지만, (이제는) 불가항력이라고 설명할 수 없습니다. 총동원하십시오."

2007년 태안 원유 유출 사고 현장에서, 故 노무현 대통령

3
그때 그 사건들

론스타 외환은행 매각 사태

1960년대 수출 중심 경제발전 방향이 수립되면서 이를 지원할 외환 전담 금융기구의 설치 필요성이 높아졌고 이에 1967년 한국외환은행이 설립된다. 당시만 해도 국내 유일 외환전문은행이었기에 기관의 지위에서나 직원 전문성 모두 높은 평가를 받았다. 이후 민영화를 거쳐 평범한 시중은행으로 자리 잡는가 싶었는데, 1997년 외환위기 사태를 맞으며 상황은 급변한다.

외환은행이 부실화되자 해외 기업에서 인수에 나섰고 그중에는 론스타가 있었다. 산업자본의 론스타가 금융기관을 인수하기 위해서는 BIS 비율이 8% 이하여야 했는데, 이때 외환은행에서 6.16% 즉, 의도적으로 부실화해 넘겼다는 의혹이 제기됐다. 이에 법원은 '공무원이 절차에 따라 사무를 처리했다면 결과적으로 손해가 발생하더라도 처벌할 수 없다'라고 판단하였다.

한편 2003년 외환은행을 인수한 론스타는 2008년경 HSBC에 매각하려고 했으나 실패한다. 이후 2012년 하나은행에 매각 의사를 밝혔고, 금융당국의 승인을 받았다. 론스타는 이 과정에서 매각 승인의 지연과 차별적 세금 부과 조치를 받았다며 우리 정부를 대상으로 투자자-국가 간 분쟁(ISDS)을 제기했다. 요구한 배상금액은 약 5조 원. 10년 만에 나온 판결은 2,800억 원 배상으로, 론스타의 일부 손을 들어줬다.

무궁화3호 헐값 매각 논란

KT가 정부의 허가 없이 무궁화3호 위성을 홍콩의 ABS라는 위성업체에 매각한 사건으로, 2013년 국정감사를 통해 세상에 알려졌다.

무궁화3호에 관해 잠깐 소개하자면, 우리나라 위성통신 및 방송을 목적으로 1999년 발사한 위성이다. 설계수명 기간이 다한 2011년부터는 남은 연료 수명 기간(향후 10년) 동안 무궁화5호의 백업위성으로 활용될 예정이었다. 그런데 KT는 설계수명이 다했다는 이유로 무궁화3호를 2,085만 달러(당시 205억 원)에 매각한다. 이중 매각가는 5억 원이고 나머지는 기술지원이었다.

제작에만 3,000억 원의 세금이 들어간 통신위성을 헐값에 넘겼다는 비판이 나왔다. 또한 조사 과정에서 KT 위성사업을 담당한 인물이 ABS 부사장으로 이직했으며, KT는 정부로부터 재할당받은 주파수까지 해외에 매각한 사실이 드러났다. 이에 대해 KT는 무궁화3호가 한국통신 시절 제작된 건 맞으나, 2002년 민영화된 만큼 무궁화3호는 KT 자산이라고 반박했다.

2013년 정부는 매각 복구 명령을 내렸으나, 오히려 ABS사가 매매계약 위반을 이유로 손해배상 소송을 제기했다. 이후 6년이 지난 2019년 최종 패소가 결정됐다. 무궁화3호의 소유권은커녕 11억 원 규모의 손해배상까지 물어주게 됐다.

한진해운 파산과 한국 해운업

1977년 한진그룹이 세운 한진해운을 모태로 한다. 대한선주(舊 대한 해운공사)와 합병하며 대한민국을 대표하는 해운회사로 성장했으며, 이후 40여 년간 줄곧 한국 해운업을 이끌었다. 컨테이너선 100척과 벌크 선 40여 척 등을 갖춘 국내 1위, 세계 7위 해운사이기도 하다.

2006년 조수호 회장의 갑작스러운 별세로 부인 최은영이 회장에 취임해 경영 전반에 나섰다. 초기 경영권 확보에는 안정적으로 대응했다는 평가나, 그 이후가 문제였다. 2008년 세계금융위기로 해운 경기가 악화되면서 한진해운은 경영상 큰 위기를 맞는다.

2014년 조양호 회장이 한진해운을 인수하였고 정상화에 노력을 기울였으나 끝내 법정관리를 신청하였고, 2017년 파산 선고를 받는다. 한진해운의 물량 대부분은 외국 선사들이 가져갔으며 한국 해운업의 글로벌 영업망도 사라졌다.

한진해운의 파산 원인으로는 고가의 용선계약 체결, 해운업의 치킨게임, 경영진의 전문성 부족과 도덕적 해이, 정부의 섣부른 판단 등을 꼽는다. 그럼에도 세간의 관심을 끈 것은 '(한진해운이) 정부에 미운털이 박혔다'라는 소문이다. 조양호 회장이 최순실 재단에 후원을 적게 했다는 이유에서다. 어쨌건 한진해운은 사라졌고, 현대상선은 HMM으로 살아남았다. 문재인 정부 들어 한국 해운업을 한진해운 파산 이전 수준으로 회복하겠다는 계획을 밝혔으나 애초 해운산업 몰락을 자초했다는 비판은 벗어나기 어렵다.

KIKO 사태, 무엇이 문제였나

환율이 특정 구간(barrier)에 도달하는 경우 옵션이 발효(KI; Knock-In)되거나 소멸(KO; Knock-Out)하는 조건이 부과된 비정형적인 통화옵션 거래의 일종이다. 수출기업의 경우 옵션 기간 중 환율이 KI 상한 이상으로 상승하면 콜옵션(매도)이 발효되고 KO 하한 이하로 하락하면 풋옵션(매입)이 소멸하는 구조를 가진다. 시장 환율이 콜옵션의 KI 수준에 도달하지 않는 한 행사환율보다 높은 환율로 수출대금을 매도할 수 있다.

우리 대부분은 위 문단을 한 번에 읽어내지 못한다. 사실 KIKO를 이해하려면 환율과 옵션, 포지션 등 파생상품에 대한 전반적인 지식을 갖춰야 한다. 간단해 보이지만 실전에서는 결코 쉬운 일이 아니라는 뜻이다. 그럼에도 금융상품이다 보니 투자자, 특히 수출업자 관점에서 "이 상품이 나에게 도움이 될지 안 될지"를 고민하게 된다.

KIKO 사태는 이렇게 터졌다. 상품을 잘 모르기 때문에 판매 시 충분한 설명이 이뤄져야 하는데 그렇지 못했다. 은행은 안전한 상품이라고 홍보했다. 사실 은행 관점에서도 2008년 세계금융위기가 그렇게 거대해질 줄은 예상하기 어려웠을 것이다. 엄청나게 오른 환율로 가입자, 특히 중소기업이 피해를 봤다. 이들은 은행을 상대로 소송을 제기했으나 법원은 일부 불완전 판매를 인정했을 뿐 은행의 손을 들어줬다.

쌍용차 사태, 누구의 책임인가

무쏘, 코란도, 렉스턴까지. 쌍용자동차는 명실상부 국내 SUV 시장을 대표하는 브랜드다. 하동환자동차제작소에서 시작해 동아자동차를 거친 쌍용은 외환위기로 대우그룹에 인수된다. 하지만 그 시기는 짧았고 불과 1년 만에 새 주인 찾기에 나선다.

그러던 2004년, 논란 속 쌍용이 중국 상하이자동차에 매각되는 사건이 벌어진다. 당초 약속과 달리 투자가 제때 이뤄지지 않으면서 신차 출시가 미뤄졌다. 주력인 SUV 시장점유율마저 흔들리기 시작했다. 논란이 점차 커지던 중 상하이자동차가 쌍용의 핵심기술을 빼돌린 소위 '먹튀' 사건이 사실로 드러난다.

세계금융위기의 혼란 속 상하이자동차는 쌍용과 결별했고, 다시 위기에 빠진 쌍용은 법정회생절차에 나선다. 단, 3,000명 가까운 직원을 정리 해고하는 전제하에서였다. 이를 받아들이지 못한 노동자들은 파업으로 대응했다. 이 파업은 법적인 기준에서 불법이었고 심지어 폭력 사태도 벌어졌다. 더 큰 문제는 정부의 대응이었다.

애초 쌍용을 중국에 헐값에 넘겼다는 의혹부터 핵심기술 유출에 대한 책임, 금융기관의 관리 감독 소홀 등이 지적됐다. 심지어 해고무효 소송을 두고도 사법농단과 연결됐을 것이라는 의혹이 제기되는 상황이다.

한편 시간이 지나 쌍용은 KG그룹을 새 주인으로 맞았는데, 경영 정상화와 더불어 전기차 출시 등 치열한 기술 경쟁에 어떻게 대응할지에 관심이 모아지고 있다.

KTX 여승무원, 해고에서 복직까지

2004년 4월, 경부고속철도(KTX) 개통에 맞춰 철도청(現 한국철도공사)은 열차 내 여승무원 300여 명을 공개 채용했다. 13:1의 높은 경쟁률을 뚫고 온 이들은 철도청 산하 홍익회 소속을 부여받는다. "계약 종료 후 정규직 전환을 약속"했지만 문서상으로 기록하진 않았다. 2년 후 여승무원들은 정규직 전환을 요구했으나, 이를 거부당했다. 이후 농성과 강제연행, 재판 등이 이어졌다.

2010년 1심 재판은 여승무원들과 한국철도공사의 직접 근로관계를 인정하면서 사실상의 해고로 보았고 무효 판결을 내렸다. 철도청은 항소했으나 2011년 2심 역시 직접 근로관계로 보면서 여승무원들의 손을 들어줬다. 하지만 2015년 대법원에서 판결이 뒤집힌다. 원고 승소를 판결한 원심 결정을 파기환송한 것이다. 여승무원들이 오히려 큰 피해를 보게 되면서 사건은 잊히는 듯 보였다.

한편 2018년 사법농단 의혹에 관련하여 특별조사단 조사보고서에 KTX 여승무원 사건이 등장하면서 사건은 급반전되기 시작했다. '재판 거래' 의혹이 불거지면서 본 사건이 재조명받은 것이다. 법원 측에서도 안타까운 견해를 밝혔으나, 현실적으로 번복의 가능성은 적다.

2019년 승무원 중 일부가 복직에 합의하면서 투쟁은 다소 마무리되었다.

1996 노동법 날치기 사건

1996년의 노동법 개정을 말한다. 날치기라는 표현이 붙은 이유는 당시 여당이었던 신한국당 국회의원들이 새벽 5시, 그것도 무려 버스를 타고 국회에 들어가 법안을 통과시켰기 때문이다. 이 과정에서 154명의 의원은 호텔 합숙까지 한 것으로 전해진다.

이 시기 정부는 우리나라가 선진국으로 가기 위해서 노동시장 개선이 필요하다고 봤다. 이른바 친기업적 정책으로 투자 기반을 조성해 외자를 유치하겠다는 것이다. 물론 이에 대한 평가는 다양할 수 있다.

그럼에도 여론이 호의적이지 않았던 이유는 군사독재 시절도 아닌 문민정부에서 최소한의 법적 절차도 지키지 않은 모습을 보였기 때문이다. 정리해고와 파견, 제3자 개입금지, 노조 정치활동 금지 등을 담은 개정안이 국회를 통과하자 노동계는 총파업을 선언했다.

정부는 강경 입장을 내비쳤으나 파업 행렬에 동참하는 이들은 늘어만 갔다. 결국 이듬해 1월 국회는 재합의에 나섰는데 원안에서 조금 물러서는 수준이었다.

한편 이 사건은 노동계의 정치적 영향력이 확대되는 계기가 됐다. 법외단체에 머물던 민주노총은 한국노총과 더불어 노동계를 대표하는 집단으로 성장했으며, 초대 위원장을 맡았던 권영길은 진보정당 후보로 대선에 도전한다.

삼성 X파일

1997년 대선을 앞두고 이학수 삼성그룹 비서실장과 홍석현 중앙일보 사장이 만나 정치자금 제공 및 검찰 고위급 간부들에 대한 금품 제공을 논의했는데, 이를 안기부 미림팀이 불법 도청한 사건을 말한다. 이 과정에서 미림팀의 도청은 1990년대 초부터 이뤄져 왔음이 밝혀졌다. 국가기관의 불법 행위라는 점에서 삼성 X파일이 아닌, 안기부 X파일로 불러야 한다는 의견도 있다.

사건의 발단은 이렇다. 김대중 정부가 들어서며 미림팀은 해체됐고, 실업자가 된 이들이 도청 파일을 빌미로 관련자들에게 금품을 요구한다. 이 사실을 MBC 이상호 기자와 조선일보 이진동 기자가 보도하며 세상에 알려졌고, 한 국회의원이 용감하게 실명을 폭로한다. 바로 노회찬 의원이다. 그는 삼성이 정기적으로 금품을 제공한 것으로 보이는 검찰 간부 7인의 실명을 공개했는데, 이때 떡값 명목으로 금품을 제공해 검찰은 '떡검'이라는 불명예를 안게 된다.

이 사건을 계기로 한국 사회에는 '삼성공화국(삼성의 막강한 자금력을 토대로 사회 전 분야에 영향력을 행사하는 것)'이라는 말이 공공연하게 나돌기 시작한다. 불법 도청만큼이나 문제시된 것이 삼성의 정경유착이었는데, 그룹 차원의 대국민 사과와 8,000억 원을 사회에 환원했을 뿐 법적 책임을 진 이는 없었다. 노회찬 의원은 통신비밀보호법 위반으로 의원직을 상실했다.

삼성1호-허베이 스피릿호 원유 유출 사고

　2007년 충남 태안 앞바다에서 삼성중공업 삼성1호와 홍콩 선적 유조선 허베이 스피릿호 간 충돌 사고가 발생해 원유 12,547kl가 해상에 유출된 사건이다.

　초기 해경정과 방제선 등이 투입되었으나 파도가 심해 빠른 대처를 하지 못했고, 결국 원유는 펜스를 넘어 서해 전반으로 유출되기 시작했다. 따라서 태안, 서산 등 인근 어패류가 떼죽음을 당했다. 기름을 뒤집어쓴 철새의 모습이 카메라에 잡혀 안타까움을 더했다. 무엇보다 언론에 '태안 기름 유출사건'으로 보도되면서 태안 일대 지역경제에 심각한 타격을 줬다. 바다를 터전 삼아 살아온 어민들은 처지를 비관하며 스스로 목숨을 끊었다.

　사고 발생 후 태안을 찾은 노무현 대통령은 주민 피해 보상을 위해 최선을 다하겠다며 "모든 자원을 총동원할 것"을 지시했다. 하지만 이미 유출된 기름을 막기엔 역부족이었다. 죽음의 기름띠는 점차 인근 바다로 확대되기 시작했다.

　위기를 극복한 것은 온전히 국민 덕분이었다. 전국에서 몰려든 자원봉사자들은 백사장에서 인간띠를 만들었다. 이들은 너나 할 것 없이 기름 제거를 위해 흡착포, 헌 옷을 들고 바위를 닦았다.

　태안군민들을 절망으로부터 일으켜 세우고 정부마저 감당하지 못할 재난을 극복해내는 순간이었다. 한편 삼성중공업은 해당 사건이 지나고 한참이 지나서야 견해를 밝혀 비판받기도 했다.

삼성 반도체공장 백혈병 사건

故 황유미 씨는 2003년 10월 삼성전자에 입사했다. 고교 졸업 후 진학이 아닌 취업을 택한 그녀는 이 과정에서 동기생 10여 명과 함께 학교의 추천을 받을 만큼 성실했던 것으로 알려져 있다. 기흥공장에서 일했으며, 주로 반도체 세정 작업을 했다.

반도체의 원판(웨이퍼)을 혼합액에 담그는 일은 수작업을 필요로 했다. 이 과정에서 장기간 화학물질에 노출될 가능성이 있다. 황유미 씨외에도 여러 직원에게 이상 증세가 나타났고, 그녀 역시 구토와 어지럼증 등이 심해지며 병원을 방문한다. 그리고 백혈병 진단을 받는다. 이때가 2005년 6월로, 황유미 씨가 스무 살이 되던 해였다. 그리고 2007년 급성 백혈병으로 사망한다.

부친 황상기 씨는 삼성전자 측에 딸의 산업재해 인정을 요구했으나곧 거부당했다. 그는 사건의 진상규명을 위해 외로운 싸움을 계속할 것을 결심하고, 이를 한 노무사가 돕는데 바로 이종란 노무사다.

이들의 기록은 「또 하나의 약속(2014)」으로 영화화되기도 했다. 2014년 삼성은 사과의 뜻을 밝혔으나 산업재해는 인정하지 않았고, 반올림은 삼성전자 사옥 앞에서 1천 일 넘게 노숙농성에 들어갔다. 2018년에야 '피해자 전원 보상'으로 합의가 마무리됐다.

가습기 살균제 참사

2022년 4월 「공기살인」이라는 제목의 영화가 개봉하였다. 가습기 살균제 참사를 배경으로 한 이 작품에서 주인공은 갑작스러운 폐 질환으로 가족을 잃게 되고, 부검 중 아내의 폐가 섬유화된 것을 확인하고는 그 원인을 찾아 나선다. 대기업 오투의 가습기 살균제 제품이 원인이었음을 알게 되지만, 이들은 책임을 지기는커녕 오히려 사건을 덮으려 한다. 이 과정에서 기업과 정부, 지식인층의 무책임함이 적나라하게 드러난다.

가습기 살균제 참사의 최초 피해자는 1995년 발생하였다. 하지만 세상에 크게 알려지지 않았고, 2011년 정체불명의 폐 질환 사망자가 크게 늘면서 의료계가 조사에 나섰다. 이 과정에서 가습기 살균제가 원인임을 규명하였으나 피해자 구제는 지지부진했다. 참사 11년 만에 나온 최종 조정안에 당사자인 옥시와 애경은 수용이 어렵다는 입장이다.

한편 1977년 전북 이리에서 한국화약그룹(한화)의 화약을 실은 열차가 폭발해 약 50여 명이 사망하고 부상자가 1,000명을 넘어서는 대형사고가 발생한 적이 있었다. 소식을 들은 한화 김종희 회장은 즉각 대국민 사과문을 발표했다. 재산 90억 원을 구제금으로 내놓고, 그룹 소속 예비군을 현장에 급파했다. 전 임직원이 헌혈에 참여하고, 급료 2%를 재해의연금으로 갹출했다.

고름우유, 카제인나트륨 논란

식품은 맛과 영양도 있어야 하겠지만 무엇보다 안전해야 한다. 자칫 우리의 생명을 위협할 수 있기 때문이다. 그렇다 보니 식품을 고르는 소비자로서는 문구 하나에도 신중해질 수밖에 없다.

고름우유 파동은 1995년 한 언론사 보도로 시작됐다. "유방염에 걸린 젖소에서 고름 섞인 우유가 나오며, 일부 유가공업체에서 이를 우유로 만들고 있다"라는 것이었는데, 체세포를 고름으로 잘못 이해한 데서 비롯된 일이었다. 하지만 이 기회를 놓치지 않고 마케팅의 기회로 삼은 기업이 있다. 바로 파스퇴르다.

곧장 주요 일간지에 '파스퇴르에서는 고름우유를 팔지 않습니다'라는 광고를 냈다. 틀린 말은 아니지만 마치 다른 업체는 고름우유를 파는 것처럼 오인할 수 있는 여지가 충분했다.

남양유업의 카제인나트륨 논란도 비슷하다. 동서식품이 맥심(Maxim) 브랜드로 평정하다시피 하던 믹스커피 시장에 진출한 남양은 후발주자의 약점을 보완할 전략이 필요했는데, 프림의 성분인 카제인나트륨을 두고 '화학적 합성품인 카제인나트륨을 뺐다'라고 광고했다.

사실 카제인나트륨이 몸에 나쁜 것이 아님에도 불구하고 마치 타사 제품은 문제가 있는 식으로 오인하게 한 셈이다. 이로 인해 남양은 광고 효과를 톡톡히 봤다.

두산전자 낙동강 페놀 유출사건

1991년 구미공업단지 내 두산전자에서 페놀 약 30여 톤이 낙동강으로 유출된 사건이다.

오염된 낙동강 물은 대구 수원지로 유입됐고, 배관을 통해 각 가정에 공급됐다. 수돗물에서 냄새가 난다는 신고가 이어졌으나 전문지식이 부족했던 당국은 염소 소독제를 투입했는데, 오히려 페놀의 독성을 강하게 만드는 결과로 이어졌다. 페놀은 낙동강을 따라 부산 상수원에 이르렀다. 이 사건으로 영남지역 주민들은 구토, 설사, 복통 등 큰 피해를 보았다.

조사 결과 두산전자는 페놀 폐수를 제대로 처리하지 않고 조금씩 무단방류하는 수법을 이용한 것으로 밝혀졌다. 심지어 이를 관리·감독해야 할 환경청 직원마저 단속을 제대로 하지 않았다. 사건 전 악취 신고를 받았음에도 단순히 여름철 악취라며 제대로 대응하지 않았던 것으로 드러났다.

한편 두산전자는 소비자 불매운동의 여파로 주력이었던 맥주 사업(당시 OB맥주)이 치명타를 입게 되었으며, 경쟁업체였던 하이트맥주가 반사이익을 보았다. 또한 수돗물 불신 풍조가 높아지면서 생수 시장이 성장하는 계기가 됐다. 영화 「삼진그룹 영어토익반(2020)」은 이 사건을 각색한 바 있다.

천성산 도롱뇽 사건

　대규모 국책사업 진행 시 따르는 환경파괴 문제를 어떻게 접근할 것이며, 또 그 해결방안은 적절했는가를 두고 논란이 일었다. 대상은 경부고속철도 2단계 공사(대구~부산 구간)의 양산시 천성산 구간 원효터널이다. 공사를 반대했던 이는 지율스님으로, 터널이 만들어지면 그 영향에 화엄늪이 말라붙어 생태계가 파괴된다고 주장하였다.

　별문제가 없다고 봤던 환경영향평가 결과와 달리 화엄늪 주변에 보호 생물 수십 종이 서식하는 것으로 밝혀지면서 여론 또한 악화됐다. 이에 정부는 재조사를 진행했고 (환경단체는 그 과정에 의문을 표했지만) 공사는 재개됐다. 노선에도 변화는 없었다.

　이에 지율 스님이 공사 중지 소송을 냈고, 언론은 '천성산 도롱뇽'이라는 제목으로 크게 보도했다. 소송이 진행되는 동안 공사는 전면 중단됐고, 개통 지연에 따른 사회적 비용을 지적하는 목소리도 힘을 얻기시작했다. 이 과정에서 지율스님은 100여 일 가까운 단식을 벌였다. 당시 청와대 시민사회수석이었던 문재인 대통령이 지율 스님을 만나 설득하기도 했다. 한편 법원은 '(고속철도) 터널 공사가 환경에 큰 영향을 미치지 않는다'라고 판단했다.

　공사 중단에 따른 사회적 비용이 발생한 것도 사실이나, 일부 보수매체는 지율스님의 단식으로 수조 원에 달하는 경제적 손실이 발생했다는 주장을 제기했다. 이를 지율스님 측에서 고발, 무효 소송이 빚어지기도 했다.

인터넷 경제대통령, 미네르바

'미네르바', 본래 로마 신화에 나오는 지혜의 여신을 뜻하는 말이다. 2008년 포털 사이트 다음 아고라 토론방에서 같은 필명의 글이 게시되면서 알려지기 시작했다. 그는 정부의 경제정책을 평가하는 한편 다가올 경제위기를 예측하면서 유명세를 탔다. 특히 세계금융위기의 발단이 된 리먼 브라더스 사태를 적중시킴으로써 '미네르바 신드롬'을 일으켰으며, 일부 누리꾼으로부터는 '인터넷 경제 대통령'이라는 칭송받았다. 주요 일간지에 여러 차례 보도되기도 했다.

같은 해 12월 그는 '대정부 긴급 공문 발송-1보'라는 제목의 글을 게시했는데, 정부가 금융기관 및 수출입 관련 기업에 달러 매수를 금지한다는 내용을 담고 있었다. 이에 검찰은 그가 허위 사실로 정부의 환율 정책 시행을 방해하고 우리나라 대외신인도를 저하했다는 이유로 구속기소 했다. 당시 표현의 자유 측면에서 상당한 논란을 가져왔는데, 그는 1심 재판에서 무죄로 풀려났다.

한편 검찰의 조사 과정에서 그의 정체가 밝혀졌는데, 세간의 예상과 달리 대기업 임원도 아니었으며 글로벌 금융인, 모 대학교수도 아닌 평범한 사람이었다는 점에서 또다시 세상을 놀라게 했다. 2009년에는 그동안 썼던 글을 모아 한 권의 책을 내기도 했는데, 그 후로는 알려진 바가 없다.

7광구, 잊힌 산유국의 꿈

1968년 발표된 '에머리 보고서'는 우리나라 대륙붕 해저에 대량의 석유가 매장되어 있을 것이라는 내용을 담고 있다. 그중에서도 동중국해 대륙붕의 매장량이 풍부하다는 소식이 전해졌고, 이에 박정희 정부는 1970년 「해저광물자원개발법」을 마련해 7광구를 선점하는 쾌거를 이룬다.

제주도 남쪽과 일본 규슈 서쪽 사이에 있는 7광구는 눈대중으로 보더라도 우리보다는 일본에 가깝다. 그런데도 이것이 가능했던 이유는 당시 대륙연장설에 기초한 국제사법재판소의 판결 영향이 컸다. 7광구 역시 우리와는 다소 멀지언정 육지로 이어져 있었고, 일본과는 해구로 끊어져 있었다.

하지만 석유를 개발할 기술이 부족하다 보니 곧 일본과 공동개발에 합의했고, 몇 차례 탐사가 이뤄지기도 했다. 그러다 돌연 1986년 일본이 개발 중단을 선언한다. 겉으로는 경제성이 없다는 이유였지만 속내는 다시 일본에 유리해진 국제해양법을 노린 전략이었다. 국제 판례도 대륙붕을 따르기보다 중간선을 기준으로 보자는 쪽으로 돌아섰다.

현재 일본은 공동개발 기간이 종료되는 2028년만을 기다리는 상황이다. 우리 정부가 할 수 있는 것이라고는 공동개발에 최대한 이행하는 모습을 보여 외교적 성과를 기대는 정도가 거론되고 있다.

누구를 위한 단통법인가

　휴대전화 금액은 ① 단말기 ② 통신 이용요금으로 구성된다. 예를 들어 단말기 가격(할부원금)이 100만 원이고 할부기간이 2년이면 약 4만 원 정도, 통신 요금(통화·문자·데이터에 따라 다양한 요금제로 편성)이 3만 원이라면 매월 총 7만 원을 내는 방식이다. 여기에 대리점 또는 통신사의 마케팅이 더해진다. 특정 요금제를 몇 달간 쓰면 단말기 할부원금을 지원해주거나, 타사 번호이동 시 추가 혜택을 제공한다. 조건에 따라 약정할인, 결합할인이 적용되기도 한다.

　상황이 이렇다 보니 똑같은 단말기를 어떤 사람은 30만 원에 사는 '득템'에 성공하고, 어떤 사람은 100만 원에 사는 '호갱'이 됐다. 설상가상으로 스마트폰 도입 초기 개발 속도가 빨라지면서 약정 기간(대개 2년)이 끝나면 새 단말기로 교체하려는 수요가 컸는데, 가입자를 늘리기 위한 통신 3사의 출혈경쟁도 계속됐다. 소위 '성지' 혹은 '좌표' 같은 은어가 생기며 소비자 간 정보 불평등 문제가 떠올랐다.

　단통법은 여기에서 출발했다. 정식 명칭은 「이동통신단말장치 유통구조 개선에 관한 법률」로, 보조금 차등 지급에 따른 차별을 막고자 도입한 제도이다. 어디에서건 같은 가격에 살 수 있도록 하겠다는 의도였지만, 모두가 비싸게 사는 결과로 이어졌다는 비판을 받는다. 최근 단통법 개선 논의가 나오는데, 과연 폐지에 이를지는 좀 더 지켜볼 일이다.

음악 저작권, 소리바다 사태

우리나라에서 저작권에 대한 인식이 높아진 것은 그리 오래전 일이 아니다. 특히 디지털 콘텐츠가 그랬는데, 윈도우와 같은 컴퓨터 소프트웨어는 "돈 주고 사면 바보"라는 말이 나오던 시절이 있었다. 게임, 음악, 영화 등도 자유롭지 못했다. 와레즈(Warez)와 같이 불법으로 정품 소프트웨어를 다운받는 사이트를 칭하는 용어가 생겨날 정도였다.

소리바다는 개인 간 파일을 주고받는 P2P 서비스로 출발했다. 2000년 당시만 해도 음원을 구하려면 음반을 구입하거나 별도로 컴퓨터 파일 변환을 거쳐야 했다. 그런데 음원 역시 하나의 파일인 만큼, 소리바다를 잘 이용하면 사실상 공짜로 음원을 구할 수 있었다. 곧 수백만의 이용자가 몰려들었고 이 과정에서 국내 음반 시장은 큰 타격을 입는다. 결국 소리바다는 음원 시장의 공공의 적으로 지목되기에 이른다.

수년간의 갈등과 협상이 이어졌다. 소리바다는 저작권 보호 등 개선된 서비스를 선보였지만 석연찮은 이유로 끝내 판결에서 패했다. 한편이 과정에서 디지털 음원 저작권에 대한 인식이 생겨나기 시작했으며 이는 유료 음반 시장 형성으로 이어졌다. 소리바다 사태는 디지털 시대의 정당한 수익 분배, 한편으로는 불법 공유 규제에 대한 사회적 논의를 가져다 준 사건으로 기억된다.

103

미세먼지 저감조치 논란

미세먼지 문제는 우선 아래 세 가지를 명확히 해야 한다.

첫째, 국내 미세먼지 발생 주원인은 중국이다. 중국으로부터의 유입이 계속되는 한 자체 저감조치는 효과를 거두기 어렵다. 둘째, 국제관계상 우리가 중국에 큰 불만을 표시하기 힘든 게 현실이다. 정부의 소극적 대응을 우리 국민이 이해할 부분도 있다는 뜻이다. 셋째, 미세먼지로 상당한 피해를 보는 것은 분명한 사실이다. 장소나 시간대를 조절해 미세먼지 측정 결과가 낮게 나와봐야 설득력은 떨어진다.

만약 이 중 하나라도 인정하지 않는 모습을 보인다면 미세먼지 해결은커녕 불필요한 사회적 갈등만 늘어난다. 결국 "미세먼지 발생을 어떻게 줄일 것인가?"라는 중장기적 과제이며, "미세먼지 피해를 어떻게 줄일 것인가?"에 초점을 맞췄어야 한다는 의미다.

2018년 1월 서울시는 출퇴근 대중교통 이용요금을 면제해주는 정책을 시행했다. 자동차 운행을 줄여 미세먼지 발생을 조절하겠다는 것인데, 하루 들어간 세금만 약 50억 원이었다. 교통량이 줄긴 했지만, 과연 어느 쪽이 현명한 판단이었는지는 각자의 생각에 맡긴다.

참고로 이 정책은 시행 사흘 만에 폐지됐다. 차라리 마스크 생산을 크게 늘리거나 공기청정기 설치 보조금을 지급해주는 등 피해 최소화에 초점을 맞추는 게 나았을 것이라는 의견이 있다. 어쨌건 미세먼지 문제는 현재진행형임에도 이렇다 할 대응책은 마련하지 못한 상황이다.

은산분리와 카카오뱅크

은산분리란 산업자본이 은행(금융) 지분을 일정 한도 이상 소유하지 못하도록 하는 것을 말한다. 은행을 비롯한 금융 산업의 경우 주로 예금이나 채권으로 자금을 조달한다. 그래서 영업활동 시 자기자본비율이 낮다는 특징이 있으며 소유구조 또한 다른 산업에 비해 취약한 편이다. 현 은행법은 산업자본이 보유할 수 있는 은행 지분을 4%로 제한하였는데, 이는 금융의 사유화를 방지하기 위함이다. 한편 여기에는 재벌 중심의 우리나라에서 은산분리에 대한 여론도 우호적이지 않은 점을 감안할 필요가 있다.

은산분리 논란이 불거진 것은 문재인 정부 시기 카카오뱅크가 출범하면서부터다. 더 거슬러 오르면, 2015년 금융위원회가 인터넷전문은행 도입안(산업지분 보유한도 50% 허용)을 발표했을 때만 해도 민주당은 반대 입장이었다. 은산분리의 대원칙을 무너뜨릴 수 없다는 이유였다. 결국 이 법안은 국회 문턱을 넘지 못했다.

하지만 민주당이 여당이 되면서 상황은 역전됐다. 신산업 육성을 이유로 34%까지 허용하는 법안을 만들었다. 금융혁신이 날로 중요해지는 시대에서 조속한 입법안 마련은 반길 일이나, 정치적 유불리에 경제가 흔들리는 형국이다. 또한 이런 방식은 특혜에 불과하다는 목소리도 적지 않다.

반값등록금, 반값이면 충분한가

예나 지금이나 대학등록금은 비싸다. 진리의 상아탑을 가리켜 '우골탑(소를 팔아 등록금을 마련)'이라 불렀던 이유다. 한 가지 바뀐 것이 있다면, 과거에는 대학만 졸업하면 취업과 안정된 삶이 보장됐지만 지금은 그렇지 않다는 점이다. 청년실업 문제가 심각해지면서 대학을 나와도 안정된 일자리를 갖기 어려워졌다. 이마저도 대학 졸업장이 없으면 경쟁조차 하지 못할 판국이다.

반값등록금, 정확히 말하면 대학생들의 등록금 부담을 줄이자는 사회적 논의는 외환위기가 있던 김대중 정부 때부터 있었다. 그러던 것이 이명박 정부 들어 사회적 화두로 떠올랐고, 시민단체 등이 가세하며 시위 규모도 커졌다. 차기 대선을 앞두고는 당시 박근혜와 문재인 두 후보가 반값등록금을 공약으로 제시했는데, 박근혜가 당선됐으나 이내 장학금과 학자금대출로 후퇴했다. 그다음인 문재인 정부에서도 크게 다르지 않았다. 여야 모두 반값등록금을 공약으로 제시했지만 '완전한 반값' 달성은 실패한 셈이다.

상기 논란과는 별개로, 우리 사회의 지나친 대졸자 양성과 대학 구조조정을 지적하는 목소리가 있다. 또 대학에 가지 않고도 존중받는 사회를 만들어야 한다는 주장도 나온다. 반값등록금을 넘어 근본적인 논의가 필요하다는 뜻이다. 하지만 학벌 중심의 문화가 공고한 우리나라에서 쉽지 않은 일이다.

전략의 부재, 밀라노 프로젝트

대구는 한때 우리나라 섬유산업을 이끌던 도시다. 하지만 시대가 변하면서 산업 경쟁력이 저하되었다. 이에 대구는 첨단 고부가가치 중심의 섬유산업 개선방안을 발표하는데, 당시 이를 보고받은 김대중 대통령이 '동양의 밀라노'로 구체화하면서 현재의 이름을 얻는다.

밀라노 프로젝트는 크게 1단계(1999~2003년, 인프라 구축 등 주로 하드웨어적인 측면)와 2단계(2004~2008년, 제품 개발 및 마케팅 등 소프트웨어 측면)로 구분된다. 이탈리아의 밀라노처럼 한국 섬유산업의 르네상스를 열겠다는 애초 포부와 달리 불과 몇 년 만에 큰 위기를 맞는데, 뚜렷한 전략 부재가 원인이었다. 무려 8,000억 원에 달하는 예산이 투입됐음에도 성과는커녕 단순한 자금 수혈에 그쳤다. 심지어 비리·횡령도 발생했다. 감사원은 밀라노 프로젝트를 사실상 전면 재검토하라는 결정을 내렸다.

이렇게 '실패한 국책사업' 정도로 잊히던 밀라노 프로젝트가 다시 언론에 보도되기 시작하는데, 밀라노와 하였다던 자매결연이 14년 만에 거짓으로 드러나면서부터다. 대구시는 입장을 냈지만 결국 국제적 망신을 당했다는 비판을 피하기 어려워졌다. 참고로 대구의 1인당 GRDP(지역내총생산)는 28년째 전국 최하위를 맴돌고 있다.

경제자유구역 조성

대한민국 경제자유구역(Korean Free Econ omic Zones)은 외국인 투자기업의 경영환경과 생활여건을 개선하고, 각종 규제완화를 통한 기업의 경제활동 자율성과 투자유인을 최대한 보장하여 외국인 투자를 적극적으로 유치하기 위한 특별경제구역을 의미한다. 2003년 인천을 시작으로 부산·진해, 광양만권, 경기, 대구·경북, 충북, 동해안권, 광주, 울산 등에 조성·운영되고 있다.

그럼에도 경제자유구역이라고 하면 다들 인천만 떠올릴지 모르겠다. 그럴 만도 한 게, 인천을 제외한 나머지 곳들은 성과가 미진한 게 사실이다. 심지어 본래 사업 계획이 무색할 정도로 진척이 더딘 지역도 있어 일각에서는 전시행정이라는 날선 비판을 가한다. 조금만 생각해봐도 외국인 투자 유치를 위해서는 당연히 선택과 집중이 이뤄져야 하는데, 지역별로 하나씩 나눠주는 꼴이 됐기 때문이다.

최근 경제자유구역 내 외국인직접투자(FDI) 실적은 감소세에 있다. 미중 무역분쟁과 코로나19 사태의 여파를 감안할 필요는 있으나, 운영 측면에서 부족한 부분은 없는지 따져봐야 할 때다. 지역별 특성을 고려한 현실적인 정책 수립이 가장 중요하겠으나 그보다 시급한 것은 부처별 업무중복이다. 정부 내 컨트롤 타워를 수립, 업무 효율성을 높여 글로벌 경쟁력 강화를 도모해야 한다.

반려동물 1,000만 시대

　반려동물이라는 말은 오스트리아 출신의 동물학자 콘라트 로렌츠 (1973년 노벨생리의학상 수상, 동물행동학 성립에 기여)가 처음 제안한 것으로 알려져 있다. 기존의 애완동물이 단순히 동물을 좋아하여 가까이 두고 기르는 것에 그친다면, 반려동물은 정서적으로 교류하며 의지하는 성격이 짙다.

　반려동물을 바라보는 다양한 사회적 입장은 차치하고라도, 경제 영역에서의 주된 관심사는 단연 반려동물 시장에 있다. 비교가 적절친 않겠으나, 일반 상품의 경우에는 구매 후 관리비용이 적거나 거의 없는 게 사실이다. 반면 반려동물은 엄연히 생명체인 만큼 함께 지내는 동안 꾸준한 관리를 필요로 한다. 또한 과거에는 사료와 간식, 산책용 목걸이 등 주로 애완의 영역에 그쳤으나 지금은 의료와 미용, 훈련 심지어 장례업에까지 확대되었다. 한 조사에 따르면 반려동물 시장 규모는 6조 원대에 이를 전망이다.

　한편 2020년 정부가 반려동물 보유세(또는 부담금) 도입을 검토한다는 소식이 알려졌는데, 찬반 입장 차가 팽팽해 더는 진척되지 않고 있는 상황이다. 그럼에도 매년 반려동물 복지 예산에 수십억 원이 투입되는 것을 고려할 때, 시기와 방식의 차이가 있을 뿐 반려동물 양육 부담은 늘어날 것으로 전망된다.

추경의 역사

국가재정법의 사유에 따라 이미 확정된 예산에 변경을 가할 필요가 있을 때 편성한다. 해당 사유는 ① 전쟁이나 대규모 자연재해가 발생한 경우 ② 경기침체, 대량실업, 남북관계의 변화, 경제협력과 같은 대내외 여건에 중대한 변화가 발생하였거나 발생할 우려가 있는 경우 ③ 법령에 따라 국가가 지급하여야 하는 지출이 발생하거나 증가하는 경우이다.

나라 살림을 꾸려감에 있어 중요한 것이 균형재정이다. 수입이 많아지면 필요 이상으로 국민의 세금을 거뒀다는 뜻이고, 지출이 많아지면 계획을 제대로 수립하지 못했다는 뜻이 된다. 따라서 원칙적으로는 본예산(회계연도 개시 전 정상적인 절차에 따라 편성)을 따르는 게 맞다.

그럼에도 관련법에서 추경의 근거를 둔 것은 예상치 못한 상황에 대응하기 위해서다. 편성 횟수에 제한은 없으나, 1년에 한 차례 정도 편성되며 때로는 두세 차례까지 가기도 한다.

지난 몇 년간의 추경 편성을 요약하면 다음과 같다. 구조조정 지원과 일자리 창출(2016), 일자리 창출과 일자리 여건 개선(2017), 청년일자리 창출과 고용·산업위기지역 지원(2018), 미세먼지 등 국민안전과 민생경제 지원(2019), 코로나19와 긴급재난지원금 및 포스트 코로나 시대 대비(2020) 등이다. 특히 2020년에는 4차 추경을 편성했는데, 1961년 이후 48년 만의 일이다.

라임·옵티머스 사태, 그 대안은

대규모 사모펀드 사기인 라임, 옵티머스 사태 등을 겪으며 금융당국의 관리·감독 책임론이 불거졌다. 일각에서는 기관의 나태함과 그에 따른 징계를 요구하는데, 반대로 금융정책 및 감독의 근본적 한계를 지적하며 이번 기회에 제도 개편을 주문하는 목소리도 나온다. 둘 다 타당한 의견이지만 아무래도 신중해야 할 것은 제도 개편 쪽일 것이다.

현행 금융감독체계를 이해하기 위해서는 1998년으로 거슬러 오를 필요가 있다. 당시 외환위기를 계기로 금융감독기구 설치법이 제정됐고 그 결과 금융감독위원회가 출범한다. 이듬해 금융감독원이 출범했는데, 이때만 해도 금융감독위원장이 금융감독원장을 겸직하는 구조였다. 하지만 2008년 금융위원회가 출범하면서 금융위원장(정책 수장)과 금감원장(감독 수장)이 분리됐다. 금융감독은 금감원의 영역임에도 금감원의 상위부처가 사실상 금융위이다 보니 금감원 입장에서는 금융위로부터 자유롭지 못하다. 정책과 감독이 엇박자를 낸다는 비판이 나오는 이유다.

대안으로 공적 민간기구 설치 주장이 나온다. 이를 통해 독립성을 확보함과 동시에 규정 제정권도 금융위가 아닌 해당 기구에 부여할 것을 주문한다. 한편 현행 제도를 유지하되, 금감원에 예산·조직 편성 권한 등을 부여해주자는 주장도 있다.

버스 준공영제 도입과 개선방안

2004년 시내버스의 공공성 강화와 대중교통 서비스 향상을 위하여 서울시에서 전국 최초로 도입된 제도이다. 공공의 노선 및 운행관리 강화와 민간의 효율성을 접목한 것이 특징이다. 참고로 자치단체가 버스 운영을 모두 담당하면 공영이고 버스회사가 할 경우 민영으로 분류하는데, 준공영은 그 중간 격인 셈이다. 실적에 따라 수익을 얻되, 적자 노선은 자치단체가 보조해준다.

서울시에 따르면 버스 준공영제는 안정적인 서비스 공급 기반을 조성하여 과거의 상습적인 비수익 노선 운행 기피와 수익 노선 과당경쟁 등 불법운행을 감소시켰다. 또한 서비스 개선으로 시민의 대중교통 이용 체감만족도를 높였다. 대중교통 환승할인을 통해 시민 부담을 경감하여 버스 이용을 활성화하였으며, 운수종사자 처우개선 및 안정적인 노선 운행으로 버스 사고가 감소하는 등 성과가 있었다.

하지만 운송비용은 지속적으로 증가한 반면 운송수입은 요금 경직성으로 정체되어 있어 시 재정부담 증가, 민간의 자율성 보장 취지 퇴색 및 도덕적 해이 발생 등 개선해야 할 문제도 많이 있다. 향후 준공영제 보완과제 추진 시에도 당국의 설득력 있는 대응 논리 마련과 관련 당사자 간 충분한 협의, 사회적 공감대 조성 등을 통해 원만하게 추진할 필요가 있다.

'긴 세대' 된 2기 신도시

참여정부 시절 부동산 가격 폭등을 억제하고 주택수요 분산, 수도권 거점기능 수행을 목적으로 건설한 신도시이다. 2003년 시작해 현재에 이르고 있다. 판교(성남), 위례(송파·성남·하남), 동탄1·2(화성), 운정(파주), 광교(수원·용인), 한강(김포), 양주(양주), 고덕국제(평택), 검단(서구)의 수도권 10곳과 아산(충남), 도안(대전)의 충청권 2곳이다.

2기 신도시는 수도권 인구 분산에는 이바지했으나 자족기능이 크게 떨어져 베드타운으로 전락했다는 평가를 받았다. 특히 교통망이 미흡해 분양 초기 큰 불편을 낳았다. 예정됐던 철도 건설이 미뤄지면서 매일 출퇴근 전쟁을 벌여야 했던 지역도 있다. 2008 금융위기 당시에는 부동산 경기침체 속에 신도시 공급물량이 쏟아지면서 미분양이 속출했다.

성공적으로 건설된 곳도 있다. 특히 판교신도시는 판교테크노밸리를 통한 경제적 자립과 서울, 분당과의 지리적 이점이 더해져 '제2의 강남'이라는 표현이 나올 정도다. 또한 그동안 미분양으로 몸살을 앓던 곳에서도 물량이 점차 줄고 있는데, 문재인 정부 집값이 크게 급등하자 실수요자들이 관심을 돌렸다는 해석이다. 다만 2기 신도시도 완전하지 않은 마당에 3기 신도시가 발표되면서 균형발전을 고려해야 한다는 목소리가 나오고 있다.

졸속 추진, 3기 신도시

문재인 정부에서 수도권 주택공급 확대 방안의 하나로 계획한 공공 주택지구이다. 왕숙(남양주), 교산(하남), 계양(인천), 창릉(고양), 대장(부천), 시흥(광명)이 선정됐으며 의왕·군포·안산, 진안(화성)이 추가로 지정되었다. 총 30만호가 공급될 예정이다. 또한 과천(과천)과 장상(안산), 구월2(인천), 봉담3(화성)에는 대규모 택지가 조성될 예정이다.

이를 좋다고 해야 할지 나쁘다고 해야 할지 모르겠으나, 3기 신도시 는 발표 시점부터 2기 신도시에 비해 우수한 접근성을 갖췄다는 평가가 나오고 있다. 철도 중심의 광역교통대책을 수립하였으며 기존 지하철도 연장되기 때문이다. 이에 2기 신도시에서는 역차별 논란이 나오고 있어 추후 어떤 대책이 나올지는 더 지켜볼 부분은 있다.

국토 균형발전 측면에서는 수도권 공급 확대에 부정적이다. 근시안 적인 방편에 불과하다는 이유다. 기대했던 부동산 정책성과가 나오지 않자 무리하게 공급으로 선회, 공공주택 특별법을 근거로 졸속 추진했 다는 비판도 나온다. 구도심 활성화를 고려하지 않은 것도 지적된다.

마지막으로 신도시 업무를 담당하는 한국토지주택공사(LH) 직원들 의 투기성 토지매입이 사실로 드러났음에도 사실상 셀프 조사에 그치 면서, 신도시 선정 방식 자체를 손봐야 한다는 목소리가 커지고 있다. 하지만 '부동산 = 거주'가 아닌 투자수단으로 인식하는 한, 어떻게 개선 하더라도 투기 문제는 쉽게 해결되지 않을 것이다.

GTX, 언제 개통하나

1기 지하철공사(1970~1985, 1~4호선)가 마무리되었음에도 서울의 지하철 이용객은 매우 증가하여 추가 건설 필요성이 논의되었고, 이에 2기 지하철공사(1989~00, 5~8호선)가 진행된다. 참고로 3기 지하철공사도 계획했으나 외환위기로 2기 공사마저 늦어지는 마당이라, 9호선만 원안대로 착공하였고 나머지는 단축·변경하였다.

한편 2006년 경기도지사에 취임한 김문수는 수도권 광역급행철도(GTX)를 역점 사업으로 제시했고, 재선에 성공하며 속도에 힘을 낸다. 그는 "꼭 필요한 삽질은 해야 한다"라며 GTX 추진의 뜻을 굽히지 않았다. 후임 지사인 남경필과 이재명, 김동연 모두 이 정책만큼은 큰 이견 없이 계승하는 모습을 보였다.

GTX 노선은 크게 A(운정-동탄), B(송도-마석), C(덕정-수원/상록수)로 나뉜다. 여기에 D(김포-하남), E(인천-포천), F(파주-여주)가 더해져 총 6개 노선이다. 사업이 사업인 만큼 비용이 가장 큰 문제이며, 이름대로 급행에 준하는 속도를 낼지도 지적된다. 겉으로는 지방분권을 강조하면서 수도권 집중화를 가속한다는 비판도 있다. 특히 선거를 앞두고는 너나 할 것 없이 GTX를 꺼내 들다 보니, 일부 구간은 개통 지연을 넘어 아예 백지화될 가능성도 존재한다.

"무슨 일이든 할 수 있다고 생각하는 사람이 해내는 법이다. 의심하면 의심하는 만큼밖에는 못 하고, 할 수 없다고 생각하면 할 수 없는 것이다."

故 정주영 현대 창업주

4
경제 속 인물

산업화의 상징, 현대 정주영

1915년 강원도 통천군에서 빈농의 장남으로 태어났다. 이 시기 모든 맏이가 그랬듯 정주영도 집안을 책임져야 했고, 그의 아버지는 그가 부지런한 농부가 되길 바랐다. 하지만 가난이 싫었던 그는 새로운 세계를 꿈꾸기 시작하며 결국 네 번의 가출을 감행하기에 이른다. 한번은 아버지가 소를 판 돈 70원을 갖고 상경하나, 아들을 찾으러 서울까지 온 아버지의 손을 차마 뿌리칠 수 없어 고향으로 되돌아간 적도 있었다.

조그만 쌀가게 점원으로 시작해 자동차 정비공장을 차린 그는 건설사와 중공업을 넘어 마침내 현대라는 굴지의 대기업을 일궈냈다. 중동 주베일 항만공사, 경부고속도로, 소양강댐, 서산방조제(정주영 공법) 등 국내외 여러 사업을 주도하였다. 88서울올림픽 때는 유치위원장으로 활동하며 바덴바덴의 기적을 만들었다. 노년에는 1,001마리의 소 떼를 몰고 방북, 개성공단과 금강산관광 등 남북교류사업의 물꼬를 텄다.

정주영의 명언 몇 가지를 소개한다. '어떤 실수보다도 치명적인 실수는 일을 포기해 버리는 것이다.' '세상을 밝게 맑게 바르게 보고 이 사회에 보탬이 될 목적으로 살면 할 일은 태산처럼 많다.' '길이 없으면 길을 찾고 찾아도 없으면 길을 닦아가면서 나가면 된다.' '안 된다고 보는 사람이 많을수록 기어코 해내고 말겠다는 결심은 더 굳세어지고, 일이 되도록 하기 위한 노력을 더욱더 치열하게 할 수밖에 없어진다.'

노블레스 오블리주, 유한양행 유일한

　1904년 9살의 나이에 미국으로 유학하였으며 이 시기 한인 소년병 학교에 입학하는 등 독립운동에 참여하였다. 대학 졸업 후 식품회사를 차렸을 땐 꽤 성공을 거뒀다. 한편 일제강점기 고국의 비참한 현실을 목도한 그는 미국 사업을 정리하고 돌아와 제약업을 준비했고, 이듬해 인 1926년 유한양행을 설립한다.

　그는 기업의 이윤 추구를 부정하지 않았다. 우수한 제품을 만들어 판매하는 대가로 봤고, 이 과정에서 고용이 증대되며 국가 경제 발전에 기여한다고 생각했다. 그러면서도 기업 경영에는 큰 원칙을 두었는데, 바로 소유와 경영의 분리다. 유한양행을 주식회사로 전환했으며, 우리나라 최초로 종업원지주제를 도입했다. 은퇴 시에는 아들이 아닌, 전문 경영인에게 회사를 물려줬다.

　"기업은 개인의 것이 아니며 사회와 종업원의 것이다. 정성껏 좋은 상품을 만들어 국가와 동포에게 봉사하고, 정직·성실하고 양심적인 인재를 양성·배출한다"라는 게 그의 신념이었다.

　납세와 사회 환원에도 모범을 보였다. 박정희 정부 때 혹독한 세무조사를 받았음에도 아무런 탈세 내용이 발견되지 않아 오히려 대통령 훈장을 받았으며, 사후에도 전 재산을 사회에 환원했다. 기업가이자 교육자, 동시에 독립운동가였던 그는 노블레스 오블리주를 실천한 인물로 평가받는다.

도쿄선언, 삼성그룹 이병철

1983년 2월 8일, 이병철 삼성그룹 회장이 발표한 반도체 진출 선언을 말한다. '2.8 도쿄선언'이라고도 불리는 이 사건은 당시 도쿄에 있던 이병철 회장이 홍진기 중앙일보 회장에 전화를 걸어 "반도체사업을 하겠다"라고 알리면서 신문을 통해 보도되었다.

이 시기 반도체 시장은 미국, 일본 기업의 독무대였다. 누가 보더라도 기술격차가 현저한 상황이었다. "하필이면 반도체라니"라는 탄식과 함께 성공을 장담하기 어렵다며 반대하는 목소리가 나왔다. 일본은 아예 '삼성이 반도체사업에서 성공할 수 없는 5가지 이유(미쓰비시 社)'라는 제목의 보고서까지 발표했다.

이병철 회장은 당시 심경을 이렇게 회고했다. "내 나이 73세, 비록 인생의 만기이지만 이 나라의 백년대계를 위해서 어렵더라도 전력투구를 해야 할 때가 왔다(이병철, 『호암자전』, 나남, 2014)."

선택과 집중의 시간이 왔다. 삼성은 D램을 택했다. 미국, 일본의 반도체공장을 견학한 연구진들은 어깨너머로 기술을 배웠다. 마침내 세계 세 번째로 64kb D램을 개발해내기에 이른다. 1992년에는 세계 최초 64mb D램 제품을 개발하나 일본과의 최초 논란이 일었다. 그러자 2년 후 256mb D램 개발에 성공하면서 일본과의 경쟁에 쐐기를 박는다. 도쿄선언 이후 약 10년, 한국의 반도체는 성공을 거듭해 현재는 반도체 강국의 지위에 올랐다.

대한해협의 거인, 롯데 신격호

　일제강점기였던 1921년 빈농의 맏이로 태어난 그는 큰돈을 벌겠다는 결심으로 일본행을 택한다. 그의 나이 21살 때다. 여러 부침을 겪으며 정착에 성공한 그는 우연히 한 제품에 관심을 갖는데, 바로 껌이었다. 화학을 전공했던 그는 껌의 성분을 파악, 타사 대비 높은 품질의 껌을 발명한다. 껌이 큰 인기를 끌면서 그는 본격적으로 껌을 생산하기로 한다. 껌으로 만든 왕국, 롯데의 시작이다.

　해방 후 한국으로 돌아온 그는 박정희 정부의 압력으로 호텔·백화점 사업에 진출했는데, 오히려 대기업으로의 발판을 다지는 계기가 된다. 이후 칠성한미음료(롯데칠성), 삼강산업(롯데푸드)를 인수하며 종합 유통 업체의 지위를 굳혔으며 호남석유화학(롯데케미칼), 평화건설(롯데건설) 인수로 10대 기업에 가까워진다. 그밖에 롯데자이언츠, 엔터테인먼트 등 그룹 내 문화 스포츠 분야를 넓히며 거대 재벌로 성장했다.

　한일 양국을 오갔던 그의 행보에 세간의 평가는 엇갈리는 게 사실이다. 그럼에도 고국에 돌아와 제철소를 지으려고 했던 일, 재일한국인에게 금전적 지원을 아끼지 않았던 일 등은 잘 알려지지 않았다. 서울에 가장 높은 건물을 지은 그의 묘에는 비석 하나만이 지킬 뿐이다.

　"여기 / 울주 청년의 꿈 / 대한해협의 거인 / 신격호 / 울림이 남아 있다 / 거기 가봤나?"

세계는 넓고 할 일은 많다, 대우 김우중

대우그룹 창업주이자 '샐러리맨 신화'로 알려진 인물이다. 1967년 만 서른의 나이에 대우실업을 창업, 30년 만에 재계 서열 4위의 그룹으로 성장시켰다. 한국경제의 전성기였던 1980년대 말 출간된 그의 책 「세계는 넓고 할 일은 많다(1989)」는 밀리언셀러를 기록하며 대학생들의 필독서로 꼽혔다.

창업 초기 해외 진출에 적극적이었던 그는 1969년 한국 기업 최초로 해외(호주) 국외지사를 세웠으며, 1970년대에는 종합상사 시대를 열었다. 특히 1990년대 대우의 동유럽 진출은 지금도 회자되는 순간으로, 여전히 '대우맨'이라고 하면 도전·개척 정신을 떠올린다.

사업 영역 확대에도 거침이 없었다. 대우중공업(한국기계), 대우자동차(새한자동차), 대우조선해양(대한조선공사) 등 그룹을 키워나갔다. '탱크주의'를 내세웠던 대우전자는 금성(LG), 삼성과 더불어 국내 3대 가전사 명성을 얻었다. 한때 대우의 수출 규모가 한국 총수출액의 10%를 넘어서기도 했다.

영광의 이면에는 정경유착, 그리고 분식회계의 비판이 따른다. 박정희 대통령과의 인연을 기업 성장에 이용했는데, 무엇보다 분식회계가 치명적이었다. 외환위기 사태에서 유동성 위기에 처하며 대우가 해체됐다. 설상가상으로 분식회계마저 사실로 드러나면서 그의 위신은 크게 떨어졌다.

ESG 경영 선도한 SK 최종현

서울대 재학 중 유학을 떠나 미국 시카고대에서 경제학 석사학위를 취득했다. 당시 기업인으로는 보기 드물게 시장경제에 밝았던 인물이라고 할 수 있다. 부친의 별세로 유학 생활을 정리, 귀국 후에는 형 최종건이 경영하던 선경직물에 입사한다. 당시 선경직물은 섬유를 다뤘는데, 최종현은 원사-직물-봉제의 섬유산업 수직계열화를 추진하며 사업을 확대한다.

최종건이 폐암으로 별세한 후 회장직에 오른 그는 선경을 에너지화학회 사로 키우겠다고 결심한다. 그리고는 섬유에 필요한 석유화학, 나아가 원유정제 분야까지 진출하기에 이른다. 1980년 유공(대한석유공사) 인수는 결정적 순간이었다. 한편 신산업 분야로 정보통신을 결정한 선경은 한국이동통신(現 SK텔레콤) 인수전에 나서는데, 이 과정에서 노태우 대통령의 사돈 관계라는 특혜 시비가 일기도 했다. 이에 사업권을 자진 반납했다가 김영삼 정부에 이르러 인수에 성공한다.

최종현은 무엇보다 기업의 사회공헌에 앞장섰다. 천안 광덕산, 충주 인등산 등지에 나무를 심는 조림산업을 벌였으며, 한국고등교육재단을 설립해 인재 양성에 힘썼다. 기성세대라면 한 번쯤 봤을 MBC 『장학퀴즈』가 꾸준히 방영될 수 있었던 것도 그의 후원 덕분이었다.

재계의 여장부, 애경 장영신

　한국여성경제인협회 초대 회장, 전경련 부회장을 지냈다. 1970년대 여성 CEO로 활동해 '한국 여성 기업인의 산증인'이라 불리는 인물이다.

　경기여고 졸업 후 유학을 떠나 대학에서 화학을 전공했던 그녀는 결혼 후 네 아이를 키우는 전업주부의 삶을 택한다. 그러던 어느 날 남편이자 애경그룹 창업주였던 채몽인이 갑작스러운 심장마비로 세상을 떠났고, 그녀는 남편의 사업을 이어받게 된다. 곧 경영 공부에 나섰고, 직원들 몰래 종로 낙원동의 경리학원에 다니며 숫자를 익혔다.

　남성 중심의 조직 문화를 이겨내는 것은 쉽지 않은 일이었다. 직원들은 한동안 결재조차 받으러 오지 않았으며, "여자 밑에서 일할 수 없다"라며 회사를 떠난 이들도 있었다. 엎친 데 덮친 격으로 취임 이듬해 석유파동마저 터졌다. 장 회장은 해외 바이어를 직접 찾아가 담판을 지었다. 유학 생활로 영어는 익숙한 터였고, 바이어도 젊은 여사장의 요청을 거절하진 않았다고 한다.

　비누공장 애경은 오늘날 백화점을 거느리는 굴지의 대기업으로 성장했다. 장 회장은 2004년 이후로는 회장직은 유지하되 애경복지재단 일만 관여하고 있는 것으로 알려져 있다. 한편 애경 창사 이래 가장 큰 비판을 받은 가습기 살균제 청문회에 장 회장은 출석하지 않았다.

한국 금융계의 신화, 미래에셋 박현주

　중학교를 수석 졸업하고 호남 최고 명문고에 입학할 만큼 수재였으나, 합격 통지서를 받는 날 부친이 갑작스레 세상을 떠나는 아픔을 겪는다. 박현주 회장 자신도 당시 많은 방황의 시간이었다고 술회한다. 그를 일으켜 세운 것은 바로 어머니. 이후 그는 고려대학교 경영학과에 입학한다.

　대학 시절 책 읽기를 좋아했으며 그중에서도 앨빈 토플러의 '제3의 물결'을 가장 많이 봤다고 한다. 주식 투자를 경험한 것은 대학 2학년 때로, 꽤 성과를 냈다. 대학원생 시절에는 주식 투자로 번 돈을 모아 내외증권연구소라는, 지금으로 보면 투자자문사에 해당하는 기관을 세웠다. 그리고는 명동 일대를 다니며 정보를 얻었는데, 명동의 큰 손 백 할머니를 만난 것도 이때 일이라고 한다. 이후 연구소를 정리한 그는 동양증권에 입사하였다.

　"바람이 불지 않을 때 바람개비를 돌리려면 앞으로 달려 나가야 한다." 32세 나이에 국내 최연소 지점장에 오른 그는 임원으로 승진하며 성공을 이어갔다. 탄탄한 미래가 보였지만 그는 억대의 연봉을 마다하고 돌연 창업에 뛰어든다. 미래에 대한 비전을 추구한다는 뜻으로 세운 회사, 바로 우리나라 최초 자산운용사 미래에셋이다. 1998년 뮤추얼펀드를 처음 선보이면서 간접투자 붐을 주도한 미래에셋은 국내 증권사 최초로 자기자본 10조 원을 돌파했다.

애플에 맞선 벤처 전설, 아이리버 양덕준

삼성전자 반도체 부문 수출담당 이사를 지냈으며, 이 시기 벤처 1세대가 그랬듯 1999년 퇴직 후 아이리버(舊 레인콤)를 설립했다. 타사 제품을 압도하는 매력적인 디자인에 편리한 조작이 더해져 젊은 층으로부터 큰 인기를 끌었고, 창업 5년만인 2004년에는 4,500억 원 매출에 국내 75%, 해외 25% 시장 점유라는 전무후무한 성과를 기록했다.

지금에야 믿기 어렵겠지만 이 시절 아이리버의 경쟁사는 삼성도 소니도 아닌 애플이었다. 한국의 중소기업이 무려 미국 본토에서 '사과를 씹어먹는' 광고를 내걸었으며, 빌 게이츠가 아이리버 제품을 손에 들고 "최고의 혁신"이라 극찬했다. 스티브 잡스가 "(우리의) 경쟁작은 아이리버"라고 직접 말할 정도였다.

하지만 여기까지였다. 애플이 꺼내든 두 가지 전략에 아이리버는 끝내 버티지 못했다. 하나는 아이팟의 저가 공세, 다른 하나는 아이튠즈라는 음악 스토어의 등장이었다. 어려운 상황 속에서도 아이리버는 경쟁력 확보에 나섰으나, 이마저도 아이폰이 나오면서 MP3플레이어 시장 자체가 사라질 위기에 처했다. 경영일선에서 물러난 양덕준 사장은 민트패스라는 회사를 창립, 전자복합 기기를 개발·출시하는 등 재기에 나섰으나 큰 성과를 내진 못했다. 한때 애플을 위협했던 벤처 1세대의 성공 신화는 아쉽게 막을 내렸다.

한강의 기적을 이끌다, '영원한 현역' 남덕우

1924년 경기 광주 출생으로 국민대학관(現 국민대) 졸업 후 서울대에서 경제학 석사를, 미 오클라호마 주립대에서 경제학 박사학위를 받았다. 지금과 달리 경제학 박사는 손에 꼽던 시절이다. 그는 귀국 후 국민대와 서강대 교수로 재직하며 후학 양성에 힘썼다.

"빵과 자유를 양립시킬 수 있는 경제체제는 자유시장경제밖에 없다"라며 시장경제를 강조했던 그는 서슬 퍼런 군사독재 시절임에도 불구하고 정부 정책에 대해 꽤 쓴소리를 했다고 전해진다. 그가 공직에 입문한 것도 당시 박정희 대통령이 '경제정책에 상당히 비판적이던데 어디 한 번 직접 맡아 해보라'는 권유에서였다. 그렇게 1969년 재무부장관으로 시작해 1974년 부총리 겸 경제기획원 장관을, 1979년 대통령 경제특보를 지냈다. 당시 주요 정책으로는 증권시장 개혁, 중화학공업 육성, 부가세 도입, 중동시장 진출 등을 꼽을 수 있다.

1980년 전두환 정부에서 그는 초대 국무총리를 지내기도 했다. 그럼에도 세간의 인식은 여전히 '70년대 한강의 기적을 진두지휘한 영원한 경제부총리'로 남아 있다. 공직을 떠난 후에는 8년간 무역협회 회장을 지내며 강남 무역센터(現 COEX 일대) 건립을 주도했다. 이 시기 수출주도 압축 성장에 대한 평가는 엇갈리나, 그 부작용을 바로잡는 것이 후대의 과제이기도 하다.

위기를 쏘다, 재계 저승사자 이헌재

소위 'KS 라인(경기고-서울대)' 출신의 엘리트 관료다. 1968년 행정고시를 수석으로 합격한 후 재무부 관료 생활을 거쳤다. 한때 대우그룹에 몸담기도 했으며, 1997년 외환위기 당시에는 초대 금융감독위원회 초대위원장(現 금융감독원장)을 지냈다. 노무현 정부에서도 부총리 겸 재정경제부 장관으로 중용되며 카드 사태 등 경제 위기에 대응했다.

당시 언론이 붙여준 그의 별칭이 '재계 저승사자'일 정도였으며, 재계 빅딜에 있어서도 그의 영향이 있었음을 고려할 때 평가 또한 크게 엇갈리는 게 사실이다. 한쪽에서는 그를 가리켜 '위기로부터 한국경제를 구해낸 경제전문가'로 평가한다. 과감한 구조조정 주문과 집행, 금융시장 개방과 노동시장 개혁 등에 흔들림 없이 대응함으로써 외환위기 사태가 조기 종식될 수 있었다는 이유에서다. 반면 과도한 덩치 줄이기와 '모피아(재무부를 뜻하는 MOF와 마피아의 합성어)' 집단의 일률적 정책으로 필요 이상의 고통을 가져왔다는 비판 역시 만만치 않다.

외환위기가 있은 지로부터 20년이 지난 시점에 그는 한 언론과의 인터뷰에서 "미완의 개혁"이라는 말을 남겼다. 빠른 시간 내 위기 극복에 성공했지만, 이후 체계적인 관리체제 마련이 미흡했다는 이유에서다. 외환위기를 성공적으로 극복했으나 오히려 국민들은 절망감과 정부에 대한 불신이 생겼다며, 시스템에 따른 대응이 필요하다고 보았다.

돌격시장 김현옥, 서울 지도를 바꾸다

부산시장을 지냈으며, 윤치영에 이어 서울시장(1966~1970)으로 임명됐다. 서울 과밀화에 부정적이었던 전임자와 달리 그는 임기 중 대규모 개발 사업을 추진해 '불도저시장'이라고도 불렸다. 후임인 양택식(1970~1974), 구자춘(1974~1978) 시장으로 이어지는 동안 서울은 대도시의 기틀을 갖춰나간다.

육군사관학교 출신으로 한국전쟁에도 참전했던 그는 5·16군사정변에 가담하며 박정희의 눈에 들었고, 마흔이라는 젊은 나이에 서울시장이 된다. 그래서인지 항상 '돌격'이란 구호가 붙은 헬멧을 쓴 채 건설 현장을 진두지휘했다. 그 모습은 마치 군사작전을 방불케 했다. 우선순위는 길을 뚫는 일이었다. 세종로, 명동 지하도, 청계 고가도로 건설 모두 김현옥 재임기에 이뤄졌다.

세운상가, 파고다 아케이드, 낙원상가 등 도심재개발 사업도 추진했다. 한강 개발사업, 남산1·2호 터널 개통, 시민아파트 건설을 계획했으며 영동1·2지구, 화양 망우지구, 시흥 신림지구 등 대규모 구획정리사업을 추진하였다. 한강의 밤섬을 폭파해 여의도 매립에 쓴 것도 이 시기다. 서울의 지도를 다시 그려야 할 정도였다.

지나친 속도전은 사고로 이어졌다. 마포구 창전동의 와우시민아파트가 무너진 것이다. 그는 붕괴 사고의 책임을 지고 사퇴하였으며, 잠시 정계에 복귀하였으나 박정희 서거 후에는 중·고 교장으로 여생을 보냈다.

굿바이 무티, 앙겔라 메르켈

독일의 총리이자 동시에 동독 출신의 최초 여성 총리로서, 2005년 취임해 2021년까지 약 16년간 독일을 이끌었다. 때문에 영국 마가렛 대처와도 종종 비교 대상으로 꼽히는데, 두 인물 모두 자국 경제의 부흥과 성장을 이끌었다는 점에서 높은 평가를 받고 있다. 한 가지 다른 점은 대처가 '철의 여인'과 같이 냉철한 이미지가 강한 반면, 메르켈은 중도·유화적이라는 데에 있다.

2000년대 중반 독일 경제는 높은 실업률과 경기 부진의 늪에 허덕이고 있었다. 메르켈은 불과 1%포인트 차이로 승리했기에 정치적 입지가 취약했다. 그럼에도 취임 초 노동시장 개혁, 기업 투자 확대 등 시장 친화적 정책을 펼쳐나갔다. 일자리가 늘어났고 경제지표는 호전됐다. 그밖에 지출 구조조정과 증세를 병행하며 나라 곳간을 채웠다.

독일인들이 평가하는 메르켈은 '무티(Mutti, 엄마) 리더십'이다. 수수한 단발머리에 단화를 즐겨 신던 그녀는 자신이 돋보이길 원하지 않았다. 경청을 좋아했으며, 다양한 난제를 토론과 협상으로 풀어나갔다. 설령 자기 입장과 다를 때도 이를 수용하는 설득과 인내심을 보였다.

한편 반(反)난민 정서에도 불구하고 시리아 난민 100만여 명을 수용했으며, 금융위기 극복을 위해 그리스를 크게 압박했다. 일본 후쿠시마 사태 때는 탈원전을 결정했다. 최근 러-우크라 사태에 있어 유럽의 원칙보다 독일의 이익을 앞세웠다는 평가도 나온다.

중국 경제개혁 이끈 '도광양회' 덩샤오핑

뛰어난 능력과 지도력을 보여줬음에도 불구하고 문화대혁명으로 당을 떠날 수밖에 없던 그가 복귀해 내세운 노선은 실용주의였다. '흑묘백묘(검은 고양이든 흰 고양이든 쥐만 잘 잡으면 된다)' '선부론(능력 있는 사람부터 먼저 부자가 된 후 다른 사람을 돕는다)'에서 드러나듯 그는 공산주의 사상을 존중하면서도 현실 문제를 해결하는 데 적극적이었다.

무엇보다 시급한 문제인 식량난 해결을 위해 그는 공산당의 중앙통제적 방식이 아닌, 농가의 자율 생산을 허용했다. 당내 보수주의자들의 반발에도 개의치 않았다. 인민의 먹고사는 문제를 해결하는 것이 당의 최우선 과제라 판단했기 때문이다.

영국과는 홍콩 반환 문제를 놓고 갈등이 일었는데, 그는 중국의 입장만을 고집하지 않았다. 오히려 '일국양제(한 국가 안에 사회주의와 민주주의, 공산주의와 자본주의가 양립하는 제도)'를 제시하며 협상을 주도했다.

외교에서도 극적인 변화가 관찰되는데, 바로 미국 방문이다. 덩샤오핑은 1979년 최초로 미국 땅을 밟은 중국 지도자가 됐다. 150cm를 웃도는 작은 키의 그는 커다란 카우보이 모자를 썼고, 엘비스 프레슬리의 'Love Me Tender'를 부르기도 했다. 무엇보다 포드, 보잉사 등 미국의 기업을 방문해 자본주의를 직접 목격하는 일도 잊지 않았다.

일본 초대 총리, 요시다 시게루

　외교관으로 활동했던 그는 일본 패망 이듬해인 1946년 5월 총리에 오른다. 한때 총리직을 내줬던 때도 있었으나 곧 재집권에 성공하였고, 1948년부터 1954년까지 전후 일본경제를 이끌었다. 여기에는 그의 임기에 한국전쟁이 발발했다는 점도 영향을 줬다. 여담이지만 재임 횟수가 5회로 가장 많은 인물이며, 일본인이 꼽는 역대 최고의 총리 중 한 명이기도 하다.

　재임 시절 그의 업적은 '요시다 독트린' 하나로 요약된다. 미국의 재무장 요구를 거절하고 경제부흥에 주력했던 그는 미일안전보장조약(미일동맹의 기반, 이를 계기로 일본은 미군에게 안보를 맡기고 경제성장에 집중하였음), 샌프란시스코 조약(일본의 주권이 회복된 사건, 우리에게는 과거 일본이 독도 영유권 주장 시 근거로 사용된 바 있음) 체결에 앞장섰다. 이른바 온건 보수다.

　일본 내 강경 보수 진영에서 이러한 친미 노선을 반길 리 없었지만, 결과적으로 일본은 자국 내 치안을 유지하기 위해 최소한의 병력만을 보유하는 자위대를 창설·운영 중이다. 어쨌건 결과적으로 미국을 위협할 만한 경제성장을 거뒀으니 그의 선택이 옳은 셈이다.

　한편 이와 같은 일본의 전후 친미·경제 중심 발전노선은 현재까지도 일본 정치와 외교, 안보 및 경제 모든 분야에 적지 않은 영향을 미치고 있다.

비운의 대통령, 살바도르 아옌데

"나는 우리나라의 운명을 믿습니다. 언젠가 또 다른 사람들이 승리를 거둘 것이고, 시민들은 위대한 길을 걸어 보다 나은 사회를 건설하게 될 것입니다. 이것이 저의 마지막 말입니다. 칠레 만세! 민중 만세! 노동자 만세!"

1970년 칠레에서 남미 최초의 사회주의 정부가 출범했다. 그 주인공은 의사 출신의 정치인 살바도르 아옌데. 집권 초 그는 구리산업 국유화, 토지개혁, 사회보장제도 확대와 같은 경제 노선 변화를 펼쳤다. 일견 성과를 거두는 듯 보였지만 오래가지 못했다. 남미에 사회주의 정권이 들어서는 것을 미국이 원치 않았기 때문이다. 이들은 칠레의 주 수출품인 구리 가격을 급락시켰고, 네슬레를 압박해 분유 수출을 금지하는 등 집요한 방해에 나섰다.

그럼에도 아옌데에 대한 칠레 국민의 신뢰가 이어지자 미국은 최후의 수단을 꺼내 드는데, 군부를 통한 쿠데타였다. 아옌데는 라디오 연설로 칠레 국민에게 작별을 고했고, 대통령궁에서 스스로 목숨을 끊는다. 아옌데 이후 정권을 잡은 이가 바로 아우구스토 피노체트다. 그는 민주주의를 철저히 탄압했으며 독재자로 군림했다. 한편 피노체트 시기 칠레 경제는 고도의 성장을 기록하는데, 미국의 경제원조와 더불어 신자유주의 정책을 펼친 결과다.

영웅인가 독재자인가, 우고 차베스

1958년 푼토피호 조약이 체결됨에 따라 베네수엘라는 군부통치의 종식과 양당제 기반의 정치적 안정을 마련한다. 1960~70년대에는 남미에서 가장 잘 사는 나라로 성장하는데, 이 시기 베네수엘라 수도 카라카스에는 무려 콩코드가 운행했을 정도로 초호황을 누린다. 내부적으로 문제가 없었던 것은 아니었으나, 막대한 오일머니는 민심을 달래기에 충분했다.

그러던 것이 80년대 초 석윳값 폭락에 미국 금리 인상이 더해지면서 경제가 흔들리기 시작했고, 설상가상으로 대규모 민중봉기를 무력으로 진압하여 정치적 혼란마저 가중됐다. 결국 IMF로부터 구제금융을 받는 상황에 이른다. 이때 군인 출신의 우고 차베스가 등장, 마침내 1998년 베네수엘라 대통령에 취임한다. 현역 중령으로 쿠데타를 시도했다가 실패해 감옥에 수감되기도 했던 그는 사회주의를 전면에 내세웠고, 특히 빈민들로부터 절대적인 지지를 받았다.

그는 1999년부터 2013년까지 14년간 대통령을 지냈다. 만약 건강 문제만 없었다면 그 이상의 장기 집권도 가능했을 것이다. 어쨌든 이 시기 베네수엘라 경제는 이미 알려진 바와 같다. 그는 석유에 의존하는 경제구조를 끝내 개선하지 못하고 세상을 떠났다. 사회복지 확대, 빈곤층 교육 등 긍정적 평가도 일부 있으나 포퓰리즘이라는 문턱을 넘진 못했다.

워런 버핏의 투자 원칙

미국의 기업인이자 투자자, 그리고 자선가이다. 투자 역사상 가장 위대한 인물로 평가받으며, 그의 출신지를 딴 '오마하의 현인'과 같은 칭호가 따라붙는다.

버핏의 투자를 다뤘던 한 책에서는 그의 투자원칙을 다음과 같이 소개하고 있다. "1. 아는 것으론 충분하지 않다. 반드시 실천하라. 2. 증시는 근시안이다. 남보다 멀리 보고 투자하라. 3. '비실이' 기업은 피하라. '튼튼이'가 돈 벌어준다. 4. 앉아서 돈 버는 기업에 투자하라. 단순하지만 강력하다. 5. 바겐세일 기간을 놓치지 마라. 역발상으로 참여하라.

6. 좋은 주식은 비싸게 사도 된다? 틀렸다. 최대한 싸게 사라. 7. 싸보이는 것과 정말 싼 것은 다르다. 따져본 뒤 사도 늦지 않다. 8. 자사주를 사는 기업에 투자하라. 저절로 주식 가치가 올라간다. 9. 단기투자라고 배제하지 마라. 약세장에선 차익거래도 유효하다. 10. 역시 다 아는 것이라고? 그렇다면 1번으로 돌아가 다시 시작하라."[메리 버핏, 데이비드 클라크, 김사우 역, 정연빈 감수(2017), 『워런 버핏만 알고 있는 주식투자의 비밀』(부크온)]

코카콜라는 워런 버핏의 투자종목으로 유명하다. 그가 코카콜라 주식을 산 건 1988년으로 당시 주가는 2달러였다. 이후 주가는 40달러 수준까지 올랐다. 장기투자에 따른 배당액도 상당해 코카콜라는 버핏에게 황금알을 낳는 거위와 같다. 그는 한 인터뷰에서 "코카콜라 주식을 평생 팔지 않겠다"라고도 말했다.

퇴임 지지율 80%, 돌아온 룰라

　브라질 북동부의 가난한 이민자 가정에서 태어난 그는 어린 시절 구두닦이를 했으며 학력은 초등학교가 전부다. 공장에서 일하다 새끼손가락을 잃었고, 아내와 첫 아이는 제때 치료를 받지 못해 사망하였다. 이런 아픔 속에서도 노조 활동을 이어가며 정치권에 입문하는데, 네 번의 도전 끝에 마침내 브라질 대통령에 취임한다.

　임기 초 그는 경제사령탑에 보수 진영도 신뢰할 수 있는 인물을 앉혔다. 좌파 정권의 예상 밖 행보에 세간은 기대와 우려를 품었으나 그는 여기서 멈추지 않았다. 정치적 대립이 어느 정도 해소되자 해외로 눈을 돌린 것이다. 때마침 중국 경제가 큰 성장세를 보였고, 브라질은 천연자원을 수출해 이익을 거둔다. 결실은 재분배에 쓰였다. '보우사 파밀리아' 정책을 통해 극빈층의 생계를 보장하고 교육 투자를 확대했다. 그는 이 과정에서 "왜 부자를 돕는 일은 투자라 하고 가난한 이를 돕는 건 왜 비용이라 하는가"라는 명언을 남긴 바 있다.

　이후 재선에 성공한 그는 퇴임을 앞두고도 지지율이 무려 80%에 달할 만큼 브라질 국민으로부터 절대적인 지지를 받았다. 퇴임 후 개인 비리 혐의로 수감되는 불운을 겪으나 최종적으로 무죄를 선고받았으며 이후 대선에 재도전, 브라질 사상 첫 3선 대통령이 되었다. 최근에는 미·중 대립에도 불구하고 시진핑을 만나는 등 브라질 경제성장에 필요한 실용 외교를 추구하고 있다.

싱가포르의 국부, 리콴유

싱가포르 초대 총리. 현재의 싱가포르를 만들었다고 평가해도 무방할 만큼 사회, 경제, 교육 등 전 영역에 영향을 미쳤다. 권위주의와 독재라는 이면도 존재하나 대체적인 평은 '싱가포르의 국부' 우리나라에서 박정희 대통령이 갖는 의미와 비슷하다고 볼 수 있다.

1965년 말레이시아로부터의 싱가포르 독립은 사실상 추방에 가까웠다. 인구도, 자원도, 영토도 부족했던 작은 섬나라가 채택한 생존 전략은 개방, 그리고 질서였다. 리콴유는 영국 식민지 시절부터 동남아의 허브로 기능했던 싱가포르의 지리적 이점에 주목했다. 다국적 기업 유치에 적극적으로 임했으며, 주변국이 아닌 미국·유럽 등 선진국과 교역했다. 법인세를 낮추고 각종 규제를 완화했다.

국민에게도 질서 있게 행동할 것을 주문했다. 권위주의 정치, 국민 기본권 제한 등 비판이 따름에도 그는 입장을 굽히지 않았으며 오히려 강력한 규율이 확립되어야만 싱가포르가 성장할 수 있다고 믿었다. 부정부패에 대해서는 "망국의 지름길"이라며 엄벌을 내렸다. 최측근이라고 해서 예외는 없었다. 외교적 마찰을 감수하고도 태형을 집행하는 모습을 보였다. 약 26년간 싱가포르를 이끌었던 그는 2015년 타계했다.

대만 반도체의 아버지, 모리스 창

'종합반도체' '팹리스' '파운드리'. 반도체 기업 형태에 따른 분류다. 지금에야 애플·퀄컴·엔비디아처럼 설계를 전문으로 하는 팹리스 업체와 TSMC·삼성전자(순수한 파운드리는 아님)와 같은 제조만 담당하는 파운드리 업체로 나누는 게 일반적이지만, 반도체 진출 당시만 해도 설계와 제조를 나눈다는 생각 자체가 드문 일이었다.

TSMC 설립자 모리스 창은 미 하버드대와 MIT를 졸업한 수재로, 반도체 기업 텍사스 인스트루먼트(TI)의 엔지니어로 입사해 부사장까지 올랐다. 한 마디로 이론과 실무를 모두 갖춘 반도체의 대가인 셈이다.

은퇴 후 대만으로 돌아온 그는 대만 정부에 파운드리 사업을 제안한다. 그의 오랜 경험상 반도체 설계와 제조는 분명 분리될 수 있는 영역이었다. 문제는 초기 설비투자에 드는 막대한 자본인데, 대만 정부가 약속만 해준다면 못 할 것도 아니었다. 그 밖에도 당시 미국이 일본 반도체 기업을 견제하는 상황이었는데, 모리스 창은 이를 천우의 기회로 보았다.

이렇게 1987년 대만 신주시에 TSMC가 설립한다. "고객과 경쟁하지 않는다"라는 경영방침 하에 TSMC는 세계 유수의 팹리스 업체로부터 설계도를 받아 반도체를 생산하기 시작했다. 스마트폰의 등장으로 폭발적 성장을 이어 나갔으며, 현재는 세계 제1의 파운드리 업체로 우뚝 섰다.

이나모리 가즈오와 아메바 경영

　세계 어느 나라건 소위 1세대 기업인은 경제에 큰 족적을 남기기 마련이다. 미국의 록펠러, 카네기, J.P모건이 그랬고 한국의 정주영, 이병철, 구인회가 그랬듯 전후 일본 경제의 부흥과 1970~80년대 최전성기를 이끈 기업과 기업인이 있다.

　파나소닉 창업주이자 '경영의 신'으로 불린 마쓰시타 고노스케, 탁월한 기술력으로 '기술의 천재'로 불린 혼다 창업주 혼다 소이치로, 이익보다 소중한 것은 직원의 행복이라며 '철학의 리더'를 자처한 교세라 창업주 이나모리 가즈오까지. 이들은 일본에서 가장 존중받는 3대 기업인으로 알려져 있다.

　이나모리 가즈오는 27세의 나이에 직원 7명과 함께 교세라를 창업했다. 하지만 회사가 성장을 거듭할수록 그의 고민도 깊어졌다. "어떻게 하면 직원들의 열정을 끌어낼 수 있을까?" 이에 그가 도입한 제도가 '아메바 경영'이다. 그는 아메바로 지칭하는 세분화된 소집단에 결정권을 위임, 각자가 목표를 달성하도록 하였다.

　은퇴 후에는 일본 최대 항공사 JAL이 파산하자 구원투수로 나섰다. 그는 무보수로 일하며 모범을 보였고, 대대적인 구조조정과 경영 개선으로 불과 3년 만에 기업을 정상화한다.

알리바바 창업주, 마윈

　마윈은 어려운 환경 속에서도 꿈을 버리지 않고 계속 도전한 인물이다. 중국 항저우에서 태어난 그는 고입 재수, 대입 삼수를 거칠 만큼 학업에 두각을 나타내진 못했다. 그럼에도 영어 실력은 출중했는지 졸업 후 몇 년간 영어 교사로 일했다고 한다. 이후 미국을 방문한 계기도 통역 덕분이었다.

　마윈의 도전은 창업에서도 이어졌다. 처음에는 중국어로 된 문서를 영어로 번역해주는 회사를 차렸고, 다음으로 업종별 주소를 제공하는 인터넷 서비스 회사를 차렸다. 그는 중국이 세계의 공장으로 발돋움할 것이고 그 수단은 인터넷임을 확신했다. 이를 눈여겨본 제리 양(포털 야후의 창립 멤버)으로부터 함께 일할 것을 제안받기도 하나, 그는 사업의 열망을 놓지 않았다.

　마침내 1999년 알리바바가 문을 열었다. "상인이 있다면 알리바바를 사용하도록 할 것이다"라는 야심 찬 포부는 현실이 됐다. 일본 소프트뱅크 손정의로부터 투자유치에 성공했으며 미국 뉴욕증시에 상장해 세상을 놀라게 했다. 알리바바는 중국을 대표하는 기업으로 올라섰고 마윈의 얼굴은 중국 사업가로는 최초로 포브스 표지를 장식했다. 한편 2019년 은퇴를 선언한 그는 자선사업과 사회공헌 활동을 준비 중인 것으로 알려졌으며, 크고 작은 자리에서 종종 얼굴을 비추고 있다.

하나의 유럽을 꿈꾸다, 쉬망 선언

알퐁스 도데의 소설 '마지막 수업'의 배경이기도 한 프랑스의 알자스-로렌 지방. 군사적으로 전략 요충지에 해당하는 이곳을 쟁탈하기 위해 독일과 프랑스는 크고 작은 전쟁을 계속해왔다. 산업혁명 이후에는 막대한 석탄과 철광석이 매장되어 있다는 사실이 밝혀지면서 양국의 다툼은 더욱 치열해졌다.

제2차 세계대전의 승전국이었던 프랑스는 적국 독일의 재기를 바라지 않았다. 오히려 전쟁으로 입은 막대한 피해의 보상 격으로 독일 자를란트 지방까지 영토로 삼고자 했다. 하지만 이는 독일의 반감을 일으킬 뿐만 아니라 서유럽의 불안으로 이어질 수 있는 상황이었다. 소련에 대응할 미국으로서도 우려의 입장을 표했다. 이때 프랑스 외무장관이었던 로베르 쉬망이 석탄과 철강에 대한 운영권을 공동행정기구 아래에 두는 파격적인 제안을 한다. 이게 쉬망 선언(1950)이다.

전범국인 서독은 국제무대 복귀의 계기가 될 수 있다는 판단에 찬성의 뜻을 밝혔다. 프랑스 역시 자를란트 지방의 편입이 불가한 상황에서, 공동 운영이 나쁘지 않은 선택이었다. 이렇게 서유럽 6개국이 뜻을 모았고, ECSC(유럽석탄철강공동체) 출범을 알렸다. 한편 쉬망 선언이 있던 1950년 5월 9일은 유럽연합의 날로 지정하였다.

맥도날드, 그리고 레이 크록

전후 경제가 조금씩 회복되던 1950년대, 52세의 영업사원 레이 크록은 밀크셰이크 제조기를 판매하고 있었다. 어느 날 그는 한 햄버거 가게로부터 제조기 주문을 받는다. 무려 여섯 대가 필요하다는 말에 레이는 궁금증을 가졌고, 이를 계기로 햄버거 가게 주인 맥도날드 형제를 만난다. 철저한 분업 시스템으로 불과 수십 초 만에 햄버거가 만들어지는 것을 지켜보던 그는 사업성을 확신했고, 맥도날드 형제에게 프랜차이즈 사업을 제안한다. 미국 자본주의의 상징, 맥도날드의 시작이다.

하지만 기대와 달리 이들의 협업은 오래가지 못한다. 맥도날드 형제는 품질과 안정적인 경영을 우선했지만 레이는 지극히 이익만을 추구했다. 또한 이 과정에서 매장 입지(부동산)의 중요성을 깨달은 레이는 공격적인 영업망 확대를 시도하는데, 맥도날드 형제와 충돌을 빚기도 한다. 결국 레이가 맥도날드의 상표권마저 인수하기에 이른다. 레이 체제의 맥도날드는 전 세계로 확장한 반면 자신들만의 가게를 열었던 맥도날드 형제는 몇 년 후 문을 닫는다.

한편 레이 크록의 일대기는 영화로도 제작되었는데, 여기서 그려진 모습은 사회적으로 존중받는 기업가라기보다 자신의 이익을 위해 동료를 배신하는 인물에 가깝다.

BIG3에 맞선 비운의 기업, 터커 모터스

위험을 무릅쓰고 포착한 기회를 사업화하려는 모험과 도전을 가리켜 기업가정신이라 한다. 이는 시장의 혁신을 가져오고 동시에 사회를 발전시키는 원동력으로 작용하는데, 이번에 소개할 프레스턴 터커는 그에 잘 부합하는 인물이라 할 수 있다.

어려서부터 자동차에 비상한 관심과 재능을 보였던 그는 캐딜락 엔지니어링 회사와 포드 계열사에서 일하며 꿈을 키워나갔다. 제2차 세계대전이 끝난 후에는 본격적으로 자동차 개발에 나섰는데, 당시 미국 자동차시장은 'BIG3(포드·GM·크라이슬러)'가 지배하고 있었다.

1948년 터커의 첫 차인 '터커 48' 모델이 출시됐다. 출발은 순조로웠다. 이전 차량에 비해 진일보한 디자인과 성능을 보여주면서 "20년이나 앞선 자동차"라는 평가를 받았다. 본격 생산에 돌입하기 전임에도 주문이 줄을 이을 정도였다.

그런데 대출을 해주겠다던 은행이 돌연 터커를 외면했다. 언론마저도 비판적 논조로 돌아섰다. 터커는 공장 문을 닫게 되었고 막중한 빚에 시달렸다. 투자자들은 그를 사기죄로 고발했다. 우여곡절 끝에 무죄를 받지만 건강 악화로 53세의 나이에 생을 마감한다. 터커의 몰락에는 BIG3가 압력을 행사했을 것이라는 설이 유력하다.

조지 소로스, 영란은행을 침몰시키다

　헤지펀드에 있어서는 소위 전설로 불리며 20세기 최고의 투자자로 손꼽히는 인물 중 하나다. 그가 유명해진 사건으로는 1992년 영국 파운드화 공격을 들 수 있다. 유럽연합이 출범한 현재와 달리, 90년대 유럽은 단일 통화권을 구축하기 위한 준비 작업이 한창이었다. 대표적으로 EMS(유럽통화제도)의 핵심기구인 ERM(환율조정메커니즘)을 들 수 있다. 쉽게 말해 유럽 내 각국 환율은 ±6% 내에서 유지되어야 하고, 이를 벗어날 경우 중앙은행이 시장에 개입한다는 원리다.

　하지만 독일이 통일되면서 상황은 달라졌다. 동독 경제지원을 위해 서독은 경기부양에 나섰고, 금리를 올려 인플레를 진정시켰다. 문제는 독일이 금리를 올리자 다른 나라의 돈이 급격하게 빠져나갔다는 점이다. 각국 화폐가치는 폭락했고 금리를 올려 위기에 대응했다. 당연히 경기가 좋아질 리 없었다.

　유럽의 패권을 두고 독일과 다투던 영국은 "영란은행의 금고는 넉넉하다"라며 시장을 안심시켰다. 하지만 영국 경제 상황이 결코 낙관적이지 않다는 점을 파악한 소로스는 파운드화의 대폭락을 예견하며 대대적 공격(공매도)에 나섰다. 파운드화 가치 폭락을 막기 위한 영국의 노력은 얼마 가지 못했고, 결국 영국은 ERM을 탈퇴하기에 이른다. 소로스는 높은 명성과 천문학적인 수익을 얻었다.

스웨덴의 삼성 '발렌베리 가문'

2020년 5월, 이재용 삼성 부회장이 고개를 숙였다. 그는 대국민 사과 기자회견에서 "자녀에게 경영권을 물려주지 않을 것이며, 더 이상 무노조 경영이라는 말도 나오지 않게 하겠다"라고 말했다. 삼성의 쇄신은 그 자체만으로 전국민적 관심을 받았다. 동시에 이 부회장이 스웨덴 발렌베리 가문의 수장 마르쿠스 발렌베리 회장을 만난 사실이 재조명 받았다.

발렌베리 가문은 스웨덴을 대표하는 기업집단이다. 1856년 앙드레 오스카 발렌베리가 설립한 이래 현재까지 160여 년의 시기 동안 5대에 걸쳐 세습을 이어가고 있다. 과거 나치독일에 협력했다는 오점도 있으나, 윤리경영과 사회적 책임을 다한 결과 현재는 국민에게 존중받는 기업이 되었다.

발렌베리 가문 계승에는 몇 가지 조건이 따른다. 후계자는 부모의 조력 없이 명문대를 졸업할 것, 사관학교 복무를 마칠 것, 세계 금융 중심지에서 경험과 능력을 쌓을 것 등이다. 이렇게 선정된 후계자는 발렌베리 가문을 소유하지 않고 지배한다. 차등의결권 제도를 통해 기업 경영권을 확실히 보장받는 대신 많은 수익을 사회에 환원한다. 이는 기업의 부를 잘 관리하고 키워나가는 책임 의식을 강조하는 것인데, 최근 삼성이 발렌베리를 롤모델 삼아 지배구조 개선에 나섰다는 관측이 있다.

"결국 내가 변해야 한다. 바꾸려면 철저히 바꿔야 한다. 극단적으로 얘기해 마누라와 자식 빼고 다 바꿔야 한다. 나는 앞으로 5년간 이런 식으로 개혁 드라이브를 걸겠다. 그래도 바뀌지 않으면 그만두겠다. 10년을 해도 안 된다면 영원히 안 되는 짓이다."

故 이건희 삼성그룹 회장

5

기업과
산업 이야기

삼성 이건희, 신경영 선언

'기업의 양적 목표에만 급급해 중장기적 성장 전략에 소홀하다.' '책임 부서가 명확하지 않고 어설픈 절충안에 집착한다.' 이건희 삼성그룹 회장이 건네받은 한 기업의 보고서 내용이다. 이 기업은 바로 삼성전자다.

3만 명이 만든 물건을 6천 명이 고치러 다닌다는 말이 있을 만큼 당시 삼성전자의 품질은 크게 떨어졌다. 일례로 삼성 사내 방송에서 생산현장을 촬영한 적이 있는데, 세탁기 덮개 여닫이 부분 규격이 맞지 않아 문이 닫히지 않자 칼로 대충 깎아 내는 모습이 그대로 담겼다. 이러니 시장 반응이 좋을 리 없었다. 삼성 제품은 동남아 등에서나 판매될 뿐, 미국·일본 등 선진국 시장에서는 싸구려 취급을 받고 있었다.

1993년 독일 프랑크푸르트 사장단 회의에서 이건희 회장은 초일류경영을 선언한다. "마누라, 자식 빼고 다 바꾸라"는 결단이었다. 우선 라인스톱 제도를 도입해 불량이 발생하면 즉각 가동을 멈춘 후 문제점을 완전히 해결했을 때 재가동하였다. 다음으로 애니콜 화형식을 단행했는데, 구미 사업장에서 불량 휴대전화 15만 대를 불태웠다. 임직원 모두 크게 각성하는 계기가 됐다. 그밖에 7·4제(오전 7시에 출근해 오후 4시에 퇴근)를 도입해 업무 집중을 높이고 저녁에는 재충전과 여가를 즐기게끔 하였다.

SK하이닉스, 위기 극복의 역사

SK하이닉스의 역사는 크게 세 시기로 나눠볼 수 있다. 현대전자와 워크아웃, 그리고 SK 인수 후다.

현대전자가 반도체 시장에 진출한 것은 1983년으로 경쟁자인 삼성이나 LG에 비해 다소 늦은 출발이었다. 그럼에도 정주영 회장이 IBM 본사를 직접 방문하는 등 그룹 차원의 지원이 이뤄졌으며, 반도체 시장도 호조여서 꾸준한 상승세를 이어갔다. 95년에는 세계 최초 256M SD램 개발에 성공해 기술 투자에도 게을리하지 않았다는 평가다.

외환위기 과정에서는 LG반도체와 합병해 현대반도체라는 이름으로 운영하기도 했으나, 그룹 내 왕자의 난과 유동성 위기로 2001년 현대그룹에서 분리되었다. 하이닉스반도체로 사명을 바꾼 것도 이 시기의 일이다. 하이닉스(hynix)란 현대(HYUNDAI)와 전자(electronics)가 합쳐진 말이다.

한편 반도체 시장의 치킨게임 영향으로 국제 반도체 가격이 급락했고, 하이닉스는 심각한 자금난에 봉착한다. 주가가 무려 100원대로 떨어지면서 동전주라는 오명을 얻고, 시장에서는 폭탄 취급을 받았다. 경쟁사인 미국 마이크론에 매각될 뻔한 위기도 겪었다. 이러한 과정에서도 생존을 이어갔고 마침내 2012년 통신사 기업인 SK가 인수해 현재의 SK하이닉스에 이른다.

뚝심으로 일궈낸 배터리, LG에너지솔루션

전기차 수요가 급증하며 '제2의 반도체' 배터리 시장도 큰 주목을 받고 있다. 핵심 소재인 리튬의 경우 코로나19와 운송 문제, 채굴 규제 등에 묶여 공급이 수요를 따라가지 못하는 상황도 발생했지만 매장량은 충분한 것으로 알려져 결국 누가 시장을 선점하느냐에 관심이 쏠리고 있다.

글로벌 배터리 산업의 본진은 단연 아시아다. 한·중·일, 그중에서도 중국의 CATL이 30%를 넘는 시장점유율을 기록하고 있으며 그 뒤를 LG엔솔, BYD, 파나소닉, SK온, 삼성SDI 등이 따른다. 기술 경쟁도 치열해 국내 배터리 3사는 기존 리튬 이온 배터리의 한계를 넘어서는 전고체 배터리 개발에 나섰으며, 빠르면 2026년에 상용화될 전망이다.

국내 배터리 3사 중 맏형격인 LG에너지솔루션은 2020년 LG화학에서 배터리 부문만 독립해 출범하였다. 1992년 당시 구본무 부회장이 유럽 출장 중 2차전지를 처음 접했고, 미래 성장동력으로 판단해 연구를 지시하였다. 하지만 쉽사리 성과는 나오지 않았고 설상가상으로 외환위기까지 겹치면서 '접어야 하는 것 아니냐'는 의견도 나왔으나 구 부회장은 뚝심 있게 투자를 이어갔다. 그 결과 LG에너지솔루션은 세계 배터리 시장을 선도하는 기업이 됐다.

카카오, 톡으로 세상을 바꾸다

2014년 4월, 카카오톡을 출시한 지 약 9년이 지났다. 이제는 IT업계의 큰 손이 된 카카오는 새로운 도전을 선언한다. 먼저 다음커뮤니케이션과 합병해 '다음카카오' 출범을 발표하였다. 겉으로는 다음이 카카오를 인수했지만 실제로는 그 반대라는 평가가 지배적이다. 다음은 기존 서비스를 종료하거나 통합하면서 조금씩 흔적을 지워나갔다. 새로 출범한 다음카카오는 2015년 이르러 '카카오'로 사명을 변경한다.

2016년에는 음원 서비스로 유명한 '멜론(Melon)'의 로엔엔터테인먼트사를 인수한다. 카카오의 안정적 콘텐츠 확보를 위해 필요한 전략이었다는 해석이다. 그 밖에도 카카오는 내비게이션브랜드 '김기사', 카풀업체 '럭시', 중고거래앱 '셀잇'을 인수했다. 모빌리티 시장(카카오택시)에서는 초기 혼란에서 한발 물러나 기존 업계와 절충점을 찾는 모습을 보여주기도 했다. 카카오의 금융업 진출을 알리는 '카카오뱅크'도 점차 윤곽이 드러나기 시작했다.

카카오는 IT 기업 최초로 공정거래위원회 대기업집단(상호출자제한기업집단)에 지정됐다. 현대차, 포스코, SK 등 한국의 간판기업과 어깨를 나란히 할 정도로 성장했다는 뜻이다. 미래 산업을 이끌 'BBIG(바이오, 배터리, 인터넷, 게임)'에서도 빠지지 않고 거론될 만큼 앞으로도 큰 영향력을 행사할 것으로 전망된다.

한국 조선업, 세계에 우뚝 서다

1980~90년대 한국 조선업은 반등을 맞이한다. 당시 석유파동의 여파로 유럽은 직격탄을 맞았고, 업계 1위 일본도 구조조정을 검토하는 상황이었다. 반면 한국은 설비투자 확대와 기술개발, 조선산업 합리화 조치 등 정반대의 길을 선택한다.

과잉설비에 따른 선가 하락을 우려하는 목소리도 나왔지만 2000년 전후 세계 조선업이 호황을 이루면서 결과적으로 일본과의 경쟁우위를 갖는 데 크게 기여한다. 그리고 이 중심에 우리나라 조선 3사인 현대중공업, 대우조선해양, 삼성중공업이 있다.

현대중공업은 정주영 회장이 그리스 리바노스 회장을 만나 26만 톤급 유조선 두 척 건조를 계약하며 출발했다. 이 과정에서 거북선이 그려진 500원 지폐를 보여줬다는 것은 유명한 일화다. 도크는 도크대로 파면서 선박 건조를 동시에 진행해 납기를 무사히 마치는 한편 공사비도 절감시켰다.

대우조선해양은 대한조선공사의 옥포조선소(1973)가 전신으로, 대우그룹이 인수 후 성장을 이어갔다. 외환위기로 대우가 해체된 이후에는 산업은행의 자회사가 됐는데, 현대중공업의 인수가 무산되며 새 주인을 찾는 중이다. 마지막으로 삼성중공업은 1977년 삼성조선을 설립, 대우와 함께 거제도의 경제를 이끌어갔으며 최근 조선업 호조 속에 수주량을 늘려가고 있다.

우리도 있다, 저비용 항공사

  기내 서비스, 편성 노선, 화물 운송 등 항공운임에 영향을 줄 수 있는 요인을 과감히 줄임으로써 최소한의 비용으로 운영하는 항공사를 말한다. 단, 안전만큼은 양보할 수 없기에 항공기 기종은 최대한 줄이거나 단일화하여 유지 비용을 낮춘다. 일반 항공사(SFC)과 구분해 저비용 항공사(LCC)로 분류하며, 미국의 SouthWest사가 대표적이다.

  9.11 테러(2001), SARS 유행(2003) 등 항공업계의 악재 속에서도 저비용 항공사는 낮은 비용을 경쟁력 삼아 빠르게 성장했다는 평가다. 국내에서는 2005년 한성항공(現 티웨이항공)을 시작으로 제주항공, 진에어, 에어부산과 에어서울, 이스타항공 등이 진출했다. 2014년 4월에는 저비용 항공사의 국내선 점유율이 50%를 넘어섰는데, 양대 항공사(대한항공·아시아나항공)가 모두 적자를 기록한 상황 속에서 5개 저비용 항공사는 모두 흑자를 냈다.

  한편 최근 코로나19의 여파로 항공업계, 특히 저비용 항공사가 직격탄을 받았다. 화물 대신 승객을 수송하는 것이 저비용 항공사의 강점인데, 사람이 움직이질 않으니 이들 입장에서는 버텨낼 수가 없는 상황이다. 다행히 코로나 사태가 끝날 것으로 보이던 찰나, 이번에는 환율과 유가가 치솟았다. 저비용 항공사들은 그 어느 때보다 치열한 생존경쟁을 치르고 있다.

책은 사람을 만든다, 광화문 교보문고

서울특별시 종로구 종로1가 1번지. '광화문 사거리'로 더 잘 알려진 이 자리는 조선시대 육조 가운데 재정을 맡았던 호조가 있던 곳으로, 현재는 교보빌딩이 들어서 있다.

교육보험 시장에 진출해 큰 성공을 거둔 교보생명 창업주 대산(大山) 신용호는 이곳에 24층 규모의 사옥을 짓고 지하에는 서점을 두었다. 현재의 광화문 교보문고이다. 예나 지금이나 광화문은 사람들이 몰리는 금싸라기 땅이다. 이런 곳에 서점이 들어설 수 있었던 것은 "서울 한복판에 대한민국을 대표할 수 있는 서점 하나쯤은 있어야 한다"는 신용호의 결단 덕분이었다.

그는 일본에 갈 때마다 사람들로 가득 찬 대형서점을 보며 크게 부러워했다. 패전국 일본이 다시 일어설 수 있었던 힘은 어디에 있으며, 우리도 일본처럼 되려면 어떻게 해야 할까. 당대 기업인이라면 누구나 가졌을 고민이다. 신용호는 이 해답을 서점에서 찾았다. 평소 친분이 깊던 삼성 이병철 회장, 을유문화사 정진숙 회장과는 '나중에 건물을 지으면 꼭 서점을 열겠다'고 약속했다. 그렇게 1981년 6월 1일 개점식이 열렸다. 수익성이 낮을 것이라는 세간의 우려와 달리 교보문고는 성장을 거듭했다. 광화문점도 여전히 그 자리를 지키고 있다.

농축산 최초 대기업, 하림

축산업은 가축을 기르고 그 생산물을 가공하는 산업을 말한다. 구조를 보면 곡물(해운)에서부터 시작해 사료와 축산(가금·양돈), 도축 및 가공을 거쳐 식품제조와 유통판매에 이른다. 하림은 축산업 전 부문을 아우르는 자타공인 우리나라 대표 기업이다. 소위 '삼장(농장-공장-시장)' 통합경영방식으로도 유명하다.

하림그룹 창업주 김홍국 회장은 11살 때 외할머니로부터 병아리 10마리를 선물받았다. 그는 병아리를 키워 판 돈으로 돼지를 샀다. 그렇게 시간이 지나 고등학교를 마칠 무렵에는 닭 5,000마리와 돼지 700마리로 불어났다. 졸업 후 본격적으로 사업을 시작했다. 특히 닭이나 돼지값이 폭락해도 소시지값은 그대로임을 알고는 육계 계열화를 결심, 종합 축산업체로 성장하는 발판을 마련했다.

외환위기 속에서 국제금융공사(IFC)의 투자를 받아내는 등 경영철학이 확고했으며, 2015년 팬오션 인수를 두고 회의적 목소리가 많았으나 결과적으로 성공했다는 평가다. 기업 규모도 크게 늘려 농축산 기업으로는 최초로 공정위가 지정하는 공시대상기업집단에 이름을 올렸다. 최근 일감 몰아주기 혐의에 대해 과징금을 받는 등 비판의 부분도 있으나, 농축산 대기업으로서 중소업계와의 상생 및 더불어 해외시장 개척 등에 기대하는 바가 크다.

토종 프랜차이즈, 롯데리아

국내 햄버거 프랜차이즈 업체이다. 전국 매장 수만 1,300여개(2021년 기준)에 이르며 베트남을 비롯한 동남아 시장에도 진출했다. 불고기버거, 라이스버거, 새우버거, 김치버거 등 경쟁사 대비 다양하고 독특한 메뉴를 선보였으며 2002년에는 캐치프레이즈 "니들이 게맛을 알어?"가 큰 인기를 끌었다.

국내 롯데리아 매장이 처음 들어선 시기는 약 40년 전인 1979년이다. 프랜차이즈는커녕 햄버거조차 생소했을 당시 롯데리아는 선진화된 물류시스템과 가맹점 제도를 구축했다. 특이한 점으로는 직원 채용 시 외국어 면접을 진행했다는 것과 아직 익숙하지 않을 '셀프' 서비스를 도입했다는 것이다. 한편 햄버거 프랜차이즈가 대중화되면서 동종업계 간 경쟁도 치열했는데, 맥도날드가 대표적이다.

1988년 맥도날드 1호점이 문을 연 후부터 서서히 라이벌 구조가 형성됐다. 도심 번화가에는 어김없이 두 매장이 마주 보며 운영했으며, 사람들은 어느 매장에 손님이 더 많은지를 비교하기도 했다.

성장만 이어진 것은 아니다. 다양한 버거를 선보이다 보니 단종 주기가 빨랐고, 잦은 가격 인상은 소비자의 불만으로 나타났다. 2000년대 웰빙 열풍이 일면서 정크 푸드 대접을 받기도 했고, 한일무역분쟁 시에는 기업 국적 논란이 불거졌다. 야심차게 준비한 중국 진출 역시 큰 성과를 얻지 못했다.

오로지 가성비로 승부한다, 다이소

　미국의 달러 제너럴, 일본의 100엔숍, 중국의 미니소에 이르기까지 이들의 공통점은 싼 값에 물건을 판다는 것이다. 우리나라에도 이와 유사한 방식으로 영업 중인 기업이 있다. 바로 다이소다. 1,000원 상품 50% 이상, 국산 상품 50% 이상, 그리고 5,000원을 넘는 상품은 취급하지 않는다는 원칙으로 운영해 오고 있다.

　'아스코이븐프라자'로 시작했던 다이소는 2001년 현재의 이름으로 바꿨다. 이때 일본 다이소산업으로부터 지분투자를 받은 적이 있다. 한일 무역분쟁과 그에 따른 불매운동이 한창이던 시절 다이소를 놓고도 한국 기업이냐 일본 기업이냐 논란이 일기도 했는데, 일본의 영향을 받은 한국 기업이라는 해석이 가장 적절할 것이다.

　다이소의 최대 무기는 소위 가성비다. 싸고 투박해 보이지만 적어도 본 기능에는 충실해야 한다는 뜻이다. 일용품의 낮은 마진에도 불구하고 다이소가 20년 넘게 그것도 꾸준한 성장을 기록할 수 있었던 이유도 여기에 있다. 사실 1,000원이라는 인식이 박혀서 그렇지, 다이소의 연간 매출액은 2조 원을 넘으며 국내 점포도 1,300개에 달한다.

　일부 지역에는 마트 못지않은 층수의 대형 매장을 꾸릴 정도다. 최근에는 일용품을 넘어 과자, 즉석밥, 음료 등 가공식품 판매로 영역을 넓히고 있다.

5만 점포 편의점 성장사

국내 편의점의 효시로는 1989년 올림픽선수촌단지에 들어선 세븐일레븐 1호점을 꼽는데, 1992년 드라마 '질투'가 큰 인기를 거두면서 편의점 업계에 일대 전환을 가져온다. 최수종, 故 최진실 등 당대 청춘스타들이 출연한 이 드라마 속 연인들은 편의점에서 만나 컵라면을 먹으며 데이트를 즐겼다. 이내 편의점은 젊은 세대의 소비공간으로 급부상한다.

이후 경제성장에 따른 구매력 확대와 소비패턴 변화가 맞물리면서 편의점은 꾸준한 성장세를 보였고, 현재의 2강 2중 체제에 이른다. CU(舊 훼미리마트)와 GS25(舊 LG25)두 업체가 시장을 견인하고 있으며, 그 뒤를 세븐일레븐과 이마트24가 따르고 있다. 그밖에 군소 편의점까지 합치면 총 점포수는 약 5만 개에 달하는데, 인구수 대비로 따졌을 때 '편의점 왕국' 일본을 넘어선다.

이제는 '편세권'이란 말이 나올 만큼 편의점은 우리 생활에 가까워졌다. 최대 히트상품인 삼각김밥은 편의점 도시락으로 대체됐다. '1+1행사' '혜자스럽다' 등 가성비도 갖췄다. 택배, 현금인출, 비상약품 구비 등 지역 생활거점이라 해도 될 정도다. 편의점을 소재로 한 영화, 소설이 나오면서 문화 영역으로도 진입했다. 한편 불공정계약과 열악한 근무환경은 개선될 부분으로 지적된다.

현대가 왕자의 난

　역사적으로는 조선 초기 태조의 왕자들 사이에서 왕위 계승권을 둘러싸고 일어난 사건을 말하는데, 경제에서는 재벌가의 경영권 분쟁을 비유해 쓴다. 현대그룹 왕자의 난이 세간에 가장 널리 알려져 있으며 삼성, 롯데, 한진가에서도 비슷한 일이 있었다.

　때는 2000년, 현대그룹 창업주 정주영은 명예회장으로 경영 일선에서 물러난 상태였고 차남 정몽구와 5남 정몽헌이 공동회장으로 그룹을 경영하고 있었다. 장남 정몽필은 1982년 사고로 이미 세상을 떠난 터였다. 당시 정주영은 정몽구에게 자동차를, 정몽헌에게 건설·전자 부문을 물려줄 계획이었는데 정몽구 측에서 이를 받아들이기 어려웠던 것으로 전해진다.

　곧 형제 간의 다툼이 시작됐다. 정몽구는 정몽헌이 출장을 간 사이 그의 최측근에게 전보 발령을 지시했고, 복귀한 정몽헌은 다시 발령을 무효화하면서 정몽구의 공동회장직을 박탈하는 결정을 내린다. 이틀 후 정몽구가 아버지 정주영을 만나 회장직 복귀 명령을 받지만, 불과 몇 시간 뒤 정몽헌을 만난 정주영은 이전의 지시를 철회했다.

　마침내 정주영이 직접 정몽헌 단독 체제를 승인하며 왕자의 난은 마무리되었다. 정몽구는 현대차그룹을 만들어 왕국을 떠났고, 정몽헌은 현대그룹 회장직을 승계했다.

순환출자, 그리고 소버린의 등장

재벌 그룹이 계열사를 늘리기 위하여 사용하는 변칙적인 출자 방법을 말한다. 세 개 이상의 계열사가 서로 연쇄적으로 출자하여 자본금을 늘려 나가는 경우가 대표적이다. 예를 들어 자본금 100억 원을 가진 A사가 B사에 50억 원을 출자하고 B사는 다시 C사에 30억 원을 출자하며 C사는 다시 A사에 10억 원을 출자하는 방식으로 자본금과 계열사의 수를 늘린다.

A사는 이러한 순환출자를 통해 자본금 100억 원으로 B사와 C사를 지배하는 동시에 자본금이 110억 원으로 늘어나는 효과를 얻을 수 있다. 또한 특정인이나 특정 회사가 소수의 자본으로 자신이 보유한 자본 이상의 통제력을 발휘할 수 있기 때문에, 재벌기업들은 계열사를 늘리고 계열사를 지배하기 위한 수단으로 순환출자를 활용하기도 했다.

하지만 증가한 10억 원은 장부상에만 나타나는 거품일 뿐 실제로 입금된 돈은 아니다. 만약 B사가 부도나면 A사의 자산 중 50억 원은 사라지게 된다. 한 계열사가 부실해지면 출자한 다른 계열사까지 부실해지는 악순환이 발생할 수 있는 것이다.

국내 순환출자 사건으로는 단연 SK와 소버린 간 경영권 분쟁을 들 수 있다. 순환출자의 취약점을 적나라하게 보여준 순간으로, 일각에서는 외국계 투기세력의 농간에 당했다는 평가도 있으나 "비싼 수업료 치르고 체질 개선에 성공했다"는 입장도 있다.

변화의 흐름 놓친 LG 싸이언

'대형 화면, 터치, 바 형태'가 고정된 지금의 스마트폰과 달리 피처폰 시절에는 다양하면서도 기발한 형태의 휴대전화가 출시되었다. 싸이언 또한 성능과 디자인을 모두 갖춘 제품으로 시장 공략에 나섰는데, 대표적으로 초콜릿폰과 프라다폰을 들 수 있다.

이른바 블랙라벨 시리즈로 출발한 초콜릿폰은 당시 중저가 브랜드 취급받던 싸이언의 고급화에 크게 기여했다. 비교적 높은 가격임에도 불구하고 디자인과 성능을 갖춰 국내는 물론 해외까지 큰 흥행몰이를 했다. 프라다폰은 이탈리아 명품 브랜드인 프라다사와 합작해 출시했는데, 당시로는 획기적이라 할 수 있는 전면 풀터치 디자인을 적용했다.

노키아, 삼성전자에 이어 세계 점유율 3위까지 오를 정도로 강력해진 LG전자는 휴대전화 시장이 스마트폰으로 재편되면서 큰 위기를 맞는다. 특히 애플의 아이폰 출시 영향이 컸다. 경쟁사인 삼성전자의 경우 옴니아 브랜드로 대응했다가 큰 실패를 맛봤고, 절치부심 끝에 갤럭시로 변경해 현재는 글로벌 스마트폰 점유율 두 자릿수를 기록하고 있다. 한편 LG전자는 스마트폰이 아닌, 오히려 피처폰에 집중하는 모양새를 보였는데 이것이 패착이 됐다. 뒤늦게 스마트폰 브랜드 '옵티머스'와 'G' 시리즈를 내놓지만 적자는 계속됐고 2021년 휴대전화 시장 철수를 결정한다.

좌석별 가격차등제

2016년 3월, CGV는 좌석별 차등요금제를 도입했다. 이는 기존의 조조할인처럼 관람 시간에 따라 가격이 달라지는 게 아니라, 동 시간대 영화임에도 좌석별로 가격을 다르게 받겠다는 의미다. CGV는 이 제도를 통해 관객 선택폭이 확대될 것이라고 보았다. 구체적으로 CGV는 상영관 관람환경 분석 데이터를 기반으로 이코노미존, 스탠다드존, 프라임존을 나눴다. 그리고는 이코노미존은 1천 원 낮게, 프라임존은 1천 원 높게 가격을 책정했다. 이코노미존은 스크린에 가까운 좌석이며 그만큼 이곳을 선택한 관객은 더 낮은 관람료를 지불하는 셈이니 CGV의 주장은 타당해 보인다. 하지만 '사실상 관람료 인상'이나 다름없다는 비판의 목소리도 적지 않다.

상식적으로 생각해봐도 1천 원을 아끼기 위해 이코노미존을 선택하기보다는 관람환경이 좋은 프라임존을 선택하는 이들이 많을 것이다. 좌석 판매율이 낮은 평일 영화관람 관객만 생각해봐도 그렇다. 한 조사에 따르면 CGV는 점유 좌석당 약 430원의 가격인상 효과를 본 것으로 추정했다. 논란은 점차 커졌고 같은 해 8월 참여연대가 멀티플렉스 3사(CGV·롯데시네마·메가박스)를 담합 혐의로 공정위에 고발하기에 이르지만, 공정위는 무혐의 결정을 내렸다.

피로회복은 나, 박카스와 비타500

　동아제약의 박카스는 1961년 출시되었다. 60년이 넘는 시간 동안 한 자리를 지켰기에 종종 '국민 피로회복제'라고 불린다. 박카스의 특징은 단연 타우린에 있으나, 제품 성분을 강조하지 않는다. '젊음, 지킬 것은 지키자' '대한민국에서 ○○○으로 산다는 것'에서 알 수 있듯 오히려 우리 일상을 위로하고 격려하는 메시지를 전한다.

　박카스의 아성에 도전한 것은 2001년 광동제약이 출시한 비타500이다. 두 제품의 성분상 비교는 큰 의미가 없다. 타우린이 포함된 박카스와 달리 비타500은 비타민C가 풍부한 건강음료이기 때문이다. 실제로도 일반의약품으로 분류된 박카스는 약국에서만 구매할 수 있었고, 상대적으로 편의점 등에서 판매되는 비타500은 시장점유율을 빠르게 높여갔다. 이를 경계한 동아제약이 '진짜 피로회복제는 약국에 있습니다'라는 광고를 내걸 정도였다.

　'박카스 = 약국, 비타500 = 편의점' 구도가 깨진 것은 2011년 보건복지부 정책이 달라지면서부터다. 동아제약은 박카스를 '박카스D'와 '박카스F'로 나뉘어 두 시장을 공략했다. 먼저 약국에서 판매하는 박카스D는 타우린 함량이 높다. 반면 편의점에서 판매하는 박카스F는 타우린 함량을 낮추고 다른 성분이 들어간다. 그래서 박카스F는 일반의약품이 아닌 의약외품으로 분류된다. 또한 이 과정에서 박카스는 비타500과의 격차를 벌려 현재에 이른다.

초코파이 상표권 분쟁

1974년 동양제과(現오리온)는 초코파이를 출시한다. 당시 상표는 '오리온 초코파이'. 한편 1979년 롯데가 '롯데 초코파이'라는 상표를 등록한다. 롯데의 성장을 의식한 동양제과는 1997년 롯데의 상표등록을 취소해달라며 특허심판과 소송을 진행했으나 결국 패소한다.

재판부는 판결문에서 "'초코파이' 표장 자체는 원형의 작은 빵 과자에 마쉬맬로우를 넣고 초코렛을 바른 제품을 의미하는 것으로 일반 수요자에게 인식이 되며, 여러 제조회사의 초코파이 제품은 그 앞에 붙은 '오리온', '롯데', '크라운', '해태' 등에 의하여 제품의 출처가 식별되게 되었다고 보여지므로 결국 '초코파이'는 그러한 상품의 보통명칭 내지는 관용하는 상표로 되어 자타상품의 식별력을 상실하였다"고 판단하였다. 즉 동양제과가 20년간 다른 회사에 대해 아무런 문제를 제기하지 않아 초코파이라는 상표가 일반화한 만큼 이제 와서 독점적 사용을 주장할 수 없다고 본 것이다.

한편 롯데제과의 빼빼로 역시 상표등록무효소송이 발생했는데, 여기서는 롯데제과의 손을 들어줬다. 즉 '초코파이'는 보통명칭으로 인정했으나 '빼빼로'는 저명상표로 본 것이다. 저명상표는 업계에서 그 명칭을 함부로 사용할 수 없을만큼 가치가 높으나, 그 다음 단계인 보통명칭에 이르면 오히려 상표로서의 힘을 잃는다. 이 사건은 단순히 특허를 출원하는 것뿐 아니라 등록 후 적극적인 관리·대응도 중요함을 시사한다.

구글, 창립에서 IT 공룡이 되기까지

세계 최고의 검색엔진회사이자 MAGA(Microsoft, Amazon, Google, Apple)에 속하는 거대 IT 기업이다. 국내 기준으로는 여전히 네이버의 점유율이 압도적이나 이미 네이트와 다음을 제쳐 2위를 기록 중이다. 스마트폰 시장에서는 애플 iOS와 양강체제인 안드로이드를 개발, 막강한 영향력을 행사하고 있다.

1998년 9월 미국 스탠포드 대학의 래리 페이지와 세르게이 브린이 만나 설립했다. 초기 사명은 Backrub이다. 과거 애플이 그랬듯 구글 역시 첫 시작은 작은 차고지였다. 이후 썬마이크로시스템즈의 앤디 백톨샤임을 만나 10만 달러를 받으면서 정식 기업의 모습을 갖췄다.

구글 검색의 특징은 사용자 기반에 있다. 인용된 횟수가 높은 사이트들은 그만큼 사용자들이 선호하는 것이라 판단, 이를 알고리즘화하여 검색엔진에 적용했다. 이후 입소문이 나면서 사용량이 확대됐으며 '구글링'이라는 신조어가 나올 만큼 대대적인 인기를 끌었다.

2004년 8월 나스닥에 상장한 구글은 '인터넷 제국'으로의 전환을 시도한다. 2006년 유튜브를 인수했고 2008년 오픈소스 브라우저 크롬, 모바일 운영체제 안드로이드를 출시했다. 온라인 광고 플랫폼이 높은 수익을 창출할 수 있는 비즈니스 모델임을 증명한 것이다.

아마존은 어떻게 제국이 되었나

세계 최대의 온라인 쇼핑몰이자 빅테크 기업이다. 애플, MS, 사우디 아람코, 구글과 함께 세계 시가총액 5위권에 이르는 규모를 자랑한다. 창업주는 제프 베조스. 프린스턴 대학에서 컴퓨터와 전기공학을 전공했던 그는 금융사에 입사 후 부사장으로 승진할 만큼 빠른 일처리와 업무 능력을 보였는데, 어느 날 인터넷의 가능성을 알게 되고 곧 창업에 나선다.

인터넷에 첫발을 내딛은 그가 판매하기로 결정한 상품은 바로 책이었다. 그 이유는 어디서건 품질이 똑같고 배송이 간편하며, 아직까지 수많은 책을 한 곳에서 판매하는 서점(지금은 익숙해진 온라인서점)은 등장하지 않았다는 이유에서였다. 또한 애플의 스티브 잡스가 그랬듯, 베조스도 자신의 차고를 사무실 삼아 출발했다. 이때가 1995년이니, 지금의 위치에 있기까지 불과 30년이 걸리지 않은 셈이다.

아마존을 상징하는 키워드로는 M&A가 있다. 1998년 IMDb 인수를 시작으로 이듬해 신발 쇼핑 사이트 자포스, 2014년 게임 스트리밍 사이트 트위치, 2017년 식료품마트 홀체인에 이르기까지 마치 블랙홀처럼 빨아들이며 덩치를 키워나갔다. 그렇다 보니 'Amazoned(아마존 당한)'이라는 표현도 생겨났는데, 이는 특정 분야에 아마존이 진출하면서 해당 기업이 한순간에 몰락하는 것을 말한다.

월마트, 왕은 귀환할까

미국을 대표하는 할인점으로 창업주는 샘 월턴이다. 1945년 26세의 그는 잡화점을 인수해 유통업에 첫발을 내딛었고, 1962년 월마트를 창업했다. 월마트의 전략은 다름 아닌 박리다매. 현재는 미국 전역에 매장이 있으며 직원 수만 160만 명에 달한다.

월마트는 우리나라에도 진출한 경험이 있는데, 외국계 기업이 현지 공략에 실패한 대표적 사례로 거론된다. 대량 판매, 넓은 주차장, 창고형 진열에 익숙한 지금과 달리 당시 마트는 가정주부들이 저녁 반찬거리를 사러 오는 곳이었다. 농산물, 고기, 생선 등을 사려는 소비자에게 월마트는 "막상 가보니 살 게 없는" 장소일 뿐이었다. 진열대의 높이가 높은 것도 한국인의 체형을 고려하지 못했다는 지적이 나왔다.

한편 월마트는 온라인으로의 새로운 도전에 직면했다. 특히 아마존이 급성장하면서 '오프라인 월마트 vs 온라인 아마존' 구도가 형성된 것도 모자라 아마존이 월마트 매출을 넘어서기까지 했다. 코로나19의 영향이라고 볼 수 있겠으나, 사실 아마존은 꽤 오랜 시간동안 오프라인 진출을 계획했다. 월마트 역시 보고만 있지 않아서, 온라인에서 주문 후 매장에서 바로 수령해 가게끔 하거나 아마존프라임을 모방한 월마트플러스를 선보였다. 일각에서는 아마존의 우세를 점치나, 아마존의 독과점 현상을 비판하는 목소리가 커지면 월마트에게도 힘이 실릴 것이라는 의견도 있다.

실리콘밸리, 쇼클리와 8인의 배신자

트랜지스터 개발로 노벨물리학상을 수상한 윌리엄 쇼클리 박사는 당대 최고의 물리학자라는 명성만큼이나 괴팍한 성격으로 유명했다. 원래 벨연구소에 있던 그는 팀 내 불화가 심해지자 창업을 택했고, 젊은 연구원들을 모집한다. 하지만 이들과의 관계도 좋지 못해 결국 8명이 사직서를 제출하기에 이른다.

로버트 노이스, 고든 무어, 제이 라스트, 진 호에니, 빅터 그리니치, 유진 클라이너, 셸던 로버츠, 줄리어스 블랭크. '8인의 배신자'로 불린 이들은 페어차일드라는 사람으로부터 지원을 받아 반도체 회사를 차린다. 외부 자금을 받았으니 지금으로 따지면 벤처투자를 받은 셈인데, 벤처(venture, 모험)라는 우려가 무색하리만치 성공을 거둔다. 고온에도 안정적인 실리콘 집적회로 개발에 성공한 것이다. 이는 당시 소련과 우주 진출 경쟁을 다투던 NASA의 달 착륙 프로젝트에 결정적 기여를 한 것으로 알려져 있다.

배신자라는 낙인에도 불구, 오히려 그들은 사업 다각화를 위해 직원의 독립(창업)을 독려했다고 전해진다. 실제로 로버트 노이스와 고든 무어는 인텔을 창립했고, 다른 이들도 창업에 나서며 미국 반도체 시장을 견인했다. 1971년 저널리스트 돈 호플리는 이곳을 '실리콘밸리(실리콘칩 제조회사들이 모인 곳)'라 명명한다.

혁신의 아이콘, 스티브 잡스

미 최고 명문인 스탠퍼드대 졸업식 연단에 한 인물이 섰다. 그는 이 대학 동문은 아니었으며 심지어 대학을 졸업하지도 못한 인물이었다. 15분의 시간 동안 그는 자기 삶을 세 가지로 이야기했다.

"점을 잇는 것, 사랑과 상실에 관한 것, 죽음에 관한 것." 이 연설은 큰 화제가 되었고 현재까지도 많은 이에게 감명 깊게 본 연설 중 하나로 기억된다. 주인공은 바로 '혁신의 아이콘' 스티브 잡스다.

1976년 동료 워즈니악, 웨인과 함께 애플을 공동창업한 그는 최초의 개인용 PC로 평가받는 애플Ⅱ를 출시한다. 제품이 큰 성공을 거두면서 잡스 또한 상승가도를 이어가는 듯했으나 이후 출시한 제품이 신통찮은 반응을 보였고, 사내 임직원과의 다툼도 잦아졌다. 결국 자신이 영입한 존 스컬리(펩시콜라 사장 출신)에게 쫓겨나는 신세가 된다. 실패와 몰락의 충격에도 그는 굴하지 않고 다시 도전, 넥스트와 픽사를 경영하며 마침내 애플에 화려하게 복귀한다.

2001년 그가 선보인 작은 전자기기 '아이팟'은 음악의 혁신을 가져왔다. 2007년에는 그 유명한 '아이폰'을 출시하며 스마트폰 시대의 문을 열었다. 2010년 '아이패드'까지 잇따라 성공시키면서 그의 애플은 거대 IT 기업으로 성장하였다.

CPU의 상징, 인텔의 역사

사명(Integrated Electronics, 줄여서 인텔)에서 알 수 있듯 반도체 및 전 자장치를 생산하는 기업이다. 창업주는 고든 무어와 로버트 노이스. 여 담이지만 '무어의 법칙(반도체칩 성능이 18개월마다 2배씩 증가)'은 이 사람 의 이름을 딴 것이다.

CPU 시장에서 막강한 시장점유율을 보이는 지금과 달리 설립 당시 인텔은 메모리반도체에 주력했다. 하지만 80년대 일본의 저가공세가 이어지면서 존폐의 위기에 놓였고, 결국 메모리 분야에서 철수한다. 그 리고 집중한 게 CPU다.

인텔은 PC 시장의 성장을 예상했고, 이는 적중했다. 90년대 들어 PC 수요가 급증한 것이다. 인텔은 IBM을 비롯해 여러 컴퓨터 업체에 CPU 를 공급하면서 큰 이익을 거뒀으며 특히 OS(운영체제)를 공급하던 마이 크로소프트와는 "윈텔"이라 불릴 만큼 긴밀히 협력했다. "CPU는 인텔, OS는 마이크로소프트"라는 공식이 성립한 것도 이 시기의 일이다. 한 국에서는 펜티엄 브랜드를 홍보하면서 특유의 로고송으로 깊은 인상 을 남겼다.

자만심이 지나쳐서일까. 만년 2위에 그치던 AMD가 어느덧 인텔을 위협하는 수준에 이르렀다. 모바일 CPU는 퀄컴에게 뒤쳐졌다. 새로운 전략이 필요한 상황 속 인텔은 다시 한번 반도체 파운드리 시장에 도 전장을 내밀었다.

작은 거인 테슬라, 전기차로 날아오르다

미국의 자동차회사다. 사명은 전기공학자로 널리 이름을 떨쳤던 과학자 니콜라 테슬라에서 따왔다. 비교적 짧은 업력에도 불구, 전기차 시장에 선제적으로 진입하여 큰 관심을 모았다. 결과 역시 대단히 성공적이어서 글로벌 메이저 자동차 제조업체들과 어깨를 나란히 한다.

테슬라 창립자를 일론 머스크로 알고 있는 경우가 많은데 2003년 마틴 에버하드와 마크 타페닝이 창업했다. 이후 일론 머스크가 투자자로 참여했으며, 경영 성과를 두고 다툼이 일다가 마틴 에버하드가 테슬라를 떠나기에 이른다.

다소 어수선할법한 분위기 속에서도 전기차 개발은 계속됐고 마침내 2008년 세계 최초의 전기 스포츠카를 선보였다. 세계금융위기라는 상황 속 테슬라의 도전은 세계의 이목을 집중시켰다.

최근 테슬라 주가는 1천 달러를 돌파했다. 자동차 판매량은 토요타에 비할 바가 못되나, 시가총액으로는 크게 앞지른지 오래다. 투자자들은 애플이 아이폰을 내세워 피처폰 시장을 뒤흔들었듯 테슬라의 전기차가 자동차업계의 변화를 선도할 것이라 기대한다.

다만 전망이 꼭 밝은 것만은 아니다. 충전 시설의 부족, 사고 시 막대한 수리비는 전기차의 현주소를 여실히 드러내고 있다. 대량생산의 경험 부재, 경쟁업체의 경쟁 등은 테슬라가 풀어나가야 할 과제다.

브릭으로 세운 장난감 왕국, 레고

덴마크의 장난감 회사이자 동명의 제품으로 유명한 레고는 1932년 올레 키르크 크리스티얀센이 창업했다. 본래 그의 직업은 목수였는데, 목공소를 운영하면서 자투리 목재로 장난감을 만들기 시작했다.

이 과정에서 성공을 감지한 그는 아예 장난감 업체를 차리기로 결심한다. 사명인 레고(LEGO)는 덴마크어로 '재밌게 놀자(Leg Godt)'에서 따왔다고 한다. 이때만 해도 레고는 지금의 플라스틱이 아닌 나무를 소재로 하였다. 그런데 나무는 무겁고 잘 부러지며, 무엇보다 불에 취약했다. 화재로 큰 손실을 경험했던 올레는 사출성형기를 들여와 플라스틱 장난감으로 영역을 넓혔다.

1963년 레고는 자사 제품에 대한 10가지 기본 규칙을 발표한다.

1. 무한한 놀이 가능성 2. 남녀 모두를 위함 3. 모든 연령에 맞음 4. 일년 내내 갖고 놀 수 있음 5. 건전하면서도 조용히 놀 수 있음 6. 오랫동안 놀 수 있음 7. 발전, 상상, 창의력 8. (레고가) 많을수록 가치도 커짐 9. 추가 세트의 이용 가능성 10. 세세한 부분까지의 품질이 그것이다.

그저 아이들 장난감을 만드는 일에 불과할 수 있으나 이 규칙은 대성공으로 이어진다. 놀고 싶어 하는 게 아이들 마음이라면, 그 과정에서 뭔가를 배우고 깨우치길 바라는 게 부모 마음이다. 레고가 아이들의 창의성 계발에 도움이 된다는 입소문이 나기 시작했고, 레고의 인기는 유럽을 넘어 전세계로 확대된다. 본사가 있는 덴마크 소도시 빌룬은 공항이 들어설 정도로 크게 번창한다.

일본 시가총액 1위, 토요타

일본의 자동차회사로, 세계 자동차시장 점유율 1위의 대기업이다. 1937년 창립해 현재에 이른다. 본래 TOYODA라는 사명을 썼으나 외국 진출을 고려해 TOYOTA로 바꿨다는 말이 있다. 토요타에서 1966년 출시한 코롤라 모델은 세계에서 가장 많이 판매된 자동차이기도 하다.

JIT(just in time)는 토요타를 대표하는 생산방식이다. 생산에 필요한 인력, 설비를 필요한 만큼만 유지하고 이를 적시에 투입해 효율성을 높이는 것이 골자다. 단순히 규모의 경제를 실현해 이윤을 추구하는 대량생산과 달리, 재고비용을 최소화하고 작업 공정상 결함을 제거한다는 측면에서 큰 관심을 받았다.

한편 우수한 품질관리를 자부하던 토요타에도 위기가 찾아왔는데, 바로 2009년 대규모 리콜 사태다. 가속페달이 매트에 걸려 급가속화되는 결함으로 일가족이 사망하는 사건이, 그것도 다름 아닌 미국에서 발생한 것이다. 여기에 토요타의 미흡한 대응이 이어지면서 비난 수위는 높아졌고, 마침내 사고원인이 차량 결함으로 밝혀졌다.

토요타는 무려 1,000만 대에 가까운 리콜 및 수리 조치를 단행해야 했다. 다행히 위기를 넘겨 제1의 자동차기업 타이틀은 회복했지만, 이때의 사건은 토요타의 신뢰 실추로 기록된다.

투자은행, 골드만삭스

　미국의 은행은 크게 투자은행(Investment Bank)과 상업은행(Comme
rcial Bank)으로 분류한다. 투자은행은 그 성격이 증권업(리스크를 부담하
여 투자 및 수익 창출)에 가깝고, 상업은행은 전통적인 은행업(예대 마진 중
심의 안정적 운용)을 떠올리면 된다.

　골드만삭스는 미국을 넘어 세계적으로 손꼽히는 투자은행이다.
1869년 설립했으니 역사만 150년을 넘어서며, 각국의 수재가 모인 만
큼 높은 연봉을 자랑한다. 이 곳 출신 인사들이 미국 행정부 곳곳에 포
진해있어 골드만삭스가 아닌 '거버넌트삭스(Government Sachs)'라는
말도 생겨났다. 물론 좋은 의미는 아니라서, 미국 정부 경제정책이 특
정 기업의 입김에 휘둘린다는 점을 지적한 것이다.

　어쨌건 수익을 창출하는 것이 목적이다 보니 비판의 목소리가 꽤 있
다. 대표적으로 2010년 미국 증권거래위원회(SEC)에서 골드만삭스를
사기 혐의로 기소한 것, 2001년 유로 가입을 앞두고 그리스의 통계와
회계장부를 조작한 것 등이다. 우리나라는 외환위기 당시 소주업체 진
로의 재정자문을 골드만삭스가 담당했는데, 이 과정에서 얻은 정보로
채권을 사들여 경쟁사인 하이트에 매각하고 1조 원 가까운 차익을 거
뒀다는 비판이 있다.

세기의 라이벌, 포드 vs GM

포드, GM, 크라이슬러. '디트로이트 빅3'로 불렸던 이들 완성차 기업은 지난 한 세기 미국 자동차 산업을 지배했다. 그중에서도 포드와 GM은 업계 1위 자리를 놓고 오랜 라이벌 구도를 형성했다. 포스 머스탱과 GM 카마로, 포드 링컨과 GM 캐딜락이 그렇다.

첫 승자는 포드였다. 포드 창립자이자 '자동차 왕'으로 불렸던 헨리 포드는 컨베이어 벨트를 이용, 모델 T를 내놓으면서 자동차 대중화 시대를 열었다. 단일 모델에 단일 색상임에도 불구하고 기존 자동차의 절반도 안 되는 가격이다 보니 주문은 물밀듯이 밀려왔다. 모델 T는 그야말로 미국의 전 도로를 장악하기에 이른다.

한편 시간이 지나며 모델 T가 주춤거렸다. 보다 새로운 것을 원하는 소비자의 욕구를 채우지 못한 탓이다. 그러던 사이 GM은 알프레드 슬론이 경영을 맡는다. 그는 자동차의 대중화보다 차별화 전략에 주목했다. 소비자의 연령과 소득 등을 파악해 쉐보레, 뷰익, 캐딜락 등 자동차 라인업을 구성했다. 또한 새로운 모델을 짧은 기간 내 선보이는 전략을 통해 자동차를 계속 사게끔 만들었다.

이를 슬론의 이름을 따 '슬로니즘(고의적 진부화, 끊임없이 신제품을 내놓아 소비자들의 지갑을 열게 만드는 전략)'이라고 한다. GM은 포드를 꺾고 업계 1위로 올라선다.

아디다스와 나이키의 마케팅

스포츠 브랜드로 유명한 아디다스는 1949년 독일에서 설립했다. 창업자는 아돌프 다슬러이다. 참고로 그의 형 루돌프 다슬러가 설립한 기업이 푸마(PUMA)다. 당초 두 형제의 이름을 딴 다슬러 형제 신발 공장을 차렸는데, 의견 차이로 갈라섰다. 그래서 아디다스의 설립을 이 시기(1924년)로 보기도 한다.

아돌프 다슬러 본인이 운동선수였던 만큼 그는 항상 최고의 운동화를 만들고자 노력했다. 선수가 사용하기 전에 손수 점검했다는 일화는 유명하다. 이러한 경영 철학은 곧 빛을 발하는데, 1928년 암스테르담 올림픽에서 아디다스 운동화를 신은 선수가 수상하며 명성을 얻는다.

1936년 베를린 올림픽에서는 아돌프 다슬러가 직접 제시 오언스(미육상 4관왕, 훗날 흑인 민권 운동에 참여)를 찾아가 아디다스 운동화를 신어줄 것을 권했다. 아디다스는 적어도 1970년대까지 세계 스포츠시장을 견인했다.

한편 후발주자 나이키는 1964년 미국에서 설립했다. 처음에는 주로 일본 운동화를 수입해 판매하다가 1971년에야 자체 생산에 나섰다. 한때 리복(Reebok)의 경쟁에 밀리기도 했으나, 마이클 조던과 론칭한 에어 조던 시리즈가 큰 성공을 거둔다. 그 밖에도 마케팅, 기업 합병 등에 적극적으로 나서면서 현재는 아디다스를 멀찌감치 따돌린 상태다.

인터넷 원조 '야후', 역사 속으로

　미국의 포털 사이트로 당시 스탠포드 학생이었던 제리 양과 데이비드 필로가 만들었다. 처음에는 논문 작성에 필요한 사이트들을 알아보기 쉽게 정리할 목적으로 만들었는데, 대학 내에서 큰 인기를 끌었다.

　실제로도 기사 및 콘텐츠 중심으로 배치된 지금의 포털과 달리 초기 야후는 분야별로 정보를 제공했다. 때문에 키워드 검색보다 디렉토리 분류라는 성격이 강하다.

　1997년 야후 한국 지사가 설립하면서 본격적인 사업에 나섰는데, 기존 포털에 비해 메일·뉴스·쇼핑 등 폭넓은 콘텐츠를 제공했다. 때문에 한국에서 야후가 갖는 지위는 '포털의 원조'격이다. 물론 야후 이전에도 포털이 있었지만 그 인기가 비교하기 어려울 정도로 높은 시장 점유율을 기록했다. 네띠앙, 심마니, 엠파스, 라이코스, 천리안 등 포털 간 치열한 다툼 속에서도 안정적인 운영을 이어나갔다.

　한편 2000년대 들어 국내 포털 지형에 변화가 인다. 경쟁사인 다음(Daum)은 한메일, 카페 서비스를 개시하며 온라인 커뮤니티를 구축했다. 네이버(Naver)는 지식in 서비스로 색다른 검색결과를 선보였다.

　이렇듯 경쟁사의 공세가 이어졌음에도 야후는 이렇다 할 서비스 개선이나 변화를 보여주지 못했다. 결국 2012년 국내 서비스 종료를 선언하였으며, 미국의 야후 본사 또한 2017년 타 업체에 매각됐다.

130년 사진왕국, 코닥의 파산

"버튼만 누르세요. 나머지는 우리가 합니다."

당시 은행원이었던 창립자 조지 이스트먼은 사진 찍기를 좋아했는데, 어떻게 하면 복잡한 사진 기술을 단순화할 수 있을지 고민했다. 수많은 시행착오 끝에 마침내 그는 소형 카메라 생산에 성공했다. 1888년 코닥 창립은 사진 역사에 새로운 이정표가 세워지는 순간이었다.

이후 코닥은 편리하고 간편하게 사용할 수 있는 카메라로 자리매김하며, 사진으로 남기고 싶은 순간을 가리켜 '코닥 모멘트'라는 말이 나올 만큼 선풍적인 인기몰이에 나섰다. 코닥은 무려 100년 가까이 독보적인 강자로 군림했다. 1960~70년대 코닥의 브랜드 가치는 현재의 애플과 비슷했다고 볼 수 있다.

하지만 디지털카메라가 등장하면서 코닥은 큰 폭의 하락세를 맞게 된다. 흥미로운 것은 코닥의 기술력이 결코 뒤처지지 않았다는 점이다. 이른바 성공의 덫인데, 코닥은 디지털카메라의 마진이 적다는 이유로 기존 필름 사업에 주력했다. 캐논, 니콘의 승승장구를 지켜보면서 시장에 진입했지만 이미 때는 늦었다. 2012년 1월, 코닥은 결국 파산 보호를 신청했다. 130년 전통의 코닥은 그렇게 카메라 역사의 뒤안길로 사라졌다.

모불모불 모불모불 맛좋은 라면 라면이 있기에 세상 살맛나
하루에 10개라도 먹을 수 있어 후루룩 짭짭 후루룩 짭짭 맛좋은 라면
맛좋은 라면은 어디다 끓여 구공탄에 끓여야 제맛이 나네
후루룩 짭짭 후루룩 짭짭 맛좋은 라면
　　　　　　　　　KBS 애니메이션『아기공룡 둘리』삽입곡「라면과 구공탄」가사

6
기억 속 경제

베이비 붐 세대

전쟁 후 베이비 붐의 사회적 경향에서 태어난 세대로, 미국에서는 제 2차 세계대전 후부터 1960년대에 걸쳐서 태어난 세대를, 우리나라에 서는 전후 세대, 특히 1955~1963년에 태어난 세대를 이른다. 인구 추이로 봤을 때 1974년생까지 포함하는 경우도 있다. 이 시기 한 해 출생아 수는 약 90만 명으로, 1960년 한 해에만 108만 명을 기록했다. 현재의 30만 명(그마저도 감소해 최근에는 20만 명대)에 비교해보면 무려 4배를 넘는 규모다.

1967년 당시 초등학교 학급당 학생 수는 64.8명이었지만 현재는 22.1명까지 떨어졌다. 2017년에는 서울에서 첫 초등학교 폐교 사례가 나왔다. 반면 열에 한둘이 가던 대학 진학률은 90%를 웃돈다. 고졸은 평균 학력이 아닌, 저학력이 됐다. 그 밖에도 30대면 노총각, 노처녀 딱지가 붙었지만 지금은 결혼 적령기다.

베이비 붐 세대에게는 경제성장과 민주화 모두를 달성했다는 자부심이 있다. 따라서 편안한 노후가 마땅하겠지만 현실은 그렇지 못하다. 부모 봉양이 당연했던 그때와 달리 지금은 자녀 눈치를 봐야 한다. 일자리 대부분은 단순노무에 저임금, 계약직이다. 국민연금은 노후 보장에 턱없이 부족하며, 아예 수급권이 없는 자도 300만 명에 달한다.

우량아 선발대회

동네 사진관마다 진열장에 벌거벗은 아기 사진이 걸려 있던 때가 있었다. 특정 신체 부위를 가리지도 않은 채 말이다. 지금에 와서는 이해하기 어려운 풍경이지만 당시 부모 세대에게는 우리 아기 사진이 걸렸다는 게 하나의 자랑거리였다. 잘 먹여 포동포동 살이 오른 아기 모습을 보는 것만으로도 위안이 됐던 시절이다.

우량아. 사전적으로 영양과 발육 상태가 매우 좋은 아기를 뜻하는 이 말은 일제강점기 일본인 아기와 조선인 아기를 비교하면서 그 의미가 크게 달라졌다. 경제적으로 열악한 조선인으로서는 어떻게든 아이를 잘 먹이는 게 중요했다. 해방 후에도 이런 인식은 사라지지 않았다. 그랬던 것이 1970년대 남양유업이 '우량아 선발대회'를 개최하며 전국적인 관심을 받는다. 상업적 목적이 있음에도 장차 우리나라를 이끌 아기를 건강하게 키우자는 의미가 강해, 1회 대회 때는 육영수 영부인이 참관하기도 했다.

연인원 2만 명에 달할 만큼 높은 인기를 누렸으나 점차 사그라졌다. 일단 경제가 성장하면서 먹고 살 걱정은 줄어들었다는 게 첫 번째 이유였고, 단순히 몸무게가 많이 나가면 우량아로 보는 시선이 변한 게 두 번째 이유다. 그럼에도 "우리 아이들은 굶주리지 않게 잘 키우자"라는 이 시기 부모들의 마음만큼은 추억거리로 남아있다.

국내 최장수 드라마, 전원일기

1980년 10월부터 2002년 12월까지 무려 22년 2개월간 방영된 작품이다. 비슷한 드라마였던 KBS 「대추나무 사랑걸렸네(1990.09~2007.10)」와 비교하면 5년이 더 길고, 출발 시기만 놓고 보면 전국노래자랑보다도 한 달 빠르다. 급속한 시대적 변화에도 불구, 농촌의 모습을 잘 담아냈다는 평가를 받으며 국민 드라마 반열에 올랐다.

극 중 배경인 양촌리 생활을 주로 다뤘기에 전반적으로 평화로우나, 종종 농촌의 현실을 고발하는 주제를 다뤘다. 도시에 자리 잡지 못하고 돌아온 도시 빈민, 사룟값 폭등으로 더 이상 소를 키우지 못하게 된 처지를 비관, 결혼하지 못한 농촌 총각 문제 등이 그랬다. 그밖에 지금 세대가 봤을 때 꽤 충격을 받을만한 장면도 있다. 남편이 밥상을 뒤집는 것은 예사고 설거지와 집 청소를 모두 여성이 도맡아 하는 가부장적 요소다. 그 밖에도 장남만 가르치고 나머지는 농사를 짓게 해 부자간 다툼이 일기도 한다. 지금 같으면 아예 촬영조차 힘들었을 것이다.

한편 이 작품으로 김포의 양촌읍이 애먼 오해를 받기도 했는데, 김포 개발이 본격화되면서 이곳에 아파트가 들어서기 시작했다. 당초 '(김포) 양촌지구 신도시'였던 것이 지역 주민의 반대에 부딪혀 '한강신도시'로 바뀌었다. 전원일기의 영향으로 자칫 농촌으로 비칠 것을 우려해서다.

영자의 전성시대

　1973년 조선작이 쓴 소설로, 산업화 물결 속 상경을 택했던 한 여성의 비참한 현실을 담고 있다. 가난한 시골 집안의 맏딸로 태어난 영자는 동생들 학비와 가족 생활비를 마련하고자 서울로 상경, 부잣집의 식모로 일한다. 근처 가게에서 일하던 창수와 사랑에 빠지나 그것도 잠시뿐 창수는 군에 입대한다. 그사이 영자는 주인집 아들에게 강간을 당하고, 이 사실을 안 주인에게 쫓겨난다.

　아는 언니의 도움으로 봉제 공장에서 일했으나 봉급은 턱없이 적었고, 술집에서 접대 일도 해보지만 잘 적응하지 못한다. 그러다가 버스 안내양 일을 시작하는데, 그만 교통사고를 당해 팔 한쪽을 잃는다. 절망한 그녀는 산재보상금을 모두 가족에게 보낸 후 자살을 시도하나 그마저도 실패하고, 종국에는 창녀가 되고 만다.

　본 소설에 대한 평가와는 별개로 실제 이 시기 여성이 할 수 있는 일이라고는 공장에 취업해 고된 노동을 견뎌 내거나 남의 집에 식모로 들어가는 것, 아니면 버스 안내양 정도가 전부였다. 여기서도 밀려난 이들이 갈 곳은 향락산업이었다. 끝으로 소설의 결말이 궁금할 것이다. 동명의 영화에서는 비교적 열린 결말을 택하나, 소설 속 영자는 화재가 발생해 그 속에서 타죽는다.

소주, 삼학과 두꺼비

진로의 역사는 1924년 평남 용강군의 진천양조상회에서 출발한다. 진로라는 이름은 '맑은 물로 빚은 술'이라는 뜻이다. 초기 상표는 두꺼비가 아닌 원숭이였는데, 서북 지역에서 원숭이는 사람의 말을 이해하고 생김새도 비슷해 영물로 여겨졌다고 한다. 지금의 두꺼비로 바뀐 것은 한국전쟁 발발 이후다.

1965년 희석식 소주 시장에 뛰어든 진로는 대대적인 마케팅을 펼친다. 지금도 떠올리는 CM송 '야야야 야야야 차차차'의 대히트, 진로 소주 뚜껑을 가져오면 재봉틀과 금두꺼비를 주는 소위 '왕관 회수 작전', 소주 행상들을 대상으로 매일 진로 소주를 마시는 '밀림의 바'까지. 마침내 진로는 삼학을 제치고 소주 시장 1위에 등극한다.

한편 1960년대 소주 시장 부동의 1위는 목포 삼학소주였다. 이난영의 〈목포의 눈물〉 가사에도 나오듯이 삼학이라는 이름은 삼학도를 딴 것이다. 전국을 호령하던 삼학은 1971년 탈세라는 명목 아래 검찰 수사를 받게 되는데, 돌연 부도처리 된다. 시절이 시절인 만큼 호남 기업인 삼학이 정권의 미움을 받았다는 설도 나돌았다. 어쨌건 삼학의 몰락은 진로에는 절호의 기회였고, 현재까지도 진로는 국내 소주 시장을 평정하고 있다.

막걸리 수난의 역사

우리나라 전통주의 하나다. 쌀에 누룩을 첨가한 후 발효시켜 만드는데, 막 걸러내서 막걸리라고도 한다. 도수가 높지 않음에도 한 모금 두 모금 들이키다 보면 자기도 모르게 취하는 술로도 알려져 있다.

과거 농번기에는 막걸리가 농민의 기운을 돋궈주는 노동주 역할을 했다. 지금에야 소주와 맥주에 밀려난 감이 없지 않으나, 이 시기에는 집마다 막걸리를 담갔을 정도로 대중적인 술이었다. 같은 재료라도 누가 담그느냐에 따라 맛과 색깔에 차이가 있었다.

막걸리 수난의 시작은 일제강점기로 거슬러 오른다. 일제는 집에서 술을 담그는 것(가양주)을 금지하고 허가받은 양조장에서만 살 수 있게끔 했다. 대신 양조장에는 고율의 세금을 부과했다.

그 결과 집안 대대로 이어지던 술 전통의 맥이 대부분 끊어졌다. 해방 후 상황도 크게 다르진 않아, 쌀도 부족한 마당에 술을 담그는 건 어불성설이라 주재료인 쌀 대신 밀가루나 고구마를 썼다. 이는 막걸리의 주질이 나빠지는 계기가 된다.

이렇듯 막걸리가 외면받는 사이 시장은 소주와 맥주로 빠르게 대체됐다. 시간이 지나 점차 쌀이 남아돌면서 다시 쌀막걸리가 허용되었으나 예전만 인기를 얻진 못하고 있다.

춘천 닭갈비의 유래

　고추장 양념에 재운 닭고기와 고구마·떡·양배추·당근·파 등의 재료를 넣고, 철판에 볶거나 숯불에 구워 먹는 요리를 말한다. 막국수, 감자전과 더불어 춘천을 대표하는 닭갈비는 지역 명물을 넘어 닭갈비 프랜차이즈로 전국에 진출하였으며, 최근에는 치즈닭갈비 등 메뉴 다양화로 해외 시장까지 공략 중이다.

　닭갈비의 유래는 여러 가지가 있는데 그중 가장 유력한 것을 소개하자면 다음과 같다. 춘천에서 돼지갈비 가게를 운영하던 한 상인(김영석 씨)이 돼지고기를 구하기 어려워지자, 닭 2마리를 산 뒤 이를 돼지갈비처럼 양념해 연탄불에 구워 팔았다. 즉, 닭의 갈비(계륵)로 만든 요리가 아니라 닭의 고기를 돼지갈비 만들 듯이 시도한 셈이다. 그래서인지 처음에는 닭갈비가 아닌 '닭 불고기'라는 이름으로 판매했다고 전해진다.

　그렇다면 왜 춘천일까. 당시 춘천에는 인근 군부대에 납품하는 양계장과 도계장이 여럿 있어 닭고기 수급에 안정적이었다. 또한 고기를 먹은 후 남은 양념에 밥까지 비벼 먹으면 든든히 한 끼를 해결할 수 있다 보니 별명이 '서민갈비' '대학생갈비'일 정도였다. 한편 춘천시는 1996년부터 춘천막국수닭갈비축제를 개최해 먹거리를 통한 지역 관광에 힘쓰고 있다.

옛날 도시락, 분홍 소시지의 추억

소시지는 으깨어 양념한 고기를 돼지 창자나 인공 케이싱(소시지 반죽을 채워 넣는 얇은 막)에 채워 만든 것이다. 지금에야 '쏘야(소시지 야채 볶음)'라는 레시피가 있을 만큼 큰 인기를 누리고 있지만, 처음부터 그랬던 것은 아니다. 가축 도살 후 먹기엔 부담스럽고 버리기엔 아까운 부위들을 모아 소시지로 만들었다. 우리로 따지면 순대나 머리 고기와 비슷한 셈이다. 시간이 지나며 먹거리가 풍부해지고 위생이 개선되면서 지금의 소시지로 완성됐다.

분홍 소시지는 어육(생선 살)을 주성분으로 한다. 그래서 가공육(고기)은 아니다. 단지 소량이나마 육류가 들어가긴 해서 어묵이 아닌 어육으로 분류하는 것이다. 먹거리가 부족하던 시절 돼지고기를 대체하는 식품으로 개발되었으며, 1963년 평화상사(現 진주햄)에서 처음 생산·판매하기 시작했다.

고기반찬이 아님에도 불구하고 분홍 소시지는 귀한 취급을 받았다. 기성세대라면 누구나 분홍 소시지에 계란을 입혀 먹은 기억이 있을 정도다. 학생들 도시락 메뉴 1순위였으며, 명절에는 상차림으로 올라갔다. 제품을 출시한 진주햄은 큰 성공을 거뒀으며 이후 '천하장사'라는 스틱형 제품도 개발한다. 한편 경제가 성장하면서 분홍 소시지는 정통 소시지에 지위를 내줬고, 이제는 추억의 도시락에서나 볼 수 있는 수준이 됐다.

쌀, 됫박과 평미레

'되'와 '말'. 요즘엔 거의 쓰지 않는 단위다. 간단히 설명하자면 1되는 약 1.8리터 정도다. 홉 - 되 - 말 순으로 10홉은 1되가 되고 10되는 1말이 되는 식이다. '됫병 소주'를 예로 들면 약 1.8리터 정도인데, 지금 소주 한 병(360mL)이 7잔 정도 나오니 됫병 소주를 다 마시려면 무려 30잔을 넘게 부어야 한다. '말술'은 18리터다. 이쯤 되면 가히 주당이라 할 만하다.

이제 쌀 이야기를 해보자. '됫박'은 됫바가지의 준말로, 쌀이나 콩 같은 잡곡을 담은 나무 재질의 사각형 그릇이다. 1960~70년대는 물론이거니와 산업화가 한창이던 1980년대까지도 흔하게 볼 수 있었다. 하지만 대형마트의 등장과 온라인 주문이 일상화되면서 쌀가게는 점차 밀려났고, 됫박 역시 자취를 감췄다. 이제는 됫박이라고 하면 아예 무슨 말인지 못 알아듣는 이가 더 많을 것이다.

'평미레'는 원통 모양의 방망이다. 쌀가게 고무대야에 가득 담긴 쌀을 됫박으로 담으면, 그 위를 평평하게 밀어 양을 정확히 재는 용도로 쓰였다. '되가 후한 집'은 평미레질 끝에 쌀을 남겨줬다. 한 가지 흥미로운 것은, 이렇게 돈을 주고 쌀을 사는 걸 가리켜 어른들은 "쌀을 판다"고들 했다. 다른 물건은 다 사면서도 왜 쌀은 판다고 했을까 싶지만, 이 말마저도 점차 사라지고 있다.

'아모레 아줌마'를 아시나요

　방문판매 제도란 기존의 거래방식과 정반대로 판매원이 소비자를 직접 찾아가는 영업방식을 말한다. 지금에야 익숙하지만 1960년대에는 그야말로 파격이었다. 그 시작에 국내 화장품 기업의 선두 주자인 태평양화학(現 아모레퍼시픽)이 있다.

　태평양 창업주 서성환은 어머니가 동백기름을 짜 화장품을 만드는 것에 착안, 1945년 태평양화학을 세웠다. 처음에는 타 기업과 마찬가지로 지정판매소를 통해 판매했으나 곧 한계를 느꼈고 이에 방문판매 제도를 선보인다. 그리고 이것이 주효하면서 태평양은 큰 성공을 거둔다.

　한편 야쿠르트 아줌마가 그렇듯 아모레 아줌마 역시 '아줌마'라는, 기업 경영에 있어 그다지 선호하지 않을 법한 이름이 붙여졌는데 여기에는 그럴만한 사연이 있다. 1960년대만 해도 여성이 할 수 있는 일자리는 많지 않았으며 이마저도 '여성 가장'에게는 주어지지 않았다. 고작해야 식모살이, 삯바느질이 전부였다.

　한국전쟁의 여파로 미망인만 37만 명에 달했던 시절, 태평양은 이들에게 '아모레 아줌마'라는 이름의 일자리를 제공해줬다. 남편을 잃고 어린 자녀를 키워야 했던 상황 속에 태평양은 큰 힘이 됐다. 이들은 친근한 미소와 붙임성으로 주부들에게 다가섰고, 그렇게 번 돈으로 어렵던 시절 자녀를 가르치고 생계를 꾸릴 수 있었다. 태평양 또한 국내 최고의 화장품 기업으로 성장할 수 있었다.

그때 그 시절, 야간통행금지

자정부터 새벽에 이르는 시간 동안 통행을 금지했던 제도이다. 줄여서 '통금'이라고 한다. 1945년 미군정기 치안 확보와 질서 유지를 목적으로 시행했다. 한국전쟁 이후에는 전국으로 확대됐다.

사이렌이 울린 후 통행하다 적발되면 유치장 신세를 져야 했다. 그래서 통금이 가까워지면 사람들은 마시던 술자리를 끝내고 부랴부랴 집으로 향했다. 통행금지를 앞둔 시간대에는 대중교통이 북새통을 이뤘다. 통금에 쫓긴 택시가 과속하다 사고를 내는 일도 있었다. 물론 예외도 있는지라 신정, 부처님오신날, 크리스마스에는 통행금지를 해제해 줬다. 이 시기 심야의 자유를 만끽할 수 있는 몇 안 되는 날이었다.

야간통행금지는 1980년대 들어 전면 해제되는데, 1981년 서울올림픽 개최 확정 소식이 결정적이었다. 야간통행을 금지하면서 국제행사를 치를 순 없었기 때문이다. 결국 1982년 전면 폐지되기에 이른다. 통금을 알리던 사이렌 소리도 더는 들리지 않았다. 통행증은 이제 박물관에서나 볼 수 있게 됐다.

야간통행금지 폐지의 효과는 바로 드러났다. 골목길마다 포장마차가 자리했으며, 식당은 새벽까지 장사를 이어갔다. 편의점, 찜질방 등 24시간 영업점이 확대됐다. 특히 도심 뒷골목의 불은 꺼질 줄을 몰랐다. 한편 유흥업소가 들어서고 퇴폐적인 문화가 조성되는 부작용도 발생했다. 비행 청소년 문제에도 영향을 줬다.

과외 금지 조치, 여전한 사교육 열풍

'돼지맘'이라는 말이 있다. 교육열이 매우 높고 사교육에 대한 정보에 정통하여 다른 엄마들을 이끄는 엄마를 뜻한다. 주로 학원가에서 어미 돼지가 새끼를 데리고 다니듯이 다른 엄마들을 몰고 다닌다고 하여 이렇게 부른다. 다른 나라에서는 이해하기 힘든 모습이지만, 그만큼 한국의 교육열은 절대적이다. 지금은 그나마 대학에 가기 위해서지만 과거에는 중학교를 보내는 것만도 입시전쟁과 같았다.

한때 정부가 나서 사교육을 금지한 적이 있다. 1980년 교육개혁조치가 그것이다. '누구든지 과외 교습을 하여서는 아니 된다'라는 내용을 담은 이 정책은 사교육비를 절감시키는 효과를 거뒀다. 하지만 전반적인 학력 저하 현상이 나타났고, 불법 과외는 여전히 성행했다. 결국 자녀 교육권과 인격 발현권 침해 등의 이유로 위헌 결정을 받기에 이른다.

한편 통계청의 '2019년 초중고 사교육비조사' 결과에 따르면 사교육비 총액은 약 21조 원이며, 1인당 월평균 사교육비는 32만 원을 기록했다. 자사고·특목고 진학을 준비하는 가정일수록 사교육비 지출도 높게 나타났으며, 시도 간 사교육 격차는 2.5배로 나타났다. 과도한 사교육을 막을 수도 없지만 그렇다고 방치할 수도 없는 일. 해법은 사회구성원 협의를 통한 교육제도 전반의 개편이나, 말처럼 쉬운 일이 아니다.

버스 회수권, 토큰

사실 회수권은 요즘 잘 쓰지 않는 말이다. 하지만 예전 그러니까 1970~80년대에만 해도 버스 회수권이 지금의 교통카드 구실을 했다. 껌 크기만 한 종이에 '중고생' '일반'이라는 큼지막한 글자와 요금, 그리고 도장이 찍혀 있었다. 작게는 10장에서 많게는 30~60장 단위로 판매했다. 회수권 도입으로 승하차 시간이 단축되는 효과가 있었지만 위조 문제도 적지 않았다. 재사용이 불가한 것도 단점으로 지적됐다.

1977년에는 동전 모양의 토큰이 등장했다. 토큰은 회수권에 비해 위조 가능성이 작으며 금속 재질이라 훼손될 우려도 적었다. 간편한 휴대를 위해 토큰 가운데에 구멍을 뚫어 무게도 낮췄다. 무엇보다 이 시기 여차장(버스 안내양)이 요금을 빼돌린다는 이유로 몸수색을 받는 일이 비일비재했는데, 성희롱을 넘어 알몸 수색까지 벌어질 정도였다. 토큰 도입 배경에는 이러한 문제를 막는 목적도 있었다.

한편 지하철이 들어서며 마그네틱 띠가 새겨진 승차권을 발매했는데, 승차 시 개찰구 기계 안에 넣었다가 다시 빼는 방식으로 검표가 이뤄진다. 이후 기술이 발전하면서 교통카드가 등장했고, 카드를 충전해 쓰는 방식이 보편화되기 시작한다. 회수권과 토큰은 점차 사라졌고, 2014년 전국을 대상으로 한 교통카드 서비스가 시행되었다.

무선호출기, 삐삐

정식 명칭은 무선호출기이다. 전화로 무선호출기 번호를 누르면 '삐삐'하는 소리가 울려서 지금의 이름을 얻게 됐다. 서양에서도 정식 명칭인 페이저(Pager)를 제쳐두고 호출음을 따서 '비퍼(Beeper)'라 부른 것을 보면, 별명 붙이는 건 어디나 비슷한 모양이다.

삐삐는 90년대를 상징하는 아이콘 중 하나다. 휴대전화가 생소했던 시절 삐삐는 외출 필수품이었다. 저렴한 가격과 작은 크기, 간편한 이용법이 주목받았다. 무엇보다 숫자로 메시지를 전할 수 있다는 데 관심을 끌었다. '1004(천사)', '17171771(뒤집으면 I LUV U)', '7942(친구사이)', '982(굿바이)', '8253(빨리오삼)'과 같은 숫자암호가 유행했다. 검고 투박한 외관 역시 점차 다양한 색과 독특한 형태로 출시되면서 삐삐는 패션 아이템으로도 각광받았다.

삐삐의 영광은 오래가지 못했다. 한때 1,500만 명을 넘어서던 삐삐 가입자 수는 1998년 휴대전화에 추월을 허용했다. 휴대전화 보급이 확대되며 이용요금이 크게 낮아진 탓이다. 2000년대 들어서 급감한 삐삐 시장은 2009년 마지막 사업체마저 서비스를 종료하면서 역사 속으로 사라졌다. 한편 삐삐 제조업체들은 새로운 돌파구를 찾는데, 식당이나 카페에서 볼 수 있는 진동벨이 그것이다.

브랜드를 각인하라, 로고송

"김대중과 함께라면 든든해요 / 경제통일 책임질 수 있어요 / 준비되어 있는 우리 대통령 / DJ로 만들어봐요"

1997년 대선에서 김대중 후보는 가수 DJ DOC의 노래를 선거 로고송으로 활용했다. 제목은 'DJ와 춤을'. 김종필, 박태준 등 거물급 인사가 직접 출연하는 것도 이례적이었거니와 김대중 후보 자신이 율동에 맞추는 모습을 보였다. 이 로고송은 젊은 층으로 하여금 당시 74세라는 적지 않은 나이의 김대중에게 갖는 이미지를 크게 개선했고, 현재까지도 역대급 정치 로고송으로 평가받는다.

로고송의 중요성은 비단 정치뿐 아니라 기업 제품 또는 브랜드 구축에서 잘 드러난다. 이를 CM송이라고도 하는데, 삼립호빵이 대표적이다. 호빵을 좋아하지 않는 사람도 "찬바람이 싸늘하게 두 뺨을 스치면~"을 듣고는 "따스하던 삼립호빵 몹시도 그리웁구나~"로 따라 부를 정도로 큰 인기를 끌었다. 무엇보다 '여름 = 아이스크림 먹는 계절'이라면 '겨울 = 호빵 먹는 계절'이라 할 만큼 겨울철 인기 제품으로 자리 잡았다.

대웅제약 우루사의 광고 "간 때문이야"도 빼놓을 수 없는데, 흥미로운 것은 우루사를 먹을 일이 거의 없는 아이들 사이에서 유행했다는 점이다. 여기에는 홍보모델이었던 차두리 선수의 역할도 컸다.

일확천금의 짜릿함, 복권

우리나라 최초의 복권은 1948년 런던 올림픽 참가비용을 모으기 위해 발행된 올림픽 후원권이다. 한국전쟁 당시에는 '애국복권'의 이름으로 발행되기도 했는데, 이름에서 알 수 있듯 전후 산업복구와 사회복지 자금 마련이 목적이었다.

복권 대중화의 붐을 일으킨 것은 한국주택은행이 발행한 주택복권이다. 임대주택 건설 등 저소득층 주거안정사업 기금 마련을 위해 발행했다. 주택복권이 처음 내건 구호는 "도와줘서 흐뭇하고 당첨돼서 기쁘다"로 일부 공백기가 있음에도 1969년부터 2006년까지 30년 넘게 발행했다. 무엇보다 추첨 시 "준비하시고, 쏘세요!"라는 말과 함께 날아간 화살이 과녁에 명중하는 극적인 연출도 더해지면서 인기를 더했다.

주택복권의 뒤를 이어 등장한 것이 바로 로또다. 한때 복권의 춘추전국시대라 할 만큼 다양한 복권이 발행됐지만 로또만큼의 열기를 가져오진 못했다. 2002년 첫선을 보인 로또에는 이월 규정이 있었는데, 당첨자가 나오지 않으면 당첨금액이 불어났다. 적게는 수십억 원에서 많게는 수백억 원까지 오르면서 누가 당첨될지를 두고 관심이 쏠리기도 했다. 역대 최고 당첨금은 407억 원이었다.

빨간 우체통의 추억

편지 등 우편물을 넣기 위해 설치한 통을 말한다. 우체통이 빨간색인 이유는 눈에 잘 띄고 신속하게 배달한다는 느낌을 주기 위함이라고 한다. 세계 공통은 아니라서 유럽은 대개 노란색, 미국은 파란색, 중국은 초록색 우체통을 사용한다. 일본은 우리와 같이 빨간색이다.

휴대전화 보급률이 높아지면서 공중전화가 점차 감소해 이제는 최소한의 공공 수요만 유지하듯이, 통신기술의 발전 및 전자우편·메신저와 같은 SNS가 보편화되면서 우체통 역시 그 수가 크게 줄어들었다. 한때 거리마다 하나씩 볼 수 있을 정도로 많았던 우체통은 5만여 개(1993년)에서 최근 1만 2,000여 개로 크게 감소했다. 그마저도 납부고지서, 기관 발송물 등이 다수를 차지한다. 다양한 색상과 크기의 편지 봉투 속 꼭꼭 눌러 담은 손 편지는 보기 드물다. 우푯값은 얼마인지, 심지어 우표 사 본 게 언제인지 기억하기도 힘들 만큼 정도로 우편 서비스에 대한 인식도 크게 낮아졌다.

우체통 관리에도 엄연히 비용이 드는 만큼 그 감소를 막을 수는 없다. 그럼에도 반가운 것은 시대가 변하면서 우체통의 모습이 달라지고 있다는 점인데, 바로 '느린 우체통'이다. 첫 시작은 2009년 인천 영종대교기념관에 설치하면서부터다. 이후 유명 관광지, 사찰, 공원 등으로 확대되었다. 느린 우체통의 특징은 일반 우편물과 달리 무려 1년 후에 도착한다는 점이다. 과거의 추억을 아날로그 방식으로 받는 셈이다.

아나바다 운동

1998년 외환위기 시절 등장했던 구호다. 본 명칭은 '아껴 쓰고 나눠 쓰고 바꿔 쓰고 다시 쓰자'이다. 특이하게도 자원을 절약하고 환경을 보호한다는 취지에서 시작된 게 아니라, 가계의 허리띠를 졸라 고통을 분담하고 위기를 극복한다는 성격이 강했다. 마치 금 모으기 운동으로 국민의 소중한 재산을 거둬들였던 것처럼 말이다. 그래서인지 외환위기를 극복한 이후엔 곧 흐지부지해졌다.

물론 외환위기처럼 나라 곳간이 텅텅 비어있는 긴박한 상황에서는 저축이 미덕인 게 맞다. 하지만 대개 경제가 좋아지려면 소비가 늘어야 한다. 그래야 공장이 돌아가고 일자리가 생기기 때문이다. 국민이 풍요로운 삶을 살기 위해서도 소비는 더더욱 늘어야 한다. '소비가 미덕'이라는 말도 같은 맥락이다.

한편 기후변화와 탄소중립 등 환경 문제가 날로 심각해지면서 아나바다 운동이 새롭게 조명받고 있다. 경제의 성장보다 지속가능성을 중요시하는 목소리가 힘을 얻기 시작했다. 변화는 여러 곳에서 관찰된다. 일회용품 줄이기, 중고물품 구매, 공유경제 등 크게 보면 모두 아나바다 운동의 일환이다.

우리 몸엔 우리 것, 신토불이 운동

1980~90년대 한국경제의 최대 화두는 단연 세계화였다. 고도성장이 이어지면서 삶은 윤택해졌지만 그만큼 개방의 압박도 거세졌다. 우루과이라운드 협상이 개시되면서 관심은 농산물 개방에 쏠렸다. 산업 구조상 뒷전으로 밀렸던 우리 농업은 값싼 수입 농산물 앞에 속수무책이었다. 이때 나왔던 구호가 신토불이다.

"몸과 태어난 땅은 하나이듯, 제 땅에서 산출된 것이라야 체질에 잘 맞다"라는 이 말은 우리 농산물 애용으로 번져나갔다. 당시 국민의 성원은 열정적이면서도 절박했다. 일제강점기 시절 물산장려운동을 벌였듯, 너 나 할 것 없이 우리 농산물 홍보에 나선 것이다. 동명의 가요가 히트를 기록한 것도 이 시기의 일이다.

신토불이 운동으로부터 근 30년의 세월이 지났다. 국내 농업도 여러 굴곡을 겪었음에도 우리 것이라는 소중함은 여전하다. 한 가지 달라진 점이 있다면, 그 대상이 우리 '나라'에서 우리 '지역'으로 변해가고 있다는 것이다. 바로 로컬 푸드다. 단순히 우리 지역 농산물 판매 또는 홍보에 그치지 않고, 지역 내 교류와 연대 크게는 지역 경제 활성화로 이어지길 기대한다.

그 많던 성냥은 어디로 갔을까

1669년 연금술을 연구하던 독일의 학자 헤닝 브란트가 '인'이라는 물질을 발견하면서, 인류는 불을 더 자유롭게 다룰 수 있게 된다. 다만 불이 너무 쉽게 붙고 위험하다는 한계가 있었다. 그러던 것이 1872년 영국의 발명가 존 워커에 의해 상품화에 성공한다. 불을 지피는 간편한 도구, 바로 성냥이다. 발화 물질을 바른 나뭇가지에 마찰을 가해 불을 붙이는 방식인데, 성냥을 영어로 'Match(맞추다)'라고 부르는 것도 성냥개비와 마찰 종이가 쌍으로 있어야 하는 데서 유래했다.

우리나라에 성냥이 들어온 시기는 대략 1880년경이며, 1917년 인천에 성냥 제조공장인 조선인촌주식회사가 최초 설립되며 보급이 확대됐다. 한때 전국 점포만 300여 곳을 넘고 수출까지 할 정도로 번성했다. 성냥은 휴지, 세제와 더불어 집들이 선물로도 주목받았다. 불씨처럼 번성하라는 뜻에서다. 이 시기 유엔, 아리랑, 비사, 기린표 등이 유명했다.

라이터가 출시되면서 성냥 산업은 점차 쇠퇴한다. 1980년 생산된 가스라이터 '불티나'는 성냥 시대의 종언을 고했다. 2014년경 마지막 업체마저 문을 닫았다. 스위치 하나면 불을 켜고 끌 수 있는 시대지만, 성냥의 중요성은 여전하다. 전기가 끊긴 극한의 조건에서 불을 지필 수 있기 때문이다. 최소한의 성냥 제조환경은 갖출 필요가 있다.

역사의 뒤안길로, 연탄

무연탄과 코크스, 목탄 등의 가루에 점결제를 섞은 후 굳혀 만든 연료를 말한다. 불에 잘 타게끔 구멍을 뚫는데, 그러면 공기와의 접촉 면적이 늘어나 화력이 강해진다. 구멍의 개수에 따라 9공탄(구공탄), 19공탄, 22공탄으로 나뉜다. 연탄이라는 이름은 처음 구멍탄이라 불렸던 것이 마치 연꽃을 닮았다 해서 붙이게 됐다.

우리나라에서 연탄이 쓰이기 시작한 것은 1920년대부터다. 연탄을 갈아줘야 하는 번거로움이 있었지만, 나무 땔감에 비할 바가 아니었고, 난방 연료가 대체되면서 덕분에 민둥산도 서서히 녹색 옷을 입기 시작했다. 타고 남은 연탄재는 빙판길에 뿌려 미끄럼을 막았으며 아이들은 연탄으로 눈사람을 만들었다. 이 시기 월동준비는 김장, 그리고 창고에 연탄을 비축해두는 일이었다. 한편 연탄을 피웠다가 일산화탄소에 중독되어 사망에 이르는 안타까운 순간들이 많았다.

석유보일러와 도시가스가 들어오면서 연탄 수요는 급감하기 시작했다. 지금도 도서 지역 등 일부 연탄을 사용하고 있지만 산업으로서의 연탄 생산은 거의 몰락했다고 봐야 할 것이다. 오히려 난방보다 음식 조리용 목적으로 주목받고 있는데, 바로 연탄구이다. 연탄 특유의 냄새와 열기, 화력이 더해지면서 고기와 생선 등을 굽는 데 쓰인다.

달라진 목욕문화, 사라지는 목욕탕

우리나라에 대중목욕이라는 문화가 들어온 것은 개화기로 알려져 있다. 1905년 서울 서린동에 최초의 목욕탕이 문을 열었는데, 당시만 해도 모르는 사람끼리 나체로 몸을 씻는다는 거부감이 강해 오래 운영하진 못했다고 한다. 이후 1924년에 평양, 이듬해 서울에 목욕탕이 문을 열었다.

1960~80년대는 목욕탕 전성기였다. 급격한 도시화가 이뤄졌음에도 위생시설은 크게 부족했던 시절, 목욕탕은 이를 효율적으로 해결할 수 있는 수단이었다. 온탕에서 몸을 불린 후 때를 미는 것만큼 개운한 게 없었다. 특히 새해를 맞이하는 1월 1일은 목욕탕이 문전성시를 이뤘다. 90년대를 넘어서는 사우나, 찜질방 등 편의시설을 갖춘 대형 목욕탕이 등장하기 시작한다. 이제 목욕탕은 단순히 목욕만 하는 공간을 넘어 가족, 친구 등이 시간을 보내는 공간으로 확대됐다.

한편 집마다 욕실이 설치되면서 대중목욕이 아닌 개인 목욕 비중이 높아졌다. 여타 업종과 달리 목욕시설은 구조상 타 산업으로의 공유에 한계가 있으며 굴뚝 등 철거 비용도 만만찮다. 내부 자재도 습기에 노출된 터라 재사용이 어렵다. 특히 코로나19로 거리두기가 강제되면서 대중목욕은 존폐를 걱정할 위기에 놓였다.

나도 가수다, 노래방 변천사

국내 첫 노래방은 1991년 부산 동아대 앞에 설치된 '오래방(오락실 노래방)'이다. 왜 부산일까. 이유는 간단한데, 바다 건너 일본에 가장 가까운 대도시가 부산이기 때문이다. 1980년대 일본에서 유행한 가라오케가 90년대 한국에 상륙했다. 다만 가라오케 기계를 일부 개조함으로써 '자막을 보며 노래를 부르는' 방식으로 대체됐다. 「음악산업진흥에 관한 법률」에서는 노래방(노래연습장)에 '주류를 판매·제공하지 아니할 것'과 '접대부(남녀를 불문)를 고용·알선하거나 호객행위를 하지 아니할 것'을 규정하고 있다. 일반 유흥업소와 노래방의 차이점이다.

직장인의 회식 후 2차, 학생들의 시험 스트레스 해소, 일반인의 흥겨운 모임 장소는 모두 노래방이었다. SBS에서는 「도전 1000곡」이라는 프로그램을 정규 편성했으며 고속버스에서는 아예 노래방 기계를 설치할 정도였다. 시장의 폭발적인 반응에 아싸(ASSA)를 비롯, 금영·태진 등 노래방 업체 간 경쟁도 치열했다.

한편 코로나19로 노래방 산업은 직격탄을 맞았다. 일부 업체는 독서실로 전환하는 등 대응을 모색하고 있으나 전염병이라는 초유의 상황에 폐업과 도산이 이어졌다. 그밖에 회식 감소, 스크린골프와 VR 등 대체 시설이 증가함에 따라 노래방 역시 복합여가공간으로의 전환을 모색하고 있다.

스타크래프트, PC방 전성시대

1998년 국내에 출시된 전략 시뮬레이션 게임이다. 테란과 저그, 프로토스라는 3개의 종족이 우주에서 벌이는 전투를 주제로 한다. 그동안 오락실 수준에 머물렀던 한국의 게임 산업을 지금의 위치에 오게 만든 일등공신으로, 게임에 대해 갖는 부정적인 인식을 개선하는 데 크게 기여했다. 지금의 30~40대치고 스타크래프트를 모르는 사람은 찾기 힘들 정도다.

공부 잘하는 것을 우선시하는 우리나라에서 게임을 잘하는 건 불효의 상징이었다. 오히려 게임에 빠졌다고 어른들께 야단을 맞기 일쑤였다. 그러던 것이 스타크래프트 출시로 완전히 달라졌다. 프로게이머라는 새로운 직업이 탄생했으며, 게임 관람이라는 문화가 형성됐다. 이제 게임은 누구나 즐길 수 있는 e스포츠로 자리 잡았다. 대기업이 구단 창단에 나섰으며, 결승전에는 수만 명의 관객이 모여 시장성을 입증했다.

한편 스타크래프트의 인기가 치솟으며 PC와 주변기기 산업은 난데없는 호황을 맞이했다. 1998년 초 전국 100여 개에 불과하던 PC방은 2년 만에 1만 5,000여 개를 넘어섰다.

한때 지식재산권 분쟁과 승부조작 의혹이 일면서 침체의 시기를 겪기도 했으나, 스타크래프트는 외환위기로 어려웠던 한국경제에 게임이라는 새로운 가능성을 열어준 것으로 평가된다. 그 인기는 출시 20년이 지난 현재까지도 이어지고 있다.

공인중개사의 옛 이름, 복덕방

　의식주라는 말에서 알 수 있듯 집은 사람이 사는 데 가장 기본적인
요소다. 그리고 이 집의 거래를 중개하는 곳이 복덕방이다. 해석하면
복과 덕이 생기는 공간이다. 이처럼 좋은 뜻을 담고 있음에도 현재는
쓰지 않는데, 이유는 공인중개사라는 제도가 생겨났기 때문이다.

　좀 더 알아보자면, 복덕방은 본래 마을 사람들이 제사를 지낸 후 그
음식을 나눠먹던 곳이었다. 우리가 제사 음식을 나눠 먹는 것을 가리
켜 음복이라고 하는데, 이는 조상의 음덕을 기리고 복을 받기를 기원한
다는 뜻에서 붙인 말이다. 이랬던 것이 시간이 지나면서 집을 중개하는
의미에 한정해 쓰이기 시작했다. 다만 그 흔적은 남아서인지, 중개수수
료라는 말 대신 복비를 쓰기도 한다.

　이태준이 쓴 소설 「복덕방(1937)」에는 세 노인이 등장하는데, 이들에
게는 복덕방이 유일한 소일거리다. 실제로도 공인중개사가 등장하기
전까지 복덕방 주인은 주로 노인이었다. 누구누구 집 숟가락이 몇 개
인지 꿸 정도로 마을 사정에 밝았기 때문이다. 그랬던 것이 경제발전
과 더불어 부동산 투기가 심해지면서 1983년 부동산중개업법이 제정
되었고, 1985년 첫 공인중개사 시험이 치러졌다. 공인중개사는 빠르게
복덕방 간판을 대체하고 있다.

오피스텔 탄생의 비화

최초의 오피스텔은 1985년 서울 마포구에 지은 성지빌딩이다. 이듬해인 1986년 건축법에 '주거 겸용 오피스텔 건축 허용'이라는 조항이 신설되며 법적 근거가 마련되었다. 삼창프라자(1987), 고려아카데미텔 2(1988) 등 마포를 중심으로 오피스텔 붐이 일기 시작했으며 곧 종로, 강남 등으로 이어졌다.

한편 높은 인기만큼이나 편법 분양도 끊이지 않아서, 휴게실을 일반 사무실로 분양한다거나 층마다 있어야 할 관리실이 없어지는 일들이 벌어졌다. 정부는 난방 및 욕실 설치 등에 제한을 둬 오피스텔 시장을 규제했다. 같은 시기 일산, 분당 등 신도시가 건설되며 오피스텔에 관한 관심도 크게 줄어들었다.

침체된 오피스텔 시장이 되살아난 것은 1990년대 중반에 이르러서다. 1995년 법 개정을 통해 바닥난방을 허용하는 등 주거 기능을 강화했다. '주거형 오피스텔'이라는 용어가 유행했으며, 건설사들은 서울뿐 아니라 신도시에까지 오피스텔 짓기에 나선다. 잠시 IMF 위기를 겪기도 하나 곧 벤처형 소자본 창업이 확대되며 오피스텔 수요가 되살아났고, 부동산 투자상품(임대수익형)으로도 주목받는다. 하지만 부동산 투기가 기승을 부리자 다시 정부가 규제에 나서기도 했다. 그렇게 오피스텔은 부동산 시장 상황에 따라 냉탕과 온탕을 오가며 현재에 이른다.

마스코트의 추억, 호돌이와 꿈돌이

88서울올림픽 공식 마스코트인 호돌이는 디자이너 김현이 만들었다. 머리에는 상모를 쓰고 있으며 올림픽 메달을 목에 걸고 웃는 얼굴을 하고 있다. 참고로 상모의 모양 S자는 올림픽 개최지 서울(Seoul)을 형상화한 것이다.

사실 호랑이는 단군신화에도 나올 만큼 우리 민족과는 떼려야 뗄 수 없는 동물이다. 각종 설화나 속담은 물론 한반도 모양이 호랑이를 담았다는 설마저 나올 정도다. 그런데 호랑이는 맹수다 보니, 자칫 국가 이미지가 경직될 우려가 있었다.

실제로도 호랑이 말고 까치, 진돗개, 토끼 등이 마스코트 후보군에 올랐다고 한다. 그런데 전두환 前 대통령의 "토끼는 무슨 토끼. 호랑이로 해" 이 한마디에 호랑이로 결정됐다고 한다.

93년 대전엑스포 공식 마스코트인 꿈돌이 역시 김현의 작품이다. 서울올림픽 이후 5년 만에 개최된 대규모 국제행사이자 상업적으로도 크게 성공한 대전엑스포는 한때 대전을 상징할 정도로 유명세를 떨쳤다.

그런데 정작 엑스포 이후에는 마스코트에 대한 관리가 잘 이뤄지지 못했다. 그렇게 꿈돌이는 잊히는가 했더니, 2022년 한 방송 프로그램에서 재조명되어 부활했다. 현재는 이모티콘을 비롯해 굿즈 등으로 이용되고 있다.

자영업자, 그리고 치킨집

닭을 통째로 구워낸 것을 통닭, 조각 내 튀김옷을 입혀 기름으로 튀겨낸 것을 프라이드 치킨이라고 한다. 프라이드 치킨은 미국에서 유래한 것으로 알려져 있다. 당시 흑인을 노예로 부렸던 백인은 닭을 오븐에 구워 먹었다. 당연히 살코기가 많은 부위는 백인의 몫이었고, 흑인에게는 뼈가 들어간 부위만이 남았다.

오븐이 없던 그들은 닭을 튀겨서 먹기 시작했고, 이게 확대되어 지금에 이른다는 설이다. 그래서 '프라이드 치킨 = 흑인 음식'이라는 해석도 있다. 단, 인종차별적 발언이니 삼가야 할 것이다.

우리나라의 치킨도 살펴보면 애잔한 부분이 있다. 대규모 프랜차이즈를 제외하면, 영세 자영업자를 상징하는 게 바로 치킨집이다. 우리나라는 과거 외환위기를 겪으며 실업자가 크게 늘었는데, 이들 중 다수가 치킨집을 선택했다. 큰돈을 벌지 못하더라도 초기 자본이 적고 별도의 기술을 필요로 하지 않았기 때문이다.

자녀를 둔 부모는 오전부터 밤늦게까지 가게 일에 매달려야 했다. 남편은 배달과 전단지, 아내는 닭튀김을 맡았다. 먹고살기 위해 생전 처음 해보는 일이 얼마나 생소했을까. 그런데도 매장을 잘 꾸려 돈을 번 곳도 있었지만 이내 실패해 문을 닫는 곳도 많았다. 우리나라 치킨집은 30년째 포화상태다.

베트남 처녀와 결혼하세요

보는 것만으로도 민망한 문구지만 한때 농촌에 가면 베트남 여성과의 국제결혼을 주선하는 플래카드를 어렵지 않게 찾아볼 수 있었다. 이 시기 농촌 총각들은 결혼 적령기를 넘기는 일이 많았고, 농촌 고령화까지 겹치면서 사회 문제로 부상했다.

사실 국제결혼 자체는 개인의 선택에 따른 영역이다. 냉정히 말해 경제력은 갖췄으나 결혼을 하지 못한 남성이 가족을 부양해야 하는 가난한 여성을 만나 결혼하더라도, 서로 의지하고 정을 붙이며 살아가면 되는 것이다. 누가 이들을 비난하겠는가. 문제는 이런 경우가 그리 많지 않다는 것이다.

가장 먼저 이주여성의 인권 문제다. 가정 내 폭력은 기본이거니와 일방적인 파혼, 심지어 결혼 중개 과정에서조차 제대로 된 정보를 제공받지 못해 피해를 보는 경우가 많았다. 반대로 브로커와 결탁해 위장결혼으로 한국 국적을 취득하는 경우도 여러 차례 발각되었다.

한 가지 다행스러운 것은, 이주여성을 자녀 생산의 대상으로 바라보는 시각이 크게 줄었다는 점이다. 이들을 대하는 사회적 시각도 조금씩 변하는 중이다. 국제결혼 문제가 완전히 사라진 것은 아니지만 적어도 낯 뜨거운 플래카드는 더 이상 걸리지 않고 있다.

장발장 은행

　장발장 은행의 소개에 따르면, 벌금형을 선고받고도 낼 돈이 없어 교도소에 갇히는 이들을 돕기 위해 설립되었다. 기금은 개인·단체의 기부로 모은 성금을 통해 조성하며 일정 액수가 모이면 대여사업을 진행한다. 단, 신청자 중에서 소정의 심사를 통과한 사람만을 대상으로 지원한다. 금액은 최대 300만 원이며 별도의 이자는 없다. 내역은 장발장 은행 홈페이지에서 공개한다.

　자유형의 폐해를 극복하고자 벌금형이라는 제도가 도입되었음에도 벌금을 구하지 못한 사람들은 다시 교도소에 가는 악순환이 반복되고 있다. 이 중에서도 그저 돈이 없어서 교도소에 가는 것은 경제적 형편에 따른 차별로 이어진다. 2009년 한 해 벌금 미납을 이유로 노역장 유치 처분을 받은 사람들은 43,199명에 달했고, 이것이 '43,199 캠페인'으로 발전해 장발장 은행 설립 배경이 됐다. 참고로 장발장 은행장은 『나는 빠리의 택시운전사(1995)』의 저자 홍세화다.

　장발장 은행은 '불공정하며 불평등한 벌금제 개혁' 운동을 벌이고 있다. 공동체의 평화와 안정을 위해 지켜야 할 법질서는 존중하고 또 지켜야 마땅하나, 법이 제대로 지킬 만한 것인지 혹은 잘못된 점은 없는지를 살피고 바로 잡는 노력을 계속해야 한다는 이유에서다.

　장발장 은행은 이 역할을 시민들이 나서 지적해줘야 한다고 주장한다. 가장 중요한 과제로는 일수벌금제(총액 벌금제와 달리, 수형자의 재산과 소득을 고려해 벌금을 부과) 도입을 꼽는다.

"아버지, 내 약속 잘 지켰지예. 이만하면 내 잘 살았지예. 근데 내 진짜 힘들었거든에"
"내는 그리 생각한다. 힘든 세월에 태어나가, 이 힘든 세상 풍파를 우리 자식이 아니라 우리가 겪은 기 참 다행이라꼬."

영화 「국제시장(2014)」 中 덕수

7
공간과 장소

근현대사의 시작과 종착역, 舊 서울역사

일제강점기인 1922년 착공, 1925년 경성역사로 준공되었다. 소설 「운수 좋은 날(1924)」에도 배경으로 등장했듯이, 한때 정거장에 불과했던 이곳은 일제의 군수물자 조달의 거점 역할로 급부상했다. 광복 후 1947년 서울역으로 명칭을 바꿨으며, 2004년 신역사가 들어선 이후에는 문화공간으로 탈바꿈되어 오늘에 이르고 있다.

서울역은 광복 이래 한국인이 가장 많이 드나들었던 곳이기도 하다. 한국전쟁과 피난길, 이촌향도와 상경, 명절 귀성길까지. 지금도 옛 서울역이라고 하면 많은 이들이 꿈과 추억을 떠올리고 향수에 빠져드는 이유다. 붉은 벽돌로 지어진 건물 출입구에 자리한 커다란 원형 시계와 우뚝 솟은 중앙 돔, 그 뒤로 웅장하게 들어선 대우센터빌딩(現 서울스퀘어)은 '서울의 위상'을 단적으로 보여주는 장면으로 기억된다.

100년의 세월 동안 우리와 동고동락했던 서울역은 2004년 신역사가 완공되면서 역사의 뒤안길로 사라졌다. 한때 서울역 광장에 노숙자 문제가 발생하는 등 관리 논란이 일기도 했으나, 현재는 '문화역서울 284'라는 복합문화공간으로 탈바꿈하였다. 최근 서울로 공중보행길이 개통되면서 도심 속 휴식 공간으로 자리 잡고 있다.

한국 최초 마천루, 삼일빌딩

서울 종로구 청계천로에 위치한 건물이다. 우리나라 1세대 건축가이자 현대건축의 거장으로 불리는 김중업이 설계했으며, 지상 31층 규모에 지상높이 110m로 1968년 착공에 들어가 1970년 완공했다.

건설 시점에서 알 수 있듯 우리나라 경제개발사에서 각별한 의미를 갖는다. 1985년 63빌딩이 들어서기 전까지 삼일빌딩은 대한민국에서 가장 높은 건물이었다. 도심 정중앙에 위치한 것도 화젯거리였다. 맞은편 길가에 모인 사람들은 너 나 할 것 없이 네모반듯한 건물의 층수를 세어보길 반복했고, 화신백화점(現 종로타워)에서 삼일빌딩을 바라볼 때면 감탄을 금치 못했다.

삼일빌딩은 1970~80년대 강남 개발을 다뤘던 SBS 드라마 「자이언트(2010)」에서도 등장한다. 작중 초반 뿔뿔이 흩어진 주인공 남매가 "서울에서 가장 높은 건물 앞에서 만나자"라고 약속하는데, 그곳이 삼일빌딩이다.

당시 삼미그룹의 사옥으로 지어졌음에도 불구하고, 삼미빌딩이 아닌 삼일빌딩으로 부르는 이유는 삼일정신을 기리고자 한 삼미 창업주 김두식의 결정이었다. 같은 이유로 층수도 31층으로 정했다고 한다.

한편 준공 50년 만인 2020년 삼일빌딩은 리모델링을 거치는데, 과거 흔적은 많이 사라졌지만 1970년대를 추억하는 이들 속에 여전히 삼일빌딩은 '대한민국 제1의 마천루'로 남아있다.

한강 최초의 인도교, 제1한강교

용산과 노량진을 연결하는 교량이다. 일제강점기였던 1917년 준공하였다. 중지도(현재의 노들섬)를 사이에 두고 '대교(노량진 방면)' '소교(용산 방면)'로 나눈다. 과거 정조가 수원 행차 시 지났던 자리이기도 해서 역사적으로도 의미가 깊다. 최초의 인도교라는 점에서 '제1한강교'라고도 불렀다.

1925년 을축년 대홍수로 한강대교 일부(소교)가 유실되는 피해를 겪었다. 이후 복구에 착수해 새로이 준공했으나 한국전쟁을 겪으며 다시금 붕괴된다. 이때의 사건이 '한강 인도교 폭파'다. 1950년 북한군의 진격을 막을 목적으로 한강대교 일부를 폭파했는데, 미처 피난길에 오르지 못한 시민들이 꼼짝없이 갇히게 되는 결과를 초래했다. 전쟁이 끝나자 우선으로 복구했으며 1979년 교량 확장, 1984년 한강대교로의 명칭 변경을 거치며 지금에 이른다.

준공된 지 100년이 지난 만큼 과거의 위용을 찾긴 어렵다. 한강을 가로지르는 교량은 30개 가까이 늘어났으며, '최대 통행량'의 타이틀도 강남을 잇는 한남대교(제3한강교)에 넘겨줬다. 마곡대교는 한강대교 길이의 두 배에 이른다. 한편 서울시는 근현대 서울의 관문이자 한국 교량기술의 역사를 담고 있는 한강대교를 시도등록문화재 1호로 지정하였다.

5·16광장에서 여의도공원으로

큰섬 또는 너의 섬, 너 븐섬(나의 섬), 넙섬 등으로 불렸던 여의도는 조선 시대만 하더라도 사람이 거의 살지 않았던 곳이었다. 일제강점기 들어서는 비행장으로 활용됐다가, 박정희 시대에 이르러 광장으로 새롭게 태어났다. 단, 이 시기 명칭은 5·16광장이었다.

1967년 윤중제(여의도 제방도로) 공사 기공식을 기점으로 여의도 개발이 본격화된다. 밤섬 폭파로 얻은 골재를 가져다 썼으며, 1970년 서울대교(現 마포대교)가 준공되면서 교통망을 갖춘다. 이때만 해도 여의도는 지금과 같은 빌딩 숲이 아닌, 거대한 광장의 모습이었다. 100만 명이 넘는 인파를 수용하던 이곳은 국군의 날 기념식, 베트남 파병행사, 국풍81, 선거유세 등으로 활용됐다. 교황 요한 바오로 2세의 방한 행사도 여의도에서 진행됐다.

한편 1979년 유신정권이 붕괴된 후 그제야 여의도광장이라는 이름을 얻는다. 국회의사당, 한국거래소, 방송사를 비롯해 주요 공공기관 및 기업체가 입주하며 여의도는 '한국의 맨해튼'으로 급부상한다. 초고층 건물의 상징인 63빌딩이 완공된 것도 이 시기다. 문민정부에 이르러서는 아스팔트를 걷어낸 뒤 그 자리에 잔디를 심고 숲을 가꿨다. 마침내 공원화 사업을 마치고 1999년 1월 여의도공원을 개장하였다.

금융 1번가, 명동의 추억

'한국의 맨해튼'으로 불리는 여의도에는 여러 금융사와 금융기관이 즐비해 있다. 비행장과 모래톱에 불과했던 이 땅은 여의도 개발계획을 기점으로 발전하였다.

특히 1979년 한국증권거래소(現 한국거래소) 신사옥 준공을 계기로 '명동을 제치고 여의도 시대를 열었다'라는 평가를 받았으며, 현재는 부산국제금융센터와 더불어 한국 금융시장을 선도하고 있다.

한편 명동 금융시장은 과거의 모습을 찾기 어려울 정도다. 1920년 우리나라 최초의 거래소인 경성주식현물취인소가 들어선 곳도 명동이었고 해방 후 많은 은행과 증권사, 사채업자들이 모인 곳도 명동이었으나 증권거래소의 이전이 결정적이었다. 한동안 마포대교를 분주히 오가던 이들은 점차 여의도에 터를 잡기 시작했다.

1997년 외환위기 사태는 명동 금융시대의 종언을 고했다. 많은 금융사가 도산했고 사채업자들도 명동을 떠났다. 점심시간이면 말끔한 정장 차림의 금융인들로 가득 차던 거리는 더는 볼 수 없게 됐다. 임원 승진의 필수 코스자 '지점의 꽃'이라 불리던 명동지점장의 위세도 크게 약해졌다. 제도권 금융과 사채시장의 중심에 있던 명동 금융가는 점차 상업시설이 점령해나갔다.

부촌의 대명사, 압구정 현대아파트

서울에서도 보수세가 강한 곳으로 알려진 강남구 압구정동에 위치한 아파트 단지다. 1970년대 강남 개발정책의 하나로 지어졌으며, 41개동 3,130세대를 자랑한다. 지금에야 송파 헬리오시티 등 대단지가 많아 상대적으로 적어 보일 수 있으나 이건 헬리오시티가 믿기 어려울 정도로 큰 것이지, 압구정 현대아파트도 결코 적은 세대수는 아니다.

본래 한강 백사장이던 것을 현대건설이 매립해 건설했다. 특이한 점은 아파트 평수인데, 대부분 아파트가 20~30평대를 넘지 못했던 것에 비해 압구정 현대아파트는 최대 80평대에 육박한다. 때문에 사회 상류층을 비롯해 주로 부자들이 입주했다. 분양 초 사회 고위층 인사들에게 특혜 분양을 한 것이 알려져 물의를 일으켰음에도, 오히려 고급 아파트라는 인식이 확고해지는 계기가 된다. 여기에 경기고, 서울고, 휘문고 등 명문고의 강남 이전이 더해지면서 강남 8학군 열풍을 주도한다.

유독 대한민국에서는 아파트명만 바꿔도 집값이 오르다 보니, 한때 시공사인 현대산업개발이 압구정 현대의 명칭을 '압구정 아이파크'로 바꿔주겠다고 제안한 적도 있었다고 한다. 하지만 입주민들은 부촌의 대명사, '압구정 현대아파트'를 고집했다. 그만큼 입주민들의 자부심은 대단한 것으로 알려져 있다. 참고로 현대7차 아파트는 (부동산 과열을 감안하더라도) 공급면적 기준 80평이 80억 원에 거래되며 '평당 1억 원'을 찍기도 했다.

전자기기의 성지, 용산 전자상가

본래 청과물시장이 있던 자리다. 가락동 농수산물시장이 생기면서 그 기능을 내줬고 대신 전자상가가 들어섰다. 주로 청계천 세운상가 점포들이 이전했다. 1987년 개장해 현재에 이른다.

나진, 선인, 원효(상가) 등 익히 알려진 곳 외에도 전자랜드, 터미널상가 등이 들어와 더욱 규모를 넓혔다. 강변 테크노마트, 남부터미널 국제전자센터와 더불어 '서울 3대 전자상가'로도 유명하다. 물론 인지도 면에서는 용산이 독보적이다.

어지간한 전자 제품은 모두 구할 수 있다 보니 볼거리도 많았고, 서울 정중앙이라는 지리적 이점까지 더해져 관광명소로 불렸다. 1990년대 컴퓨터 보급과 전자제품 수요 확대로 "가전은 용산"으로의 입지를 굳혔다. 지금처럼 정보를 즉각적으로 구하기 어려웠던 시절인 만큼 다양한 전자제품을 구입하려면 용산 만한 곳이 없었다.

2000년대 이후부터는 변화된 유통환경을 따르지 못해 어려움을 겪고 있다. 특히 가격비교 사이트의 등장은 조립 컴퓨터 시장에 대격변을 가져왔다. 용산의 몰락에 시민들의 반응은 냉담한 편인데, 진열품을 새 상품으로 속이거나 컴퓨터 문외한에게 바가지를 씌우는 등 부정적인 이미지가 생겨난 게 크다. 현재는 많이 사라졌으며, 내부에서도 다방면의 개선 노력을 기울이고 있다.

남대문시장, 이제는 관광명소로

"남대문시장에 없으면 서울 어디에도 없다."

"남대문시장엔 고양이 뿔 빼고 다 있다."

1만여 개의 점포, 평균 하루 방문객 30만 명을 자랑하는 남대문시장은 600년을 넘는 역사가 깃든 곳이다. 1414년 조선 태종 시기에 국가가 관리하는 시전 형태로 출발하였으며, 1897년 창내장(倉內場)을 설치해 지금의 상설시장 모습을 갖췄다. 일제강점기에는 친일파와 일본인 중심으로 상권이 형성되었는데, 이에 상인연합회를 구성하여 대응하기도 했다. 광복 이후인 1964년 건물주와 상인들이 공동 출자해 남대문시장 주식회사를 설립해 현재에 이른다.

한때 남대문시장은 도깨비시장, 아바이시장으로 불렸다. 전자는 6.25 전쟁 시기 미군으로부터 흘러나온 군수품들이 거래되는데, 경찰 단속이 들이닥치면 잽싸게 사라졌다가 다시 나타났다는 데서 유래했다. 그래서 양키시장으로도 불렸다. 후자는 전쟁 후 북측에서 내려온 피란민들이 남대문시장에 자리를 잡으면서 붙여졌다.

1980년대부터는 '남문패션' '남싸롱'이라는 말이 나올 만큼 의류 거래가 활발했던 적이 있다. 한편 1968년 남대문시장 대화재로 700여 개의 점포가 소실되는 피해를 봤는데, 이 사건을 계기로 남대문시장은 현대적 시설로 탈바꿈하였다.

동대문운동장, 뜨거운 함성의 추억

우리나라 근현대 스포츠를 상징하는 장소다. 일제가 이름 붙였던 경성운동장에서 출발, 해방 후 서울운동장으로 불리다가 1980년대 들어 동대문운동장으로 바뀌었다.

1929년 최초의 종합대회였던 전조선경기대회(現 전국체육대회)를 비롯해, 해방 이듬해인 1946년 경평대항축구전(서울-평양 간 축구경기)이 이곳에서 열렸다. 특히 야구인들에게는 일종의 성지와도 같은데, 숱한 명승부를 일궈냈던 고교야구와 1980년대 출범한 프로야구 모두 동대문운동장을 주 배경으로 한다.

'성동원두(서울 동쪽의 넓은 벌판)'라는 별칭답게, 동대문운동장은 스포츠뿐 아니라 다양한 집회 및 행사장소로도 이용됐다. 신탁통치에 따른 좌우 찬반 집회, 베트남 파병 환송식, 백범 김구 선생의 장례식 등 역사적 사건이 있을 때마다 사람들은 동대문운동장에 운집했다. 잠실종합운동장이 들어선 이후로는 서울운동장 이름을 내주기도 했지만 풍물시장으로 활용되면서 그 역사를 이어갔다.

2007년 서울시는 동대문운동장 철거 방침을 밝혔다. 1925년 건설되어 어느덧 82년의 역사를 갖는 만큼 보존의 목소리도 높았지만, 그보다는 도심재창조의 손을 들어준 것이다. 현재 동대문운동장에는 동대문디자인플라자(DDP)가 들어서 있으며, 과거의 흔적은 동대문역사관을 통해 살펴볼 수 있다.

종로의 랜드마크, 화신백화점

'히라타' '미나카이' '조지야' '미쓰코시' 그리고 '화신'까지 1930년대 경성 5대 백화점이라 불렸던 곳들이다. 이름에서 알 수 있듯 화신을 제외한 나머지는 모두 일본인이 설립했다. 현대에 와서는 조지야 자리에 롯데백화점이, 미쓰코시에는 신세계백화점이 들어섰다. 반면 히라타는 화재로 건물이 전소됐으며, 미나카이는 충무로 확장으로 헐려 나간 후 그 자리에 명동 밀리오레가 들어선 것으로 전해진다.

화신백화점의 출발은 이렇다. 신태화라는 상인이 종로에 화신상회를 차렸는데, 사업가 박흥식(친일행적으로 반민특위 1호에 지목된 인물. 도산 안창호 선생을 보호한 것으로 알려짐)이 인수 후 목조 건물을 콘크리트로 교체하는 등 개보수를 거쳤다. 때마침 동아백화점이 들어서며 경쟁이 일기도 했으나, 끝내 동화백화점을 인수하며 '경성 내 유일한 조선 백화점'으로 자리 잡았다.

지금의 백화점이 그렇듯 당시 화신은 높은 가격만큼이나 세련된 서비스를 제공했다. 주요 일간지에 전면 광고를 싣고 우편엽서로 신상품을 소개했다. 엘리베이터, 네온사인, 옥상정원 등 새로운 볼거리들도 관심거리였다. 한편 1980년 화신그룹이 해체되면서 화신백화점도 얼마 지나지 않아 문을 닫았다. 화신이 있던 자리가 현재의 종로타워다.

참고로 사진에서 알 수 있듯 종로타워에서는 과거 화신백화점의 모습을 전혀 찾아볼 수 없을 정도로 차이가 큰데, 건축주인 삼성이 미래지향적 건물을 요구했기 때문이다.

애환의 역사 서린 곳, 목포

우리 근현대사에 비출 때, 어느 곳이라고 그렇지 않겠나마는 목포는 조금 특별한 부분이 있다. 강화도조약으로 인해 반강제적으로 개항한 부산, 원산, 인천과 달리 목포 개항은 우리 정부가 자주적으로 내린 결정이었다. 무역을 장려해 상인과 자본 계급을 성장시키겠다는 이유에서다. 하지만 일제는 수탈 전진기지로써 목포의 위치에 주목했고, 곧 수많은 자원을 가져가기 시작했다.

사실 목포는 과거 명성과 달리 경제발전은 크게 뒤처졌다. 한때 전국 6대 도시에 손꼽히기도 했지만 전남 경제권은 이미 여수, 광양 중심으로 형성됐다. 가까운 대불국가산업단지는 영암군에 있다. 이에 낙후된 목포 경제 활성화를 두고 여러 방안이 논의됐다. 그중 하나가 '재팬타운' 즉, 적산가옥을 활용한 도시재생 정책이다. 적산을 일제의 잔재로만 바라보는 것에 그치지 말고 근대의 유산으로 활용하자는 것이다.

'지붕 없는 근대역사박물관'이라는 말처럼, 목포는 일제강점기 개발된 곳이다 보니 적산가옥이 많은 게 사실이다. 개화기 모습을 그대로 보존하고 있어 영화, 드라마의 촬영지로도 유명하다. 2018년 문화재청은 목포 지역 일부를 목포근대역사문화공간으로 지정했다. 목포의 변화에도 속도가 붙을 것으로 전망된다.

시화호 조력발전소

세계 최초의 조력발전소는 프랑스의 랑스발전소다. 1967년 완성된 이 발전소는 밀물과 썰물 모두 터빈을 돌릴 수 있는 복류식으로 설계되었다. 이렇게 생산된 전기로 인근 지역의 전력공급률을 40% 가까이 향상시켰다고 한다. 또한 제방 일대는 해양관광지로 발전했다.

우리나라에도 조력발전소가 있다. 바로 경기도 안산에 있는 시화호 조력발전소다. 방조제로 지어졌지만 시화호의 수질이 심각한 수준으로 나빠지자 그 대안으로 부상했다. 2004년 준공에 들어가 2011년 완성되었다.

세계 최대 규모를 자랑하는 시화호 조력발전소는 전기 생산은 물론이거니와 시화호의 수질 개선에 크게 기여했다는 평가를 받는다. 하지만 속을 들여다보면 좋은 평가만을 내리기 어렵다. 일단 실질 가동률이 당초 계획했던 것에 못 미친다. 이 문제로 당시 수자원공사가 건설사에 소송을 제기하기까지 했다. 그밖에 프랑스와 달리 단류식을 채택해 반쪽 발전소라는 비판도 일었다(단, 이 부분은 시화호의 태생적 한계를 옹호하는 입장도 있음).

최근 탈원전 정책에 따라 서해안 일대를 중심으로 조력발전 도입 목소리가 힘을 얻고 있다. 재생에너지 확대는 분명 찬성할 일이나, 경제성 및 환경보호 측면도 면밀히 살펴야 할 것이다.

소양강댐

강원도 춘천시 소양강에 있는 다목적댐으로, 우리나라에서 가장 큰 사력댐이다. 한강 유역의 홍수 조절과 농업·공업용수 공급, 수질 오염도 완화 등의 구실을 한다. 높이 123m, 제방 길이 530m이며 댐 건설로 만들어진 소양호의 저수량은 29억 톤에 이른다.

1967년 4월에 착공하여 1973년 10월 준공하였다. 이미 50년이 지나 크게 와 닿지 않을 수도 있겠지만 박정희 정부 초기 3대 국책사업(경부고속도로, 소양강댐, 서울지하철 1호선)에 해당할 만큼 당시로서는 대규모의 공사였다. 특기할 만한 점으로는 당초 콘크리트 중력댐으로 건설될 예정이었으나 공사를 맡은 현대 정주영 회장이 사력댐을 주장했고, 이를 박정희 대통령이 승낙했다는 후문이다.

사실 소양강댐 건설에는 대일 청구권 자금 일부가 투입됐다. 또 우리 기술이 부족해 일본공영이라는 회사가 설계 전반을 맡았다. 그런 상황에서 기존 계획을 뒤집는 것은 쉬운 일이 아니었다. 하지만 사력댐으로 지으면 강원 산간에 널린 게 돌, 자갈이라 자재 운송비를 크게 줄일 수 있었다. 사력댐이 콘크리트 중력댐에 비해 폭파 시 피해가 적다는 점도 영향을 줬다. 이렇게 건설된 소양강댐은 현재 춘천의 관광지이자, 댐 건설로 이주한 수몰민의 기억공간으로 자리하고 있다.

난지도와 월드컵공원

난초가 많이 자라는 곳이라 해서 이름 붙여진 난지도. 한강 하류의 작은 범람원이었던 이 섬에서 사람들은 먹을 감고 과일을 가꿨으며 더러는 얕은 수심에서 재첩을 잡기도 했다. 봄이면 온갖 꽃들이 피고 가을에는 철새가 날아드는 생태의 보고였다.

난지도의 운명이 뒤바뀐 것은 1978년 쓰레기매립장으로 지정되면서부터다. 서울시에서 배출되는 모든 쓰레기가 난지도에 매립되기 시작했다. 1985년 평면매립을 끝냈음에도 대체지를 찾지 못해 쓰레기는 계속 쌓여만 갔다. 곧 높이 90여 m에 달하는 거대한 쓰레기 산이 만들어졌다. 난지도 인근은 심한 악취로 가까이 방문하는 것조차 힘들어졌고, 각종 오염물질이 배출되면서 버려진 땅이 됐다.

15년 가까이 이어진 난지도 매립은 1993년에 들어서야 종료되었다. 이후 안정화 사업과 생태 공원화가 추진되었는데, 쉽게 생각하면 쓰레기 산을 벽으로 막고 그 위에 흙을 깐 셈이다.

세부적으로는 침출수 처리, 상부 복토, 매립가스 처리, 사면안정(낙석방지) 과정을 통해 오염물질이 나가는 것을 막았으며 쓰레기에서 발생하는 각종 가스는 공원 에너지로 활용하였다. 한편 월드컵경기장 신설과 상암동 택지개발 등이 맞물리면서 난지도에는 대규모 공원이 조성되는데, 현재의 월드컵공원이다.

고리 1호기, 영원히 잠들다

우리나라의 원자력발전소는 고리(부산 기장), 월성(경북 경주), 한빛(전남 영광), 한울(경북 울진), 새울(경북 울주)로 총 24기가 설치되어 있다. 이중 고리1호기는 1978년 건설된 우리나라 최초의 원자력발전소이다.

지금에야 세계 최고의 원전 기술력을 기반으로 원전 수출국가의 지위에 올라섰지만, 당시만 해도 미국의 기술에 크게 의존해야 했다. 한편 북한 도발이 우려되는 상황에서 무려 원자력을 다루는 일인 만큼 발전소 부지를 놓고도 신중함이 요구됐다. 아무리 안전하다고 한들 사고의 가능성을 배제하지 않을 수 없으며 산업단지로의 원활한 전력 공급도 고려해야 했다. 그 결과 부산 기장 일대가 부지로 선정됐다. 본래 마을(고리마을)이 있던 곳에 발전소를 건설하면서 주민들은 인근 울주, 울산, 부산 등으로 이주했다고 전해진다.

석유파동의 대란 속에서도 안정적으로 에너지를 생산하며 80년대 중화학공업 성장을 견인했던 고리1호기는 2007년까지 30년간의 최초 운전 기간을 마쳤다. 이후 추가 10년간의 계속 운전 승인을 받아 운영됐다. 영구 정지가 결정된 것은 2015년의 일이다.

여기에는 일본 후쿠시마 원전 사태 후 안전 문제가 불거진 점도 영향을 미쳤다. 마침내 2017년 6월, 원전 터빈이 작동을 멈추며 고리1호기는 역사 속으로 사라졌다.

우리나라 최대관문, 부산항

국내 최대의 무역항이자 대한민국의 교역 관문으로, 제2의 도시 부산을 상징하는 곳이다. 물동량(컨테이너) 기준 글로벌 TOP 5 규모를 자랑하는데, 대한민국 수출입의 절반은 부산항을 통과한다고 봐도 될 정도다. 북항과 남항, 감천항, 다대포항, 신항으로 이루어져 있으며 대개 부산항 하면 떠올리는 곳은 북항이다. 북항 인근에는 부산의 명물 자갈치시장과 용두산, 국제시장이 자리하고 있다.

최초로 개항한 항구임에도 불구하고 1876년 강화도조약이라는 불행한 역사 속에 출발했다. 옛 이름은 부산포이다. 당시 인천과 원산을 비롯해 3개 항구가 개항했는데 인천(제물포)이 정치적, 원산(원산포)이 군사적 목적으로 개항했다면 부산항은 지극히 경제적인 즉, 수탈의 목적이 강했다. 해방 후에도 전쟁의 아픔과 피란민의 애환을 온몸으로 감내했으며 월남전 때는 파병 장병 환송식이 이뤄지기도 했다. 경제성장기에 이르러 부산항은 수출 전진기지로 탈바꿈하였으며, 현재까지 명실상부 아시아를 대표하는 항만에 이른다.

최근 부산항은 종합항만 도시조성과 함께 부산 원도심의 기능 회복, 지역경제 활성화를 위한 재개발을 진행 중이다. '돌아와요 부산항에' 노랫말처럼 부산항을 통해 부산 재창조의 새로운 전기가 마련되길 기대한다.

남포동 국제시장

"눈보라가 휘날리는 바람 찬 흥남부두에 / 목을 놓아 불러봤다 찾아를 봤다 / 금순아 어디로 가고 길을 잃고 헤매였더냐 / 피눈물을 흘리면서 일사 이후 나 홀로 왔다 / 일가친척 없는 몸이 지금은 무엇을 하나 / 이 내 몸은 국제시장 장사치기다 / 금순아 보고 싶구나 고향 꿈도 그리워진다 / 영도다리 난간 위에 초생달만 외로이 떴다"

대한민국 1호 가수 현인이 부른 「굳세어라 금순아」 가사 중 일부다.

해방 후 일본인이 떠나면서 물건을 남겼고 귀환한 동포들도 물건을 가져왔다. 물건이 있으니 당연히 시장이 생기는 법, 국제시장은 이렇게 출발했다. 처음에는 점포도 없이 사람들만 뒤섞여 도떼기시장이라 불렸다. 1948년에 건물을 세우고 자유시장으로, 1950년 들어 미군 부대에서 흘러온 물건까지 취급하면서 국제시장이라는 이름을 얻었다. 한편 노랫말이 그렇듯 1·4 후퇴 이후 북으로 돌아가지 못한 채 실향민이 된 이들은 국제시장에서 새 삶을 꾸렸다.

현재는 서면에 자리를 내줬지만 국제시장이 위치한 남포동 인근 지역은 부산의 원조 상권답게 다양한 볼거리와 먹을거리를 자랑한다. 자갈치시장, 부평깡통시장 등이 밀집해 있으며 영화 「국제시장(2014)」 흥행에 힘입어 부산을 대표하는 관광명소로 자리 잡았다.

세종특별자치시 출범

1966년 동아일보에 연재된 이호철의 장편소설 「서울은 만원이다」에서 알 수 있듯 수도권 집중화 현상은 오래전부터 누증된 문제였다. 정부 역시 그 필요성을 인정하고 지역 균형발전을 국가 과제로 내걸었다. 바로 행정수도 이전이다. 1977년 박정희 대통령의 '임시 행정수도 건설 계획' 발표 등으로 구체화됐지만 이내 10·26사태로 무산되었다.

세종시에 따르면, 2002년 노무현 대통령 후보는 행정수도 건설을 선언했으며, 당선 후 신행정수도 건설은 10대 국정과제의 하나로 확정되었다. 「신행정수도의 건설을 위한 특별조치법」은 통과됐으나 행정수도 이전을 반대하는 이들의 움직임도 본격화되면서 끝내 헌법재판소에 헌법 소원을 제기하기에 이른다. 헌재는 위헌 결정(이 당시 관습헌법상 수도는 서울이라는 해석을 두고 법조계에서나 사회적으로나 논란이 꽤 있었음)을 내렸고, 활동은 전면 중단됐다.

이에 정부는 후속대책위를 출범해 행정중심복합도시 건설을 추진한다. 요약하자면 방향을 튼 것이다. 본 정책 역시 위헌 소송의 위기에 처했으나 헌재는 합헌을 결정했고, 그 결과 지금의 세종시가 출범했다. 헌재의 위헌 결정, 수정안 논란, 주민 반발 등 여러 우여곡절을 겪어 현재는 국토 균형발전을 상징하는 대한민국 열일곱 번째 광역자치단체가 되었다.

대한민국의 축소판, 경기도

경기도 면적은 약 1만㎢로 대한민국의 1/10 수준이다. 이곳에 인구 1,300만 명이 모여 산다. 수원, 용인, 고양 등 이미 인구 100만 명을 넘어선 광역시급 도시부터 연천, 가평 등 5만 명을 넘지 못하는 군 단위 지역이 혼재한다. 산업에서도 농림어업부터 시작해 첨단 반도체, 대기업부터 자영업자까지 범위가 굉장히 넓다. 산과 강, 바다와도 맞닿으며 심지어 휴전선까지 있는 곳. 종종 경기도를 가리켜 '대한민국의 축소판'이라 부르는 이유다.

지리적으로 한반도 중앙에 위치한 경기도는 일찍부터 역사의 중심 무대였다. 경기(京畿, 서울 주변)라는 이름에서 알 수 있듯이, 일제강점기만 해도 서울(당시 한성부)은 경기도 일부였다. 그러던 것이 1946년 서울특별자유시로 승격해 경기도에서 분리 · 독립해 현재는 인구 1,000만 명에 육박하는 서울특별시가 되었다. 인천 역시 1981년 경기도에서 분리되어 직할시를 거쳐 현재에 이른다. 경기도 자체가 수도권인 셈이다.

이처럼 서울과 인천의 독립으로 연결성이 떨어진 경기도를 남북으로 분도 하는 방안이 최근 논의 중이다. 그동안 경기 북부는 남부에 비해 발전 등에서 더뎠는데, 추후 남북 간 대립이 완화될 시 경제개발에 큰 탄력을 받을 것으로 전망된다.

강원특별자치도 출범

1970년 186만 명으로 정점을 찍었던 강원도 인구는 점차 감소하기 시작해 최근에는 154만 명 수준이다. 산업화 과정에서 인구 유출이 시작됐으며, 석탄·시멘트 등 그나마 강원도 경제를 지탱하던 광공업마저 사양산업으로 전락하자 인구 유출은 가속화되었다. 그나마 강릉과 춘천, 원주가 강원도 3축을 이루고 있으나 인구 50만 명을 넘지 못하는 규모다.

이러한 상황에도 강원도는 뚜렷한 대체산업을 찾지 못하고 있다. 그도 그럴 것이, 애초 경부선 중심의 경제개발계획에서 강원도는 배제되었으며 지리적으로도 산지가 많고 인구는 적어 늘 순위에서 밀려났기 때문이다. 최근 군부대 감축으로 일부 지역 주민의 생계가 위협을 받게 되자 강원도가 대책 마련에 나선 상황이다.

강원특별자치도는 강원도에 제주도, 세종시와 같은 자치권을 부여한 것이다. 정부 차원에서도 그동안 강원도에 적용한 각종 규제에 예외를 둠으로써 경쟁력을 확보하고 국토의 균형발전을 꾀하는 측면도 있다. 국회 문턱은 통과했지만 갈 길은 멀다. 평화특례시, 환동해자유구역특구 등 구체적 조항은 빠졌으며 국가의 권한과 책임도 명확히 두지 않았다. 이에 강원도는 후속 법률로 보완하겠다는 입장이다. 한편 정부 권한이 이양됨에 따라 난개발을 우려하는 지적도 제기된다.

용인자연농원

경기도 용인에 있는 에버랜드의 옛 명칭이다. 지금은 각종 놀이기구와 동물원이 있는 테마파크로 유명하지만, 당시에는 숲을 가꿔 농가 소득을 올리는 실용적 목적이 강했다. 밤·살구·은행 등 유실수를 심었고 퇴비 공급원으로 돼지를 키웠으며, 용수 확보를 위해 저수지를 축조하기도 했다.

1968년 삼성 이병철 회장의 농원조성계획이 국토개발 시범사업으로 선정되면서 본격적 공사에 들어갔다. 조성지였던 용인군 포목면의 토지 소유자만 2천 명이라 이들을 찾아 설득하는 데 오랜 시간이 걸렸다. 또한 공사 특성상 대규모 인력이 필요해서 한적한 용인에 인부들이 몰리기도 했다.

한편 자연농원 조성을 두고 바라보는 시각은 꽤 엇갈리는데, 한쪽에서는 조림(造林)에 뜻을 둔 삼성 창업주 이병철 회장의 공을 평가하며 국민에게 질 높은 휴식 공간을 마련했다고 본다.

한편 농지 구입 과정에서의 의혹과 양돈 분뇨 무단배출에 따른 인근 하천 오염 등을 지적하는 목소리가 있다. 무엇보다 자연농원 부지 공시지가가 논란의 중심에 섰는데, 삼성의 승계를 전후해 널뛰기를 반복한 것이다. 1996년 에버랜드 전환사채 발행, 2015년 삼성물산·제일모직 합병 사건과 맞물리며 조작 의혹이 일었다.

원조 워터파크, 부곡하와이

경남 창녕에 위치한 리조트이다. 재일교포 출신의 사업가 배종성이 세웠으며 1979년 부곡하와이로 문을 열었다. 명칭에 하와이가 들어가 있다 보니 미국 하와이에서 힌트를 얻은 것 같지만, 일본 리조트 하와이언즈를 참고했다고 한다.

부산, 마산(창원), 대구 등 대도시에 인접해 개장 당시에는 어마어마한 인파가 몰렸다. 온천과 놀이동산, 수영장, 조각공원, 공연장 등을 모두 갖춘 국내 유일무이한 관광지였기 때문이다. 수학여행, 신혼여행, 가족 모임 1순위는 단연 부곡하와이였다. 여기에는 해외여행 자유화 이전이라는 점도 영향을 줬다.

한때 연 방문객만 200만 명을 넘어설 정도로 큰 인기를 누렸으나, 경쟁업체들이 속속 등장하며 위기를 겪는다. 2000년대 이후로는 소득 수준이 크게 올라 부곡하와이가 아닌 진짜 하와이로 여행을 다녀올 정도가 됐다. 이렇다 보니 부곡하와이는 극심한 침체의 늪에 빠진다. 단, 부곡하와이 내부의 리모델링이나 시설 개선 노력이 게을렀다는 평가도 있다.

2017년 부곡하와이는 적자를 이기지 못하고 38년의 역사를 뒤로한 채 문을 닫았다. 부곡하와이 재개장을 두고 민관이 논의 중인 만큼, 모쪼록 좋은 소식이 전해지길 바란다.

김포국제공항 건설

　서울특별시 강서구에 위치한 국제공항으로 1939년 일본군의 비행장으로 개장했으며 해방 후 잠시 미군 비행장으로 쓰이기도 했다. 1949년 한·미 비행장 협정 체결을 계기로 공항으로서의 시설 확충을 본격화하였고, 1958년 정식 국제공항으로 승격했다. 그동안 국제공항으로 쓰이던 여의도 비행장은 김포공항으로 기능 이전 후 한동안 공군 기지로 활용되다가 폐쇄됐다.

　1980년대 고도 경제성장이 이어지면서 항공 이용 역시 확대되기 시작했는데, 당시 해외여행 자유화 조치와 맞물리면서 여객 수요가 크게 늘었다. 1988년 서울올림픽을 앞두고는 활주로 연장, 국제선 제2터미널 신설 등 대대적인 확충이 이뤄졌다.

　한편 수도권이 점차 과밀화되면서 김포 부지를 확장하는 것이 어려워지자 새롭게 공항 건설에 착수하는데, 현재의 인천국제공항이다. 2001년 인천국제공항이 준공되면서 "국제선은 인천, 국내선은 김포"로 이원화되는 듯했으나, 김포선의 취항노선이 크게 줄어든다는 지적에 따라 일본·중국에 한해 국제선 일부를 편성하였다.

　2018년 들어서는 터미널 리모델링 작업을 마쳤으며, 수도권 지하철과 연계해 교통 편의성도 크게 향상됐다. 최근에는 김포공항 이전을 놓고 정치권에서 이야기가 나오는 상황인데(이를 통한 수도권 서부지역 개발을 추진), 현실적으로 가능성이 적은 상황이다.

돌아온 연어, 울산 태화강의 기적

울산광역시를 흘러 울산만으로 향하는 강이다. 길이는 약 46km. '십리대길' '태화강 국가정원'이 있다.

1962년 울산이 특정공업지구로 지정되면서, 한적했던 어촌에는 대규모 공단이 들어서기 시작한다. 인구 유입 또한 급증하면서 생활폐수의 배출도 늘어났다. 과거 식수로 이용할 만큼 깨끗했던 태화강은 공업용수로도 이용할 수 없을 정도의 심각한 오염을 드러냈다.

태화강에 변화가 찾아온 것은 2000년 6월 '숭어 떼죽음' 사건을 겪고 나면서부터다. 강을 거슬러 오던 숭어 1만 마리가 죽은 채 태화강 위를 떠다니는 모습이 언론을 통해 보도됐다. 울산시는 물론 지역사회 모두 큰 충격을 받았고, 본격적인 태화강 살리기 운동에 나섰다.

당시 정책은 지금 봐도 적극 행정의 표본이라 할 수 있다. 기업의 폐수 배출기준을 높이고 기초수질 개선에 나선 것은 물론이거니와, 각 가정에 우수(빗물)와 하수관로를 따로 설치하였다. 상당한 비용을 감수해야 했지만 태화강의 오염을 막기 위한 특단의 조치였다.

환경단체와 시민들의 참여도 남달랐다. 강바닥에 쌓인 찌꺼기를 제거했고, 비닐과 철근 등 다량의 쓰레기를 수거했다. 그 결과 태화강은 연어가 돌아올 정도로 수질이 크게 개선됐고, 현재는 울산 시민들의 휴식처로 자리 잡고 있다.

철도를 품은 대전

충청도 중앙에 있는 광역시다. 우리말인 한밭을 조선 초기에 한자인 대전(大田)으로 쓰기 시작했다. 인구 140만 명으로 충청권을 대표하며 전국으로는 서울, 부산, 대구, 광주와 함께 5대 권역 중 하나로 꼽힌다.

경부선과 호남선을 가르는 철도 교통망의 요충지로, "서울 대전 대구 부산 찍고(호남의 경우 서울-전주-광주-목포)"라는 가사가 있을 만큼 경부선의 핵심 축을 차지한다. 실제 도시 발전에 있어 철도 덕을 크게 봤다고 해도 될 정도인데, 변방의 작은 마을에 불과하던 곳이 철도가 놓이면서 급성장하였다. 한국전쟁 때는 임시수도로 지정되기도 했다.

대전은 과학도시로도 유명하다. 서울 홍릉에 있던 한국과학기술원(KAIST)이 이전한 것은 잘 알려져 있으며, 대덕연구개발특구에는 정부출연기관 및 전문생산기술연구소, 국공립연구기관 등이 들어서 있다. 특히 1993년 개최된 대전엑스포는 대전을 철도가 아닌, 과학도시로 만드는 데 크게 기여했다.

근현대 혼란을 거치며 성장한 터라 외지인의 비율이 높은 게 사실이다. 그래서인지 도시 전체가 조용하다는 인식이 있으며 종종 대전만의 특징이 불분명하다는 목소리도 나온다. 그럼에도 살기 좋은 도시를 꼽을 때는 항상 상위권에 이름을 올린다.

임실 치즈와 지정환 신부

임실 하면 떠오르는 것 바로 치즈다. 임실이 전북에 있는지조차 모르는 사람도 임실 치즈는 들어봤을 정도로 유명하다. '천안 = 호두과자', '횡성 = 한우'처럼 치즈가 임실을 대표하기까지는 한 선교사의 헌신이 있었다.

벨기에 출신의 지정환(본명 디디에 세스테벤스) 신부는 1959년 내한해 부안성당을 거쳐 임실성당에 부임했다. 이때가 1964년으로, 지금도 그렇지만 임실군은 산이 많아 사람이 먹고살기엔 척박한 땅이었다. 그는 주민들의 생계에 도움을 주고자 임실 풀밭에서 산양 2마리를 키우기 시작한다. 산이 많은 환경은 오히려 산양을 키우기엔 더없이 적합했다.

당초 그는 산양젖을 팔고자 했다. 하지만 판매처를 찾기가 쉽지 않았고 버려지는 산양유가 늘어났다. 고심 끝에 떠올린 것이 치즈다. 지정환 신부는 아예 치즈 공장을 세우기로 한다. 정작 본인은 치즈를 그리 좋아하지 않았음에도, 직접 유럽 치즈 공장을 방문하며 제조법을 익혔다고 한다. 다시 한국으로 돌아온 그는 치즈 생산에 성공, 조선호텔 등으로 판매처를 넓혔다.

1970년대 유신체제 반대 시위에 참여하고 전북 완주에 장애인 재활센터 '무지개의 집'을 설립하는 등 일평생 낮은 곳만을 바라보던 그는 2019년 선종했고, 우리 정부는 국민훈장 모란장을 추서했다.

충남 대표도시 공주의 쇠락

충청남도 동부 중앙에 있는 시다. 안으로는 계룡·논산·부여·청양·예산·아산·천안에 인접하며, 밖으로는 대전·세종과 맞닿는다. 삼국시대 백제의 수도 웅진이 자리 잡은 것에서 알 수 있듯 충청권의 중심지였으며, 조선 시대에는 충청감영(현재의 도청)이 위치했다. 이는 1932년 충남 도청소재지가 대전으로 이전될 때까지 계속됐다.

공주의 위상이 흔들리기 시작한 것은 일제강점기 경부선이 대전을 통과하면서부터다. 허허벌판이던 대전은 광역시급으로 팽창했다. 이후에도 경부선 중심의 투자가 계속되었다. 천안과 아산, 심지어 세종시까지 생기면서 공주의 인구 유출은 심각해졌다. 그나마 공주대와 공주교대가 있어 체면을 세우나, 세간의 인식은 대전권 부속 도시 정도이다.

비단 공주만의 문제는 아니다. 영산강을 두고 목포와 광주를 잇던 나주 역시 전남 제1 도시였던 때가 있었으나, 수로 교통이 점차 줄어들고 도청소재지가 광주로 결정되며 상권이 후퇴했다. 경북 상주는 충남 공주에 비견될 만큼 대도시였으나(경상도의 '상'이 상주) 경부선이 추풍령 고개를 통과하면서 도심의 지위를 내놓게 된다. 시대 변화에 따른 결과를 막을 수는 없겠으나, 적절한 정책과 제도개선을 통해 인구를 분산시키고 지역 간 격차를 줄이는 노력이 필요할 것이다.

통일한국과 평양

　평안남도 서남부에 위치한 북한의 수도이다. 평양(平壤, 평평한 땅)이라는 지명에서 알 수 있듯 예로부터 벌판이 많고 땅이 기름지며 대동강을 끼고 있어 교통에도 편리하다. 우리나라의 서울이 그렇듯 평양 역시 북한의 최대 도시로, 정치·사회·교육·문화 중심지 역할을 하고 있다.

　북한 핵 문제의 외교적 해결과 남북 간 군사 대립 완화 시, 남북협력의 첫 단추는 단연 경제일 것이다. 또한 그 대상지로는 평양에서부터 시작해 남포·평성·송림 등 주변 권역으로 확대될 가능성이 크다. 아무리 북한이라고 해도 평양은 인구 약 300만 명에 도로와 철도, 아파트 등 기본 인프라를 갖췄으며 역사적으로도 고구려 수도 이후 현재까지 북부 지방 최대 도시였다. 따라서 경제개발이 본격화될 경우 평양을 중심으로 한 대도시권이 형성될 것이다.

　참고로 서울-평양 간 거리는 직선 기준 $195km$에 불과해, 통일한국의 수도를 어디로 할 건지와는 별개로 이 지역이 신 수도권으로 부상할 것이라는 전망이 높다. 무엇보다 두 도시 사이에는 개성과 파주, 크게는 철원이 있다. 특히 철원은 현재 인구 5만의 군에 머물러 있으나 통일 시 교통의 요충지이자 한반도의 중심도시로 성장이 예상된다.

기업이 만든 도시, 기업도시

민간 기업이 토지 수용권 등을 갖고 주도적으로 개발한 특정 산업 중심의 자급자족적 복합기능도시를 말한다. 기존 산업단지와 달리 지자체와 기업이 협의하여 기업도시 특구를 지정하고 자체 개발계획을 수립하며, 이를 통해 산업단지·연구개발(R&D)·문화·교육·주거타운 등을 건설한다.

기업도시는 기능에 따라 산업교역형, 지식기반형, 관광레저형, 혁신거점형 등으로 나뉜다. 2004년 「기업도시개발 특별법」이 제정되면서 기업도시 관련 기반 사업이 본격 추진되었다. 시범 사업지는 전남 무안(산업교역형), 충북 충주·강원 원주(지식기반형), 전북 무주·충남 태안·전남 해남/영암(관광레저형) 등 6곳이다. 이중 원주·충주기업도시는 준공하였으며 해남/영암·태안기업도시는 준공 예정이다. 한편 무안·무주는 지구지정이 해제되었다.

해외의 유사한 사례로는 일본의 도요타시(豊田市)가 있다. 도요타시는 1938년 도요타 자동차공장이 자리 잡으면서 코로모시(擧母市)라는 지명을 도요타시로 변경하였다. 도요타시 제조업 종사자의 약 82%가 도요타 자동차 산업에 종사하고 있고, 나머지도 모두 도요타 자동차 관련 산업에 종사하고 있는 등 도시 전체가 도요타 자동차 산업과 관련되어 있다.

경부고속도로 준공과 77명의 희생

1968년 2월, 서울 원지동(서울톨게이트)에 굉음이 울려 퍼진다. '단군 이래 최대 토목공사'로 불리던 경부고속도로 건설을 알리는 신호였다. 공사비는 330억 원에 불과했지만 당시 예산의 30%에 육박했다. 어떻 게든 이것만으로 공사를 마쳐야 하는 상황이었다.

건설이란 계절과 날씨의 영향을 받기 마련이라, 비가 오면 작업을 멈춰야 하며 날이 너무 춥거나 더우면 인부들이 쉬어야 한다. 하지만 당시 여건은 정반대였다. 주어진 예산으로 공사를 끝내려면 작업시간을 최대한 줄여야 했다. 언 땅에는 짚단에 불을 붙여 녹이고, 곡괭이로 바위를 부수며 길을 만드는 강행군이 이어졌다.

여러 우여곡절과 천신만고의 노력 끝에 착공 10개월 만인 1968년 서울-수원 구간을 준공하기에 이른다. 이후 오산-수원, 대전-천안, 부산-대구 구간을 차례로 준공했으며, 가장 어려운 작업이었던 대구-대전 구간을 1970년 6월 최종 준공한다. 마침내 1970년 7월 7일, 대구 공설운동장에서 준공식이 열렸다.

한편 공식집계에 따른 경부고속도로 건설 희생자 수는 77명이다. 하지만 실제로는 이보다 더 많으며, 희생자 수를 개통 날짜에 맞췄다는 해석이 있다. 경제성장에 가려진 아픈 장면이 아닐 수 없다.

빌바오 효과와 도시재생

스페인 바스크 지방의 도시 빌바오. 과거 철강과 조선으로 유명했던 이곳은 1980년대 경제 불황을 겪으며 위기를 맞는다. 해법을 찾던 빌바오는 문화산업에 주목했고, 곧 도시재생추진회를 설립한다. 당시 유럽 진출을 모색하던 구겐하임 재단과의 협상 끝에 미술관 설립에 드는 비용을 빌바오 측이 제공해준다는 조건으로 구겐하임 미술관 유치에 성공한다.

하지만 주민들의 반응은 냉담했다. 반대 여론이 압도적이었다. 그도 그럴 것이 공업도시에 문화산업이라니, 공감하기 어려운 게 사실이었다. 하지만 빌바오 당국은 꾸준한 주민 설득에 나섰고, 마침내 1997년 미술관을 개관한다. 독특한 디자인으로 주목받던 건축가 프랭크 게리가 참여했다. 결과는 대성공이었다. 첫해에만 방문객 100만 명이 찾아왔으며, 5년 만에 투자금을 포함해 모든 건설비용을 회수했다고 전해진다. 이처럼 도시를 대표하는 랜드마크가 들어서 도시 전체의 경쟁력을 높여주는 현상을 '빌바오 효과'라고 한다.

다만 주의해야 할 것은, 미술관 유치가 오늘날 빌바오의 성공을 가져온 것은 아니라는 점이다. 당국은 미술관 외에 도로와 다리, 터미널, 대학, 극장 등 도심 전반의 디자인 개선에 힘을 쏟았다. 그 결과 빌바오는 산업도시가 아닌 완전한 문화도시로 재탄생할 수 있었다.

세계에서 가장 높은 빈민가, 토레 다비드

베네수엘라 수도 카라카스에는 '라 토레 데 다비드(La Torre de David, 다비드의 탑)'라는 건물이 있다. 45층 190m 규모의 이 건물은 본래 금융센터를 목적으로 지어졌다. 하지만 경기가 나빠지면서 건설이 중단됐다. 공정률 90%의 건물을 해체하자니 이마저도 쉽지 않았고 결국 그대로 방치되기에 이른다.

어느 날 카라카스 지역에 큰비가 내리는데, 한순간에 주거지를 잃게 된 도시 빈민들은 10년 넘게 방치된 이 건물을 찾는다. 처음에는 텐트를 치는 등 임시거처에 불과했지만 점차 사람이 늘어 700여 가구, 3,000명에 육박한다. 불법 거주임이 분명하나 빈민이었던 이들을 내쫓자니 마땅한 주거 공간도 없던 터라 정부는 이들의 행동을 묵인해줬다 (여기에는 당시 대통령이 우고 차베스였다는 점도 고려할 필요가 있음).

짓다 만 콘크리트 건물 속에서 빈민들은 연대하며 공동체를 형성했다. 외벽을 보수하고 통로를 만들었으며, 자체 방범 활동으로 치안 관리에 나섰다. 아이들은 빌딩 주차장에서 뛰어놀았다. 가게가 들어섰고 이발소, 심지어 병원과 교회까지 생겨났다. '세계에서 가장 높은 빈민가'로 불린 이곳은 2014년 주민들의 이주가 결정되면서 사라졌다.

"우리는 오늘 세 가지 혁명적인 기계를 선보일 것입니다. 손으로 조작할 수 있는 커다란 화면을 가진 아이팟, 아주 새롭고 혁신적인 휴대전화, 인터넷을 이용해서 소통할 수 있는 기기입니다. 놀랍게도 이 세 가지 기기는 하나의 기기입니다. 우리는 그것을 아이폰이라고 부릅니다."

스티브 잡스

8
새로운 등장

최초의 고유 모델 차, 현대 포니

현대자동차의 최초 독자 생산 모델이다. 1974년 이탈리아 토리노 모터쇼에서 그 모습을 드러냈으며, 1975년 생산을 시작했다. 대한민국은 이로써 아시아에서는 2번째, 세계에서는 16번째로 고유 모델 자동차를 만든 국가가 됐다. 참고로 '포니정'으로 불렸던 인물은 정주영 회장이 아닌 그의 동생 정세영 HDC그룹 명예회장이다. '현대차 = 정세영' 이라 할 만큼 그의 현대자동차 애정은 깊었으나, 결국 정몽구에게 물려주고 자신은 현대산업개발을 택한다.

다시 돌아가 보면, 당시 포드와 기술협력 중이던 현대차는 단순 위탁 조립만으로는 성장에 한계가 있음을 느낀다. 자동차 산업 특성상 내수 시장을 넘어 수출까지 목표로 해야 하는데 이를 위해서는 무엇보다 고유 모델 확보가 필수였다. 설상가상으로 정부의 자동차 국산화 정책 압력이 더해지면서 현대차는 사활을 걸고 고유 모델 개발에 나선다. 그 결과물이 포니다.

플랫폼과 엔진은 일본 미쓰비시와 협력했으며, 디자인은 이탈리아 출신의 거장 조르제토 주지아로의 손을 거쳤다. 마침내 출시된 포니는 시판 첫해 1만 대를 넘는 판매량으로 국내 시장 1위에 점유율 43%를 차지했다. 해치, 픽업트럭, 왜건 등 다양한 형태로 출시되며 국민에게 많은 사랑을 받았다. 한편으로는 해외기술에 의존한 측면도 있으나, 이 과정에서의 경험은 대한민국 자동차시장 성장의 큰 보탬이 됐다.

기아 되살린 봉고 신화

1980년 기아산업(現 기아자동차)에서 출시하였다. 일본 마쯔다사와의 기술 제휴를 통해 완성도를 높였으며, 차명 또한 '마쯔다 봉고'에서 따왔다. SUV의 대명사 '지프(Jeep)차'가 그렇듯, 봉고와 비슷한 차량(10명 내외의 사람을 태울 수 있는 승합차)은 모두 '봉고차'로 부를 만큼 유명세를 떨쳤다.

과거 정부(신군부)는 자동차 업계의 과당경쟁을 해소한다는 명분으로 자동차공업 통합 조치를 단행했는데, 그 결과 기아자동차는 주력이던 승용차 생산이 금지되고 중·소형 상용차 시장을 배정받게 된다. 생산라인 정리와 대규모 감원이 불가피한 상황 속에 기아차는 기업 명운을 걸고 차량 개발에 나섰는데, 그것이 봉고다.

첫 출시한 트럭 모델은 큰 반응을 보이지 않았다. 하지만 이듬해 출시한 승합차 모델이 대히트를 기록했다. 자영업자와 중소기업 중심으로 폭발적인 반응을 끌어내면서 '봉고 신화'를 만들어냈다. 화물차에 비해 크기는 작았지만 저렴한 가격과 편리한 운용이 큰 매력으로 작용한 것이다. 여기에 국민소득 증가에 따른 레저 붐이 일면서 가정의 수요도 크게 늘었다.

봉고 승합차는 2005년까지 생산되었으며 현재는 화물형 트럭만이 출시되는 상태다. 한편 2021년 다마스와 라보가 단종되면서 봉고는 포터와 함께 소형 트럭의 명맥을 이어가고 있다.

'작은 차 큰 기쁨' 대우 티코

대한민국 최초의 경차로 알려져 있다. 대우차에서 만들었으며 1991년부터 2001년까지 생산되었다. 작고(Tiny) 탄탄하다는(Tight) 뜻에서 TI를, 편리하고(Convenient) 아늑한(Cozy) 친구(Companion)에서 CO를 붙였다. 당시 정부의 국민차 보급운동 일환으로 도입되었기에 초기 출고가는 290만 원이었다.

일반 승용차와는 비교하기 힘들 정도로 저렴한 가격에 출시됐지만, 그만큼 안정성은 떨어졌고 편의시설도 부족했다. 무엇보다 외형을 중시하는 우리 문화에 맞지 않다는 의견들이 이어졌다.

이렇듯 큰 관심을 받지 못했던 티코는 외환위기로 살림살이가 빠듯해지면서 인기몰이에 나선다. 낮은 유지비에 세제 혜택이 맞물리며 월간 1만 대 이상 판매됐다. 경쟁사의 경차 출시도 이어져 아토스(현대), 비스토(기아) 등 경차의 선택 폭도 높아졌다. 현재까지도 경차는 저렴하면서도 실속을 챙기는 고객층 중심으로 꾸준히 판매되고 있다.

티코의 크기가 워낙 작아서였을까. 차량을 대상으로는 드물게 '티코 유머집'이 유행하기도 했다. 여기에는 "운행 중 티코가 멈추면 뒤에 태엽을 감아보라"던지, "바람이 불면 티코가 날아간다" 등의 농담 섞인 유머가 담겨 있다. 국민적 사랑과 관심을 받던 티코의 자리는 마티즈를 거쳐 스파크(한국GM)가 이어가고 있다.

국산 1호, 삼보 컴퓨터

1980년 당시 1,000만 원으로 청계천에서 사업을 시작했다. 이듬해 인 1981년 국내 최초 PC(SE-8001)을 선보였으며, 캐나다와의 수출계 약을 체결해 '대한민국 최초의 컴퓨터 수출업체' 타이틀을 갖고 있다. 전성기에는 여느 대기업 못지않은 성장세를 보였다. 창업주는 이용태 전 데이콤 사장으로, 전자정부 구축에 기여했던 인물이다.

가장 유명한 사건은 삼보 체인지업 모델 출시다. 1990년대 말 컴퓨 터는 고가의 제품이었음에도 불구하고 기술 발전 속도가 워낙 빨라 최 신형 컴퓨터를 사더라도 금세 구형이 되는 일이 잦았다.

삼보는 이를 마케팅에 활용했는데, 자사 컴퓨터 구매 시 2년 후 최신 부품으로 무상 교환해주기로 한 것이다. 그야말로 파격적인 조건이었 다. 거기에 메이저리그에 진출한 박찬호 선수를 홍보모델로 기용함으 로써 인기몰이에 힘을 보탰다.

승승장구가 이어질 것 같던 삼보에도 이내 어두운 그림자가 드리워 졌다. 한전과의 제휴를 통해 선보인 초고속인터넷 '두루넷'은 1년 만에 가입자 10만 명을 넘어서는 등 인기몰이에 나섰으나 정부 방침 변경, 경쟁사 진입 등으로 끝내 실패한다. 의욕적으로 추진한 사업들도 삐걱 대기 시작해 무분별한 확장이라는 비판을 받았다.

한국인의 소울가전, 김치냉장고

최초의 김치냉장고는 1984년 금성사(現 LG)에서 출시하였다. 하지만 반짝 효과에 그쳤다. 당시만 해도 김치 보관은 김장독으로 하던 시절이 었고 아파트 보급률도 높지 않아 수요가 적은 탓이었다.

대우, 삼성에서도 성능을 개량해 김치냉장고 시장 진출에 나섰으나 뚜렷한 성과를 내지 못했다. 김치냉장고가 인기를 끌기 시작한 것은 1995년 만도기계(現 대유위니아)에서 '딤채' 브랜드를 내놓으면서부터 다. 주로 에어컨을 생산하던 만도가 김치냉장고를 만들게 된 계기는 한 대리점 사장의 제안 덕분이었다.

여름 한 철 장사인 에어컨 생산에만 그치지 말고, 프랑스의 와인 냉 장고나 일본의 생선 냉장고처럼 우리만의 냉장고를 만들어보자는 것 이었다. 에어컨을 연구하던 만도 직원들은 하루아침에 김치 연구원이 됐다. 93년에는 사내에 김치연구소를 설립했다.

딤채 성공의 결정적 계기는 입소문 마케팅에서 찾을 수 있다. 강남 아파트 일대를 다니며 주부 대상으로 김치냉장고 5,000대를 무상 대 여해줬다. 돈은 받지 않을 테니, 일단 써보고 판단해달라는 것이었다. 주부들 관점에서 사용해보니 김치가 쉽게 시어 버리지 않고 냄새까지 제거할 수 있어 일석이조였다. 결과는 대성공이었다. 삼성, LG 등 대기 업과의 경쟁 속에서 딤채는 높은 판매고를 달성했다.

아이폰, 통신의 모습을 바꾸다

IT 강국이라는 이미지에도 불구, 그동안 대한민국 통신사들은 인터넷과 벨소리 및 게임 등 각종 콘텐츠에 과금하는 방식으로 수익을 얻고 있었다. 국내 제조사들 역시 통신사의 요구에 따라 성능에 제한을 두는 일이 비일비재했다. 국내 유통망을 통신 3사가 쥐고 있기 때문이다. 심지어 아이폰 국내 출시를 앞두고도 KT와의 협상 과정에서 무선랜 기능을 빼줄 것을 요구했다고 한다.

음성통화가 사라진 점도 눈여겨볼 대목이다. 아이폰 이전에는 통신사의 주 수입원이 음성통화였다. 대개의 요금제 역시 음성통화 사용량에 기준을 뒀다. 하지만 아이폰이 출시되면서 음성이 아닌, 네트워크 기반의 통화가 가능해졌다. 카카오톡이 대표적이다. 시장의 판세가 변했음을 감지한 통신사들은 데이터 중심의 요금제로 개편했다.

마지막으로 아이폰은 국내 통신사와 제조업체 간 관계를 뒤흔들었다. 아이폰은 수많은 소프트웨어와 꾸준한 업데이트를 통해 '팔리면 끝'이라는 인식을 철저히 깨부쉈다. 아이폰을 경험한 소비자들을 더 이상 국내 기업이라는 이유만으로 붙잡을 수 없게 된 것이다. 대표적으로 옴니아를 출시하며 아이폰 대항마를 내걸었던 삼성은 보기 좋게 패했고, 절치부심 끝에 갤럭시를 선보이며 현재에 이른다.

여름철 필수템, 에어컨 발명

실내 공기의 온도 및 습도를 조절하는 장치다. 보통 여름철 냉방 역할만을 떠올리기 쉬우나, 본래 이름인 'air conditioner(공기조화기)'에서 알 수 있듯 습기 제거에도 탁월하다. 미세먼지 문제가 이슈화된 최근에는 공기청정기 역할까지 수행한다.

에어컨 없는 사무실은 생각하기 힘들 만큼 업무 생산성에 절대적 영향을 준다. 오죽하면 싱가포르 전 총리 리콴유가 에어컨을 가리켜 "인류 역사상 가장 위대한 발명품"이라 극찬했을 정도다. 그가 취임 후 가장 먼저 한 일이 정부 사무실마다 에어컨을 설치하는 것이었는데, 이를 통해 공공부문의 효율성을 높일 수 있었다.

실내 온도를 낮추는 의미의 냉방 역사는 꽤 오래되었으나, 현재의 에어컨으로 구체화된 것은 1902년 윌리스 캐리어가 전자식 공조장치를 개발하면서부터다. 그는 여름만 되면 높은 습도로 인쇄물의 상태가 나빠진다는 인쇄업자의 말을 듣고 이를 제어할 장치를 만들었다.

이후 공장에서 마찰열을 제거할 냉각장치를 필요로 했는데, 이때 그는 기화열을 이용해 공기 온도를 낮추는 방식을 고안해냈다. 그는 특허를 땄고, 곧 자신의 이름으로 회사를 설립한다. 세계 최대 규모의 냉동공조 업체인 캐리어(Carrier)다.

빨래로부터의 해방, 세탁기

세탁기에 관한 상식 세 가지. 1. 20세기 여성 해방에 가장 크게 기여한 품목으로 세탁기를 꼽을 만큼 세탁기는 여성의 가사 노동시간 단축을 가져왔다. 한 통계자료에 따르면 17kg 분량의 빨랫감 세탁 시 4시간에서 41분으로 단축됐다. 2. 두꺼운 이불을 덮는 한국에서는 20kg 이상의 가정용 세탁기도 쓰이는 반면, 유럽의 세탁기는 5kg 정도에 그친다. 침대에 얇은 담요만을 덮기 때문이다. 3. 우리나라의 세탁기는 세계적으로도 성능 좋기로 유명하다.

현대식 세탁기가 도입된 것은 20세기에 이르러서다. 1908년 미국에서 첫선을 보였으며, 이후 교반식(모터를 돌려 빨랫감을 휘감는 방식) 세탁기 보급으로 확대되었다.

우리나라 최초의 세탁기는 1969년 금성(LG전자)에서 출시한 백조(모델명 WP-181)이다. 출시 초 반응은 미지근했다고 전해지는데, 당시만 해도 손빨래가 익숙해 세탁기는 때가 잘 지지 않을 거라는 생각이 있었고 또 세탁기를 사치품으로 보는 경향도 강했다고 한다.

하지만 70년대 들어 세탁기의 편리함이 알려지면서 소비 시장이 크게 확대되었다. 90년대 들어서는 세탁기가 각 가정의 필수가전으로 자리 잡았으며, 96년 LG전자에서 출시한 통돌이는 아예 '통돌이 세탁기'라는 고유명사로 불릴 만큼 큰 인기를 끌었다.

전파를 이용한 최초의 대중매체, 라디오

1945년 8월 15일 정오, 일왕 히로히토의 육성이 라디오 너머로 흘러나왔다. 겉으로는 종전 선언이었으나 사실상의 항복이었다. 그런데 전쟁에서 패배했다는 사실보다 더 큰 충격을 준 것은 일왕의 육성 그 자체였다. 난해한 용어에 음질도 좋지 않았지만, 일왕이 직접 방송에 나선 것은 전례가 없는 일이었기 때문이다.

이렇듯 최초의 광복 소식은 라디오를 통해, 그것도 일본 천황의 선언으로 직접 전해졌다. 얼마 지나지 않아 라디오에서는 일본어가 아닌 한국어가 나오기 시작했다. 우리 국민은 비로소 해방을 실감했다.

1947년 우리나라의 호출부호로 'HL'이 채택되면서 일제강점기 경성방송국(JODK)은 중앙방송국(HLKA)으로 개칭하였다. 또한 1954년 기독교방송(CBS)이 설립되며 국영방송과 민영방송 간 경쟁이 시작되었다. 라디오 전성기는 1950~60년대로, 청실홍실(1956~57)과 같은 라디오 연속극이 인기를 끌며 라디오 보급에 속도가 붙는다. 최초의 국산 라디오는 1959년 금성사가 출시한 A-501 모델이다.

한편 라디오의 강력한 경쟁자인 텔레비전이 출시되었음에도 오히려 자동차 보급이 확대되면서 라디오는 꾸준한 수요를 얻고 있다.

반일도 막을 수 없었던 코끼리 밥솥

중일전쟁 당시 일본군은 전투 중 빠른 식사를 목적으로 나무통에 쌀과 물을 넣은 후 전기를 이용해 밥을 지어 먹었다. 오늘날 전기밥솥의 원형이라 할 수 있다. 이후 기술 개발이 더해지던 중 1974년 조지루시에서 전기보온밥솥을 출시한다. 밥솥에 코끼리 마크가 있다고 해서 일명 '코끼리 밥솥'으로도 불리며 주부들 사이에서 큰 인기를 끈다.

우리나라도 전기밥솥을 생산하긴 했다. 1965년 금성사에서 처음 출시한 이래 몇몇 업체에서 유사한 제품을 선보였다. 하지만 별 반응을 얻지 못했는데, 이유는 하나. 맛이 없었기 때문이다. 특히 가마솥 밥 특유의 찰기를 재현하지 못했다. 그러던 와중 코끼리 밥솥의 소문이 점차 퍼졌고, 일본을 다녀오는 이들이 하나씩 사서 들고 오기 시작한다.

1983년 1월 일본의 한 신문사 보도에 온 나라가 들썩였다. 한국 관광객 덕분에 매출이 증가한다는 내용이었다. 알고 보니 일본 단체여행을 다녀오면서 코끼리 밥솥을 잔뜩 사 온 것이었다. 당시 전두환 대통령은 밥통 하나 제대로 만들지 못하는 국내 산업을 질책하며, 6개월 만에 제대로 만들 것을 지시했다고 전해진다. 지금에야 국내에서 일본 밥솥은 찾아보기 힘들 정도로 상황이 역전되었으나, 80년대만 해도 코끼리 밥솥은 우리 주부들의 로망이었다.

최초의 통조림과 캔의 등장

고기나 과일 등 식료품을 양철통에 넣고 살균·가열한 뒤 밀봉하여 오래 보존할 수 있도록 한 식품을 통조림이라고 한다. 1804년 프랑스의 나폴레옹이 군인들의 식량 문제를 해결하기 위해 사용한 것으로 알려져 있으며, 발명한 이는 니콜라 아페르다. 이때는 지금과 같은 양철이 아닌 병의 형태였다. 그래서 병조림이라고도 불렀다.

그로부터 몇 년 후인 1810년 영국의 피터 뒤랑은 병이 아닌 주석으로 된 통조림을 고민한다. 마침내 그는 고온·고압에도 견딜 수 있는 양철통을 개발해냈고 이에 특허를 냈다. 이때 양철통을 캐니스터(canister)라고 부르던 것이 지금의 캔(can)으로 이어진다.

이후 통조림 제조기술이 크게 발전하면서 식품업계는 대전환을 맞이한다. 사실 그동안의 식품 보존은 건조(바짝 말림)나 염장(뼈와 내장을 제거한 후 소금에 절임), 훈제(연기에 익혀 말림) 등의 방식이었다.

따라서 대량 저장에 용이하지 못했으며, 고유의 맛을 보존하는 데도 한계가 있었다. 반면 통조림은 유통과 보관이 수월하고 보존 기간도 훨씬 길었다. 한 가지 단점이라면 통조림을 따는 일이었는데, 이마저도 통조림 따개와 자체 뚜껑으로 해결했다.

선물 세트는 역시 동원참치

국내 참치통조림 부동의 1위 브랜드이자 동원그룹을 대표하는 상품이다. 동원참치의 역사가 곧 우리나라 참치, 크게는 원양어업을 상징한다고 봐도 될 정도다.

동원그룹 창업주 김재철 회장은 부산수산대학교(現 부경대학교)를 졸업한 항해사 출신의 기업가다. 그는 1957년 인도양으로 출항한 우리나라 최초 원양어선 '지남호'에 실습항해사로 승선하면서 조업에 대한 감각을 익혔고, 1969년 現 동원그룹의 전신인 동원산업을 창업했다.

동원참치가 출시된 것은 1982년이다. 당시만 해도 참치는 고급 어종에 속했고, 참치가 무엇인지 모르는 사람도 많았다. 통조림이라고 해봐야 햄, 꽁치가 전부였다. 하지만 경제가 성장하면서 고급 먹거리에 관한 관심도 조금씩 높아지던 상황이었다. 관건은 "소비자에게 통조림 형태의 참치를 어떻게 홍보할 것인가"에 달려 있었다.

동원은 고급화 전략을 택했다. 바다에서 거대한 참치가 잡히는 모습을 크게 내걸었고, 상품명에는 참치 뒤에 살코기를 붙였다. 주말에는 유원지, 야구장, 등산로 등에서 시식 행사를 열어 맛을 알렸다.

동원참치 전성기의 문을 연 것은 명절 선물 세트 출시부터다. 1984년 업계 최초로 참치통조림 선물 세트를 개발했는데, 선물용으로 큰 인기를 끌었다.

259

생수, 물을 사 먹는 시대

1790년 프랑스 에비앙 레벵의 한 남성이 카샤 샘에서 나오는 물을 매일 마시고 건강이 회복되는 일이 벌어진다. 소문이 퍼지며 사람들이 몰려들었고, 샘 주인은 물을 상품화했다. 프랑스를 대표하는 생수, '에비앙(Evian)'이다. 현재 에비앙 생수는 세계 각국으로 수출되고 있으며 한국에서도 꽤 고급 브랜드로 자리 잡았다.

반면 우리나라에서 "물은 공짜"라는 인식이 강했다. 30여 년 전만 해도 학교 운동장 수돗가에서 물을 마시는 게 일상이었다. 1975년 생수가 개발되었음에도 국내에 판매되진 않았고, 88서울올림픽 때 외국 선수들에 한해 잠시나마 허용됐다. 정부는 생수 판매 시 자칫 생수와 수돗물을 가지고 국민 간 위화감을 조성할 수 있다는 이유로 판매를 금지했다. 그래서 수돗물이 꺼림칙한 경우에는 별도로 끓여 마시는 수밖에 없었다.

생수 시판의 결정적 계기는 1991년 두산전자의 낙동강 페놀 유출사건이 터지면서부터다. 깨끗한 물에 대한 수요가 점차 커졌고, 암암리에 생수가 거래됐다. 결국 생수 시판 문제는 법원으로 넘어갔다. 재판부는 국민이 깨끗한 물을 마실 행복추구권, 생수 제조업체들의 영업자율권에 손을 들어줬다. 그렇게 1994년부터 생수가 본격 판매되기 시작했다. 현재 생수 시장 매출은 연간 2조 원대에 이른다.

직장인의 필수품, 맥심 커피믹스

'커피공화국'이라는 말이 나올 만큼 우리나라 사람들의 커피 사랑은 가히 대단할 정도다. 과거 상류층의 전유물이었던 커피는 다방 문화를 거쳐 점차 보급되었는데, 특히 커피의 대중화를 가져온 데에는 믹스커피의 역할이 컸다. 믹스커피란 커피와 설탕, 프림 등을 섞어 한 잔 분량으로 포장하여 물에 타서 간편하게 마실 수 있는 제품을 말한다.

잘 알려지지 않은 사실이지만, 믹스커피를 세계 최초로 개발한 기업은 바로 우리나라의 동서식품이다. 당시 '맥스웰하우스 커피'를 출시하면서 커피 시장에 진입한 동서식품은 1976년 '맥심(Maxim)'이라는 브랜드 커피믹스를 선보였다. 커피 본연의 향과 맛에는 거리가 있음에도 불구, 다방 커피에 길든 한국인의 입맛을 적중시켰다.

믹스커피는 커피 대중화 이상의 사회적 변화를 가져왔다. 대표적으로 여직원의 전유물이었던 소위 '커피 심부름'이 사라진 데에는 믹스커피의 영향이 크다. 거리마다 커피 자판기가 속속 들어선 것도 그렇다. 단돈 몇백 원에 따뜻한 커피를 즐길 수 있게 되면서 누군가는 고단한 인생 속 위로를 건넸다. 믹스커피는 특허청이 발표한 '우리나라를 빛낸 발명품'에 이름을 올리기도 했다.

오늘은 내가 짜파게티 요리사

농심에서 출시한 인스턴트 짜장라면이다. 짜장면과 스파게티에서 이름을 따왔다. 소위 '중국집 짜장면'과는 식감에 차이가 있다 보니 짜장면이라고 하긴 어렵지만, 오히려 이 차이 덕분에 짜파게티를 선호하는 사람들도 적지 않다. 일반 라면보다 비싼 가격임에도 불구하고 별미로 인식되어 꾸준한 판매량을 기록하고 있다.

짜파게티가 큰 인기를 얻게 된 데에는 그만한 이유가 있다. 사실 농심은 1970년에 롯데짜장면을 출시한 바 있다. 이후 삼선짜장면, 농심 짜장면 등을 내놓으면서 충분한 경험을 쌓았다. 짜파게티 출시 후 이듬해 경쟁사였던 삼양에서 짜짜로니를 내놓지만, 이미 짜파게티의 맛에 빠진 소비자들을 끌어오지는 못했다.

"일요일은 내가 짜파게티 요리사!" 기성세대치고 이 광고를 모르는 이는 드물 것이다. 실제로도 일요일의 짜파게티 검색량과 게시물이 많다고 한다. 영화 「기생충」에서 '짜파구리(짜파게티 + 너구리)'가 나온 후 짜파게티는 '모디슈머' 열풍으로 이어졌다.

Modify(수정하다)와 Consumer(소비자)을 합친 이 말은 자신의 기호에 따라 조리법을 바꾸는 것을 뜻하는데, 소비자들은 독특한 짜파게티 레시피를 SNS에 공유하기도 했다.

PB 상품은 어떻게 성공하였나

우선 시장 구조부터 짚어보자. 전통적으로 상품을 기획하고 생산하는 일은 제조업체의 몫이었고, 유통업체는 판매를 대행하는 정도였다. 이는 브랜드·품질·가격 모두 제조업체가 우위에 있다는 뜻으로, 이러한 방식을 NB(National Brand) 상품이라고 한다.

한편 대형마트 중심의 소비가 확대되고 인터넷 플랫폼 경제가 일상화되면서, 오히려 유통업체가 상품을 기획하고 제작을 의뢰하면 제조업체는 이에 따라 생산하는 방식이 늘어나고 있다. 이때 브랜드는 제조업체가 아닌 유통업체를 따르는데, '자체 브랜드'라는 의미에서 PB(Private Brand) 상품이라고 한다.

유통업체 입장에서 PB 상품은 고객을 끌어모으는 효과적인 수단이 되기도 한다. 대표적으로 이마트의 '노브랜드(No Brand)'를 들 수 있다. PB라는 개념 자체를 브랜드화한 것으로, 가성비를 중시하는 소비자를 대상으로 했다. 다른 하나는 플랫폼 업체다.

그동안 플랫폼은 판매자와 구매자를 매개하는 역할에 머물렀으나, 이 과정에서 축적된 데이터를 기반으로 직접 PB 상품을 출시하기 시작했다. 소비자 관점에서 PB 상품의 확대는 반길 일이나, 자칫 산업 생태계를 왜곡시킬 우려가 있는 만큼 당국의 적절한 가이드 라인이 필요하다.

레토르트, 간편식 성장을 견인하다

　조리·가공한 식품을 알루미늄 등으로 만든 주머니에 넣어 밀봉한 후, 레토르트(retort) 솥에 넣어 고온에서 가열·살균한 것을 말한다. 서양에서는 '플랙시블 파우치(캔)'라고도 한다. 군용 식량 또는 우주공간에서 사용할 목적으로 개발됐으며, 상품화된 것은 1979년 미 콘티넨탈 키친사가 중국식 요리를 포장하여 판매하면서부터다. 우리나라에서는 짜장·카레의 파우치와 햇반·스파게티의 용기 형태로 쓰인다.

　레토르트 식품의 장점은 단연 편의성과 안전성에 있다. 보통 끓는 물에 데워 먹어야 하는 것으로 알고 있지만 바쁠 때는 그냥 먹어도 된다. 이미 조리된 상태이기 때문이다. 휴대하기도 좋아 여행, 출장 시 필수품이다. 공기와 광선을 차단한 상태에서 장기간 보존할 수 있기 때문에 안전성 측면에서도 우수하다. 밀봉 상태이므로 방부제나 보존료 등 첨가물도 넣지 않는다. 다만 음식 본연의 맛과는 거리가 있음을 어느 정도 감안해야 한다.

　국내 레토르트 식품시장으로는 단연 '오뚜기 3분 요리'가 있다. 오뚜기는 1981년 3분 카레를 출시했는데, 카레와는 다소 거리가 먼 우리나라에서 성공한 원인은 크게 두 가지다. 우리 주식이 쌀이라는 것과 매운맛을 선호한다는 점이다. 특히 1인 가구가 늘어난 지금 시대에는 없어서는 안 될 필수품이 됐다.

수출 효자, 김

우리나라 수산 식품 수출 1위 품목이다. 매년 성장을 거듭하고 있으며 2017년 수출 5억 달러를 돌파했다. 제조업 강국이라는 한국의 한 해 무역 규모가 1조 달러에 육박하나 이중 무역흑자는 300억 달러 정도임을 고려할 때, 주력산업이 아님에도 불구하고 이만한 결과를 이뤄낸 것은 높이 평가해야 한다. 무엇보다 김은 생산-가공-유통에 이르는 산업 전 과정이 국내에서 이루어지기 때문에 수출에 따른 경제적 효과가 지역 경제에 기여하는 바가 크다.

전 세계적으로 김 생산지는 한·중·일 3국에 몰려 있다. 생산량은 중국이 가장 많지만 맛과 품질은 한국을 최고로 친다. 인기가 어느 정도냐면 한국을 방문한 외국인 관광객들이 사가는 기념품이 다름 아닌 김이다. 그동안 김을 가리켜 '블랙 페이퍼'라 불렀던 서양에서도 최근에는 건강식품으로 선호하는 추세다.

다른 사업이 그렇듯 김 또한 고부가가치화에 나서는 것이 적극 필요하다. 언제든 중국이 저가공세에 나설지 모른다. 그밖에 양식 과밀화에 따른 품질 하락, 기후변화에 따른 수온 상승 등에도 면밀히 대비해야 한다. 가장 시급한 것은 전문 인력이다. 늦게나마 「김산업의 육성 및 지원에 관한 법률」이 제정된 만큼 산업 성장의 제도적 뒷받침이 이뤄지길 바란다.

세계 점유율 1위, 부탄가스

뷰테인(butane, 부탄)을 담은 휴대용 가스연료다. 일반 가정집에서는 가스가 끊어질 경우 대체 연료로 사용할 수 있기 때문에 위급상황 대비 목적으로 비축해두곤 한다. 시중 제품으로는 업계 1위인 태양산업의 '썬연료'와 후발주자인 대륙제관의 '맥스'가 유명하다.

부탄가스를 개발한 나라는 일본이었음에도 정작 한국에서 대중화됐는데, 이는 고기를 구워 먹거나 탕을 끓이는 한국인의 식문화 덕분이다. 그렇게 국내 수요가 확대되던 중 1995년 고베 대지진으로 일본의 부탄가스 수요가 폭증했고, 한국 부탄가스가 일본에 수출되기에 이른다. 이를 계기로 국내 업체들이 해외 수출에 눈을 뜨기 시작했다는 해석이다.

현재 우리나라 기업의 부탄가스 세계 점유율은 90%에 육박한다. 성능도 성능이지만 놀라울 만큼의 안전성을 갖췄기 때문이다. 일반적으로 부탄가스는 용기 안에 가스가 담겨 있기 때문에 열이 가해지면 용기가 팽창하면서 폭발할 위험이 있다. 따라서 폭발을 막는 장치 개발이 무엇보다 중요한데, 우리 기업들은 이 분야에서 높은 경쟁력을 갖췄다.

주재료인 뷰테인을 수입에 크게 의존함에도 불구하고 월등한 기술력으로 이뤄낸 성과다. 레저문화 확대와 해외 수출 다변화 등 시장 전망도 밝은 편이다.

'기분 좋은 날 그대와 함께' 협립우산

해방 직후인 1946년, 대구에 협립제작소가 들어선다. 본래 자전거 바큇살을 만들었던 이곳은 1956년부터 우산 살대를 생산하기 시작하였다. 1960년에는 1단 자동 우산과 2단 수동 우산을 개발하며 우산 대중화를 이끌었다. 우리나라 최초의 우산 브랜드, 바로 '협립'이다.

당시만 해도 우산은 종이나 비닐, 대나무가 전부였다. 비 소식에 기껏 우산을 준비했지만 정작 비바람을 이기지 못하고 부서지기 일쑤였다. 이때 협립이 등장했다. 협립이 만든 우산은 무엇보다 바람에 강하고 튼튼했다. 적지 않은 가격임에도 불구하고 훌륭한 품질에 조금씩 입소문이 나기 시작했다. 특히 이승만 前 대통령의 부인 프란체스카 영부인은 협립우산을 31년간 애용한 것으로 알려져 있다.

튼튼한 우산을 만들겠다는 일념 아래 품질 개선에 매진한 결과, 협립은 국내 1위 우산/양산업체로 올라섰다. 국내 우산업계도 함께 성장해 일본과 견주어도 부족하지 않을 수준에 도달했다.

1970년대 협립은 일본을 비롯해 미국, 유럽시장에 진출하였으며 86 아시안게임과 88올림픽 게임 공식업체로 지정되었다. "기분 좋은 날 그대와 함께 아름다워요 협립양산"으로 TV/라디오 CM송을 내보낼 만큼 광고도 큰 인기를 끌었다.

환경오염 주범의 누명 쓴 비닐

2019년부터 대형마트와 일부 슈퍼마켓 중심으로 일회용 비닐봉지 사용이 금지됐다. 대신 종량제봉투와 장바구니, 대여용 쇼핑백이 등장했다. 이유는 간단하다. 바로 환경보호다. 정부는 2030년까지 비닐봉지 사용 제한을 전 업종으로 확대해나갈 방침이다.

사실 비닐봉지 입장에서는 억울한 감이 있다. 환경오염의 주범이라는 세간의 인식과 달리, 본래 비닐봉지는 일회용으로 만들어지지 않았다. 과거에는 사람들이 종이봉투를 많이 썼기 때문에 수많은 나무를 베어야 했는데, 이러다가 숲이 사라질지도 모른다는 걱정에 한 인물이 나서 비닐봉지를 만든 것이다. 그것도 가볍고 오래가며, 또 재사용할 수 있는 봉투를 말이다. 그는 스웨덴 공학자 스텐 구스타프 툴린이다.

종이보다 가볍고, 물에 젖어도 쉽게 찢어지지 않으며, 보관에도 용이한 비닐봉지는 전 세계로 빠르게 확산됐다. 하지만 싼 가격이 문제였다. 점차 비닐봉지를 한 번 쓰고 버리는 경우가 많아졌다. 사용 시 편리함과는 달리 비닐봉지는 분해되는 데 오랜 시간이 걸렸고, 소각 시 유해 물질을 배출했다. 이렇게 환경오염의 주범이 되자 그 자리를 에코백 등이 차지했다. 아이러니한 것은 비닐봉지를 재사용하는 게 에코백을 새로 만드는 것보다 환경보호에 도움이 된다는 점이다.

파리의 심판

1976년 파리에서 와인 홍보의 일환으로 블라인드 테이스팅(시음) 행사가 열렸다. 대상으로는 프랑스, 그리고 미국 와인이 선정됐다. 당시 '와인 종주국'의 명성을 얻던 프랑스와 달리 미국 와인은 변방에 머무는 정도였다. 그럴 만도 한 게 프랑스는 지난 수백 년 동안 와인을 생산해왔으며 그에 따른 문화가 존재했다.

반면 미국은 1930년대까지 금주법이 시행되는 등 주류 산업 전반의 역사가 짧았다. 켈리포니아 중심으로 꾸준한 와인 생산과 기술 연구가 이뤄졌긴 하나, 프랑스에 비교하기엔 한참 부족했다. 이건 미국조차 인정하는 사실이었다.

콧대 높은 프랑스, 그리고 못 해도 본전인 미국. 오전과 오후 두 차례에 걸쳐 진행된 시음 결과는 충격적이었다. 모두 미국 와인이 1위를 기록한 것이다. 당대 최고의 와인 전문가이자 자국 와인의 자부심이 높던 심사위원들은 이러한 결과에 당혹감을 감추지 못했다. 한 심사위원은 자신의 채점표를 돌려달라는 요구까지 했다.

이 사건으로 전 세계 와인 판도가 뒤바뀐다. 미국 와인은 큰 유명세를 얻었으며, 세계 각지의 와인 생산자들은 전통 방식을 벗어나 새로운 기법을 개발하기 시작했다. 와인 시장 전반이 한층 성장하는 계기가 됐다.

종자 전쟁

'미스킴 라일락' 우리나라 토종으로 털개회나무라 불렸던 이 품종은 1947년 미국 학자 엘윈이 북한산에서 종자를 채집해 미국으로 가져가 개량했다. 미스킴이라는 명칭은 당시 식물자료 정리를 도왔던 한국인 비서의 성을 딴 것이다. 일견 우리 것으로 보이지만 지적재산권상 엄연히 미국의 품종이다. 크리스마스 나무로 유명한 '구상나무'는 우리나라의 한라산, 지리산, 덕유산 등지에만 자생한다. 이 또한 미국이 신품종으로 개량해 역수출하고 있다. 청양고추도 마찬가지다. 이처럼 우리는 매년 막대한 로열티를 지불하면서 종자를 수입하고 있다.

"농부는 굶어 죽어도 그 종자를 베고 죽는다"라는 말이 있다. 그럼에도 우리는 1997년 외환위기 사태 때 국내 대표 종자 기업들을 모조리 외국에 매각했다. 토종 품종은 물론이거니와 육종기술, 인력까지 모두 가져갔다. 매년 지불하는 로열티만 해도 수백억 원에 달한다. 주도적인 종자 개발과 보호에 나서지 않는 한 식량안보의 위협에서 벗어날 방법이 없다.

최근 기후변화로 인해 탄소중립을 우려하나, 그만큼 시급한 문제가 종자 확보다. 우리나라의 곡물 자급률은 10%를 넘지 못하는 것으로 알려져 있다. 다행히 농촌진흥청 중심으로 연구개발의 성과가 이뤄지고 있으니, 더 큰 관심이 필요하다.

K-방산 성장의 이유는

북대서양조약기구, 흔히 나토(NATO)로도 불리는 이 용어는 유럽과 북미 간의 군사동맹을 가리킨다. 2차 세계대전의 영향으로 동유럽이 공산화되고 서유럽마저 위협을 느끼자 이들은 전격적으로 동맹에 합의하는데, 오히려 소련이 해체되고 중국마저 개방에 나서는 등 냉전이 종식되면서 나토는 유명무실해졌다.

한편 러시아의 우크라이나 침공이 현실화되면서 상황은 급반전한다. 나토는 2010년 리스본 회의 이후 12년 만에 새로운 전략 개념에 합의하는데, 주목할 부분으로는 '전략적 파트너'였던 러시아를 '중대한 위협'으로 보았다는 점, 중국을 처음으로 거론했다는 점이다. 신냉전의 국면 속에 각국은 경쟁적으로 군비 확충에 나섰다.

2022년 폴란드는 우리나라와 무려 20조 원 규모의 방산계약을 체결한다. 글로벌 방산업체 선두는 단연 미국이나, 가격과 조달 능력 측면에서는 우리도 충분히 매력적이다. 한반도는 엄연히 휴전 상태로 그동안 우리는 북한 위협에 대비해 꾸준히 무기를 생산해온 역량을 갖췄기 때문이다. 코로나19와 신냉전이라는 위기 속에서도 방위산업만큼은 특수를 누리는 이유가 여기에 있다. 인도, 사우디, 필리핀, 인도네시아 등 수출 전망도 밝으며 정부는 방산 4위권을 목표로 하고 있다.

한국형 고속철도, KTX

고속철도 논의가 이뤄지기 시작한 것은 1980년대 들고부터다. 하지만 서울올림픽을 앞두고 재원확보가 어려웠던 터라, 1989년에서야 고속전철 건설계획이 수립된다. 그리고 이듬해인 1990년 서울~부산에 이르는 약 400㎞ 구간의 경부고속전철 건설계획이 발표되었다.

당초 2002년 유치 예정인 한·일 월드컵을 대비하여 준공할 계획이었지만 열차 선정 과정에서의 논란(최종적으로는 프랑스 알스톰사의 테제베(TGV)로 결정), 문화재 관련 기관과의 협의 부족, 토지보상 등이 발목을 잡았다. 설상가상으로 외환위기까지 닥쳤다. 사업계획 변경, 사업비 증가 등 악재를 극복하며 마침내 2004년 4월 서울-대구 간 고속철도 건설이 완료되었다. 이후 2010년 2단계 구간이 개통되며 서울-부산 간 운행이 시작됐다. 바로 한국형 고속철도, KTX다.

KTX 개통은 주요 도시 간 이동시간을 크게 단축했다. 특히 서울-부산 간 기존 4시간대를 2시간 30분대에 돌파하면서 '전국 반나절 생활권 시대'를 열었다. 한편 경제발전에서 소외됐던 호남선은 2003년에야 전 구간 복선화가 완료되었는데, KTX 도입 역시 제 속도를 내지 못하는 안타까운 상황이 이어졌다. 그럼에도 KTX는 호남의 철도 수요를 상승시키는 데 크게 이바지했으며 현재 호남고속철도 2단계 산업이 진행 중이다.

정유, 자원 못지않은 기술의 중요성

천연 상태의 기름을 가리켜 원유라고 한다. 여기에는 탄화수소를 비롯해 황·질소·산소화합물 등이 섞여 있어, 별도의 분별 증류 작업을 거친다. 이 과정에서 끓는점 차이에 따라 LPG, 등유, 경유, 휘발유, 아스팔트 등을 분리한다. 석유는 이를 총칭하는 말이다.

석유를 사용한 기록은 오래전부터 있었으나, 시추가 본격화된 것은 1859년 에드윈 드레이크가 펜실베이니아주 타이터스빌에서 원유층을 발견하면서부터다. 이전까지만 해도 석유는 땅이나 암석층 틈 사이에 흘러나온 것을 천에 적셔 사용하는 수준에 불과했다.

석유 시추 성공을 목격한 이들은 너나 할 것 없이 유전개발에 나섰다. 석유가 많아지면서 관련 산업도 성장했다. 내연기관이 발명되었으며, 곧 자동차와 선박을 거쳐 항공기 연료로 사용되었다. 베네수엘라, 사우디아라비아, 쿠웨이트 등 산유국은 막대한 오일머니를 벌어들였다.

한편 석유만큼이나 중요한 게 있는데 바로 정유다. 정제기술의 발달로 과거 등유의 부산물에 그쳤던 휘발유는 이제 석유를 대표하는 제품이 됐다. 이른바 '기름 한 방울 나지 않는' 우리나라는 석유를 수입해 정제한 후 다시 수출해 마진을 얻는다. 우리나라의 정제능력은 세계 5위권이다. 자원 못지않은 기술의 중요성을 알 수 있는 대목이다.

배달용 오토바이의 시초, 혼다 커브

자동차 대중화에 포드 '모델 T'가 있다면, 오토바이 대중화에는 혼다 '커브(Cub)'가 있다. 오늘날 배달용 오토바이의 조상 격으로 낮은 차체와 간편한 변속에 누구나 쉽게 탈 수 있다는 게 특징이다. 1958년 일본 혼다기연공업에서 생산하기 시작한 이 상품은 현재까지 1억 대 이상의 판매고를 기록하였다.

혼다 창업주인 혼다 소이치로는 그 스스로 사장님이라기보다 오야지 (어른)로 불리길 좋아할 만큼 철저히 기술자의 길을 걸었던 인물이다. 이에 반해 후지사와 다케오(소이치로의 동반자로 훗날 혼다 부사장을 지냄) 는 판매와 자금을 포함해 경영 전반을 맡을 만큼 시장 감각이 좋았다.

이 시기 이륜차 시장의 성장세에 주목한 다케오는 소이치로에게 새로운 이륜차를 만들어볼 것을 제안한다. 소이치로는 난감했지만 다케오의 설득에 힘입어 개발에 나섰고, 그 결과가 커브다.

튼튼하면서도 잔고장이 적고 또 연비마저 뛰어난 커브는 일약 시장에 돌풍을 일으켰다. 커브는 일본을 넘어 미국으로 수출되기 시작했으며, 60년 넘게 브랜드를 유지해오고 있다. 우리나라에는 대림과의 기술제휴를 통해 'DH88' '씨티 100'으로 출시된 바 있다.

영광의 소니, 트리니트론의 몰락

1968년 소니가 개발한 CRT 기술이자 브랜드 상표다. TV 발전에 크게 공헌한 평가로 1973년 방송계의 아카데미상이라 불리는 에미상을 수상하였다. 워크맨, 비디오(캠코더)와 더불어 소니를 세계적인 가전 기업으로 올려놓는 데 큰 역할을 하였다. 트리니트론 TV는 1968년 판매를 시작해 2008년에 단종 처리되었다. 전성기에는 한해 판매량만 2,000만 대에 달할 정도였다.

이 시기 TV 시장의 주도권은 미국 RCA사가 쥐고 있었다. RCA는 섀도마스크 방식의 기술을 적용하였는데, 반면 후발주자였던 소니는 트리니트론 방식을 통해 전세를 역전시켰다. 구체적으로는 하나의 전자총에서 3가지 컬러를 쐈으며(트리니트론(Trinitron)의 Trinity가 '삼위일체'라는 뜻), 어퍼쳐 그릴(Aperture Grille)을 채용했다. 그 결과 기존 TV에서 보여주지 못하는 선명한 화질을 구현하는 데 성공한다.

트리니트론은 분명 한 시대를 풍미했고, 그만한 가치가 있던 기술이다. 하지만 차세대 화질 경쟁에서 소니는 기존의 방식을 고집했다. 화면이 커질수록 무게도 늘어났다. 반면 LCD, PDP 등 평판 TV는 기술 발전을 거듭하며 빠르게 성장해나갔다. 트리니트론은 더 이상 소비자의 선택을 받지 못했고, 결국 세계 TV 시장의 주도권도 삼성, LG 등 한국 기업으로 넘어갔다.

물류 역사를 바꾼 컨테이너

역사적으로 컨테이너를 사용한 사례는 꽤 찾아볼 수 있으나, '컨테이너화(컨테이너 기반 해운화물)'가 대중화된 데에는 말콤 맥린의 역할이 컸다. 미국의 운송사업가였던 그는 화물 운송 시간을 단축할 방법을 고민했는데, 이때 눈에 들어온 것이 컨테이너였다. 당시만 해도 화물을 선적하려면 일일이 사람 손을 거쳐야 했다. 시간도 시간이지만 화물이 제대로 선적되는지를 확인해야 하는 불편이 따랐다.

그는 트럭을 개조해 컨테이너를 설치한 후 크레인을 이용, 컨테이너 채로 선박에 옮기는 방법을 시도한다. 트럭이야 자신의 것을 사용하면 됐지만 선박이 문제였다. 선박마다 크기가 달라 빈 곳이 생겨난 것이다. 아예 선박을 사들이기로 결심한 그는 은행 대출자금을 가지고 2차 대전에 사용된 유조선을 수집했다. 이렇게 1956년, 최초의 컨테이너선이 운항을 시작한다. 물류 역사의 한 획을 긋는 순간이었다.

한편 컨테이너 운송은 베트남 전쟁을 계기로 크게 확대된다. 전시라는 긴박한 상황 속에 미군의 군수 물품을 빠르고 정확하게 보급하는 데 이만한 수단이 없었기 때문이다. 비슷한 시기 ISO를 통해서도 20피트, 40피트의 표준 컨테이너 규격이 결정되었다. 이는 컨테이너와 연계되는 육상운송에도 큰 변화를 가져왔다.

도시교통의 혁명, GPS

Global Positioning System의 약자로 '범지구 위치결정 시스템'으로도 불린다. 위성에서 보내는 신호정보를 수신해 사용자의 현재 위치를 알려준다. 항공, 선박 등의 운항뿐 아니라 특히 재난 상황에서 위치를 파악하는 데 절대적인 역할을 한다. 스마트폰이 대중화된 이후로는 주변 정보 검색, 쇼핑, 레저 등 일상에서도 널리 쓰인다.

GPS의 개발 배경은 군사 무기를 강화하기 위해서였다. 소련이 세계 최초의 인공위성 스푸트니크를 쏘아 올리는 데 성공하자 미국은 그 전파를 추적하는데, 이 과정에서 위성의 고도를 계산해 자신의 위치를 파악하는 방법이 등장한다. 이것이 GPS의 시작이다. 이후 1983년 KAL 007편 격추 사고(소련 영공 침범으로 269명 전원 사망)를 계기로 미국은 GPS를 군사 분야가 아닌 민간에 제공하기로 하였으며, 2000년 빌 클린턴 대통령 시기 사실상 완전히 개방한다.

수십 대의 위성을 관리·운용하는 일인 만큼 막대한 자금이 필요한 게 사실이다. 그걸 무료로 쓸 수 있다는 건 GPS의 가장 큰 장점이다. 문제는 GPS가 어디까지나 미국의 소유라는 것. 그래서 갈릴레오(EU), 글로나스(러시아), 베이더우(중국) 등 유사 시스템을 구축하였다. 우리나라는 지역 한정 시스템인 KPS를 개발 중이다.

277

통신비 군살을 빼다, 알뜰폰

　정식 명칭은 가상이동통신망사업자(MVNO)이다. 주로 통신 3사인 이동통신망사업자(MNO)로부터 통신망을 임차해 서비스를 제공하는 방식이다. 다소 미흡한 품질에도 불구하고 기존 통신사 대비 저렴한 요금제가 특징이다.

　알뜰폰 시장이 관심을 받기 시작한 것은 2010년 들어서다. 정부는 통신 3사의 독과점 문제를 해소할 목적으로 「전기통신사업법」에 전기통신 서비스의 도매제공(38조)을 신설하고 중소 사업자들의 진출을 독려했다. 방통위가 시장 활성화를 위한 홍보용어로 알뜰폰을 선정한 것도 이 시기의 일이다.

　한편 전국적인 지점망을 갖춘 우체국이 알뜰폰 서비스를 제공하면서 큰 홍보 효과를 가져왔다. 이후로도 꾸준히 규모를 키워 2021년 들어 알뜰폰 가입자 수는 1,000만 명을 돌파했는데, 이중 IoT 회선 가입을 제외하면 실가입자 수는 약 600만 명 정도임을 감안할 필요가 있다. 그럼에도 실용을 중시하는 MZ세대의 등장과 정부의 꾸준한 지원, 알뜰폰 업체들의 서비스 개선 등이 이어질 것으로 보인다.

　한편 통신 3사는 자회사를 만들어 알뜰폰 시장에 진출하는데, SK텔링크·KT엠모바일·U+알뜰 모바일이 자사 브랜드와 유사한 명칭을 사용하면서 시장 판세가 급격하게 기운다. 이에 당초 도입 취지가 퇴색해 이를 개선해야 한다는 지적이 나오기도 했다.

한류, 시작에서 현재에 이르기까지

한국콘텐츠진흥원이 발간한 「한류의 발전과정과 향후 전망(2022)」에 따르면 시기별 한류의 특징을 크게 다음과 같이 구분하였다.

제1기는 90년대 중반에서 2002년까지로, 한류의 가능성을 확인한 시기다. 중화권과 일본 및 동남아 일부 지역을 대상으로 한국 드라마와 음악에 관한 관심이 높아졌다. 한편 제2기는 드라마 겨울연가가 히트를 기록했던 때로, 시기상으로는 2003년에서 2009년까지다. 일본에서의 '욘사마' 신드롬과 더불어 중화권의 대장금 열풍이 이어졌고, 한류는 하나의 사회현상으로 주목받기에 이른다. 한국 콘텐츠의 해외 진출이 본격화한 시기이기도 하다.

제3기는 한류의 전환점이 일었던 시기인데, 일본에서의 한류 붐이 절정을 이루던 2010년부터 중국 내 한한령으로 한류 확산이 침체를 겪던 2017년까지를 말한다. 뉴미디어의 확산과 일본, 중국의 외교 마찰은 오히려 한류가 전 세계로 확산되는 계기로 작용했다.

마지막으로 제4기는 2018년부터 현재까지다. 이 시기 한류는 온라인 플랫폼 상승세에 힘입어 유통시장이 전 세계로 확대됐으며, 미투 운동과 인종 차별 반대 등 다양성과 포용성을 강조하는 보편적 문화와도 맞아떨어졌다. 오늘날 한류는 문화강국 대한민국으로의 위상을 널리 알리고 있다.

"자기조정 시장이라는 아이디어는 한 마디로 완전히 유토피아다. 그런 제도는 아주 잠시도 존재할 수가 없으며, 만에 하나 실현될 경우 사회를 이루는 인간과 자연이라는 내용물은 아예 씨를 말려버리게 되어 있다. 인간은 그야말로 신체적으로 파괴당할 것이며 삶의 환경은 황무지가 될 것이다."

칼 폴라니

9
경제학자와
경제사상

경제학의 아버지, 애덤 스미스

글래스고 대학에서 도덕철학 교수를 지냈던 애덤 스미스. 지금으로 따지면 그의 전공은 경제학이 아닌 철학이다. 그럼에도 그는 여전히 "경제학의 아버지"로 불린다. 사실상 학자에게 부여할 수 있는 최고의 칭송이다. 애덤 스미스는 대체 어떤 업적을 남겼길래 이렇게 위대한 평가를 받는 것일까. 그의 대표 저서인 『도덕감정론(1759)』과 『국부론(1776)』을 통해 알아보자.

먼저 『도덕감정론』이다. 우리는 보통 애덤 스미스를 자유시장경제와 결부하면서 '보이지 않는 손' '이기심'과 같은 단어로 포장한다. 하지만 그는 이타심 즉, 인간의 '공감(sympathy)' 행위에 주목했다. 경제를 분석하기에 앞서 그 활동 주체인 인간의 본성을 파악하고자 노력한 셈이다.

돌이켜보면 그는 수요·공급, 한계효용 같은 멋들어진 이론을 만들지도 않았으며, GDP처럼 국가 경제를 분석해내는 지표를 개발하지도 못했다. 하지만 인간의 본성을 탐구하면서 가장 이상적인 사회는 어떤 모습일지를 고민했다. 그 결과가 『국부론』이다. 애덤 스미스의 사상에 대해 알고 싶다면 『국부론』을 읽기에 앞서 『도덕감정론』을 보길 권한다. 참고로 경제 고전은 굳이 완역본을 읽을 필요는 없으며, 간단한 입문서만으로도 충분하다.

공산주의 창시자, 카를 마르크스

철학자이자 사상가, 동시에 혁명가였던 그를 한 단어로 규정하기란 쉽지 않은 일이다. 하지만 적어도 경제학에 있어 마르크스(맑스)를 볼 때는 두 가지 관점에서 접근할 필요가 있다. 하나는 그가 공산주의라는 거대한 사상을 정립했다는 것이고, 다른 하나는 이 과정에서 자본주의를 치열하게 분석했다는 것이다. 그 결과물이 『자본』이다.

경제학의 3대 고전이라 불릴 만큼 『자본』의 지위는 절대적이다. 그럼에도 현대 경제학의 이론적 관점에서 볼 때 몇몇 한계점도 드러난다. 노동가치설은 효용가치설에 논파되었으며, 계급 간의 갈등과 투쟁으로 역사가 발전할 것이라는 전망과 달리 자본주의는 크고 작은 사건을 경험하면서도 무너지지 않고 현재에 이어져 오고 있다(물론 노동가치설의 함의마저 부정하는 것은 지나친 해석이며, 자본주의 체제의 모순을 지적한 공황 이론은 대안 측면에서 시사하는 바가 큼).

한편 기술의 급속한 발전은 그동안 먼 미래의 일로 생각되던 '노동의 종말'을 크게 앞당겼고, 이에 따라 자본주의로 대표되는 기존의 생산방식이 미래에도 유효할 것인지를 두고 의견이 분분하다. 우파는 『국부론』, 좌파는 『자본』과 같은 불필요한 논쟁은 끝났다. 최근 우리가 맞닿은 여러 경제·사회적 문제에 대응할 수 있는 새로운 경제체제 수립이 필요하다.

자본주의의 구세주, 존 메이너드 케인스

　영국 최고의 명문인 이튼 스쿨과 케임브리지대를 졸업하였으며, 전후 국제통화질서를 논의하는 브레튼우즈 회의에서는 영국 대표로 참여하였다. 그의 사후 "우리 모두는 케인스주의자"라는 말이 나올 만큼 케인스 경제학(정부 주도의 총수요 관리정책)은 주류경제학의 한 축으로 자리하였다.

　자본주의의 종언을 고했던 마르크스가 세상을 떠나던 해(1883년)에 태어난 그는, 스승 알프레드 마샬의 가르침에 따라 경제 공부를 시작했다. 당초 수학을 전공했음에도 타고난 감각 덕분인지 곧 경제학에 두각을 드러낸 것으로 보인다. 그가 1936년 출간한 『고용·이자 및 화폐의 일반 이론』은 이제까지의 경제 이론을 송두리째 바꾸는, 그야말로 자본주의 경제의 중대한 변곡점이었다.

　그는 '보이지 않는 손'으로 대표되던 당시 경제학계에 일침을 가했다. "In the long run, we are all dead(장기적으로 우리는 모두 죽는다)."에서 알 수 있듯 그는 즉각적인 유효수요 창출을 주문했다. 미국 루스벨트 대통령의 뉴딜이 일정 성과를 거두면서 그의 이론은 세계로 뻗어나갔다. 현대에 이르러 케인스는 거시경제학의 창시자이자 대공황 속 위기의 자본주의를 구해낸 인물로 평가받는다.

혁신의 예언가, 조지프 슘페터

"21세기는 애덤 스미스도, 케인스도 아닌 슘페터의 시대다."

하버드 대학교 총장과 미 재무장관 등을 역임한 로런스 서머스가 남긴 말이다. 디지털 대전환 시대에 자본주의의 발전을 이끌 요인은 단연 혁신으로, 같은 관점에서 '기업가 정신' '창조적 파괴'를 강조한 슘페터가 재조명받고 있다.

"마차를 아무리 연결해도 철도가 되지 않는다"라는 말처럼 그는 기업가의 혁신이야말로 자본주의를 발전시키는 진정한 원동력이라고 보았는데, 정작 자본주의의 미래에 대해서만큼은 부정적이었다.

슘페터는 기업이 성장하면서 혁신은 소멸하고 자본주의를 공격하는 지식인이 늘어남에 따라 종국에는 자본주의가 붕괴하리라 예측하였다. 이는 경제의 성공이 사회·정치의 변화를 가져와 새로운 질서가 형성된다는 의미로, 1942년 출간한 그의 저서『자본주의, 사회주의 그리고 민주주의』는 이러한 내용을 담고 있다.

케인스와 같은 해에 태어나 재무장관과 은행 총재, 하버드대 교수로 재직하는 등 나름 명성을 떨쳤음에도 그의 이론은 생전에 크게 주목받지 못했다. 대공황과 세계대전으로 혼란스러운 시절 탓이다. 오히려 반세기 가까운 기술 진보가 이뤄진 지금, 슘페터는 가장 주목받는 경제학자로 자리매김하였다.

자생적 질서와 정부의 역할, 하이에크

1970년대 어느 해 중국 최고지도자인 덩샤오핑이 하이에크를 만난다. 당시 중국은 대약진운동의 충격이 가시지 않은 상황으로, 만성적 식량 부족을 겪고 있었다. 그는 중국 인민이 굶주림에서 벗어날 수 있는 방도가 무엇인지 물었고, 하이에크는 이렇게 답한다.

"그들에게 자유를 주시오."

덩샤오핑은 집단농업을 포기하고 농산물의 시장 판매를 전격 허용했다. 그 결과 놀랍게도 불과 3년 만에 식량 자급자족에 성공한다.

하이에크는 정부의 경제 개입을 비판하며 오늘날 신자유주의의 사상적 기반을 마련한 인물이다. 그는 "사회주의란 하나의 유토피아에 불과하며, 달콤한 말로 국민을 현혹해 종국에는 노예로 만들 뿐"이라고 혹평했다.

시장과 정부의 조화를 강조하는 현 관점에서는 그의 주장은 선뜻 동의하기 어렵다. 개인에게 자유를 허용하면 이 세상은 약육강식의 무법천지가 될 것이기 때문이다. 하이에크는 이를 '자생적 질서'로 반박하며, 시장의 혼란도 질서의 한 과정이므로 정부는 직접 나서지 말고 개인의 자유를 보장할 수 있는 제도를 만들어야 한다고 역설했다. 즉 결과의 평등이 아닌 기회의 보장을 강조한 셈이다. 그는 경쟁이야말로 '가난하게 출발한 사람도 큰 부를 쌓을 수 있는' 제도임을 확신했다.

밀턴 프리드먼, 돈을 쓰는 네 가지 방식

프리드먼은 정부의 역할을 두고 돈을 쓰는 방식에 빗대 설명한 적이 있다. 크게 네 가지로, 첫 번째는 내 돈을 내가 사용하는 것이다. 이때 사람들은 신중에 신중을 거듭하며 가장 만족감이 높은 선택이 무엇일지 고민한다. 두 번째는 내 돈을 남에게 사용하는 것이다. 당장 생일 선물만 생각해봐도 알 수 있듯, 이때는 선물의 품질이나 완성도보다는 내 돈을 얼마나 쓸 것인가를 먼저 생각한다.

세 번째부터는 내 돈이 아닌 남의 돈이다. 남의 돈을 나에게 쓴다면, 일단 비싸고 좋은 것부터 고를 것이다. 그만한 가치가 있는지는 그리 중요한 문제가 아니다. 어차피 남의 돈이기 때문이다. 마지막으로 네 번째는 남의 돈을 남에게 쓰는 것으로 사람들은 그 비용이 얼마이건 관심조차 두지 않는다. 설령 관심을 두더라도 곧 잊어버린다. 어차피 남의 돈이기 때문이다. 이것이 바로 정부다.

통화주의학파의 거장으로 불렸던 밀턴 프리드먼은 이처럼 정부의 시장 개입을 반대하며 한편으로는 준칙에 입각한 정책 집행을 중요시했다. 그에 따르면 케인스식 재정지출은 경기 회복에 별 도움이 되질 못하고 물가만 올리는 결과를 낳는다. "인플레이션은 언제 어디서나 화폐적인 현상이다"라는 그의 사상을 잘 보여주는 말이다.

냉철한 이성과 따뜻한 가슴, 알프레드 마샬

　알프레드 마샬은 자신의 이론(신 고전경제학)이 현대 경제학의 주류 반열에 올라설 만큼 학문적으로 상당한 업적을 일궈낸 인물이다. 동시에 그는 인간적으로 큰 존경을 받았는데, "경제학도는 차가운 머리와 따뜻한 가슴을 가져야 한다"라는 명언을 남기기도 하였다.

　그는 1842년 영국에서 태어났다. 당시 영국은 빅토리아 시대로, 내부적으로는 산업혁명이 전개되면서 거대 자본가 집단이 등장하였으며 대외적으로는 식민지 지배 등 제국주의가 절정에 달했던 시기였다. 이렇듯 문명 진보에 대한 낙관적 기대가 넘쳐났음에도 불구하고 하층민의 삶은 크게 달라지지 않았는데, 바로 빈곤이었다. 여전히 많은 이들이 굶주림과 가난에 허덕였다.

　마샬은 따뜻한 마음의 경제학자였다. 자신의 연구실에 "런던의 빈민굴에 가보지 않은 자는 이 문을 두드리지 말라"는 글을 붙여놓을 정도로 그는 경제학의 최우선 과제가 현실 문제를 해결하는 것임을 분명히 했다. 수요·공급, 탄력성, 효용 등 이론의 정교함을 위해 수학을 사용했음에도 교과서에는 수식을 최대한 배제했다고 한다. 인간에게 도움을 주는 경제학이 결코 어려우면 안 된다는 그의 철학 때문이다.

경제성장의 요인을 밝히다, 폴 로머

　국가 경제가 성장하기 위해서는 무엇이 필요하고, 또 어떤 정책을 취해야 할 것인가. 이는 두 차례의 세계대전 후 독립과 재건에 나선 수많은 각국 지도자들이 공통으로 고민했던 문제였다. 같은 시기 경제학계에서도 경제성장을 가져오는 동인(動因)을 밝히는 데 여념이 없었다.

　가장 잘 알려진 것은 로버트 솔로우의 '솔로우 모형'이다. 16세에 장학금을 받고 하버드 대학에 입학할 만큼 천재성을 드러낸 그는 1956년 이 모형을 발표한다. 인구와 자본, 저축 등의 요인을 결합한 솔로우 모형은 저개발 국가의 빠른 경제성장을 입증하였으나 기술 발전을 외생적 요인으로 뒀다는 한계가 있었다. 그럼에도 상당 기간 경제성장을 대표하는 이론으로 연구되었고, 경제성장에 대한 공헌으로 그는 1987년 노벨경제학상을 수상하였다.

　한편 1980년대 들어 기존의 이론으로 설명할 수 없는 현상이 나타나기 시작했고, 이에 폴 로머가 새로운 이론을 내놓는다. 바로 '내생적 성장이론'이다. 그는 기존에 외생적으로 주어진 기술 진보를 내생적 요인으로 대체했으며, 구체적으로 지식을 꼽았다. 특히 지속적인 경제성장을 이끄는 요인은 지식의 축적이며, 이를 위해 교육과 연구개발을 강조했다. 그 공헌으로 2018년 노벨경제학상을 수상하였다.

거대한 전환, 칼 폴라니

1776년 애덤 스미스의 『국부론』이 세상에 나오면서 중상주의는 점차 힘을 잃고 분업(오늘날 대량생산)과 자유무역(시장경제)이 싹트기 시작한다. 대개 이 시기를 가리켜 자본주의 태동기로 본다. 이어진 산업혁명은 자본주의 발전의 분수령이 됐다. 소수의 거대 자본가가 이윤 획득을 목적으로 다수의 노동자를 고용해 상품을 생산하는 체제가 완성됐다.

칼 폴라니는 일찍이 생을 걸고 이 문제를 고민했던 학자다. 그는 자본주의(시장)를 '악마의 맷돌'에 비유하며, 인간이 너무 많은 것을 상품화시켰다고 지적했다. 예를 들어 노동을 상품화함으로써 인간은 일자리를 얻지 못하면 생계를 위협받는 처지에 놓인다. 그밖에 토지와 같은 자연, 구매력의 징표에 불과한 화폐를 상품화하면서 인류의 삶은 더욱 황폐해졌다.

한편 그는 시장경제를 계획된 산물로 보며, 시장을 통한 분배(보이지 않는 손)란 유토피아에 불과하다고 지적했다. 돌이켜보면 대공황과 금융위기, 그밖에 크고 작은 사건 모두 막대한 피해를 초래하며 수많은 이들에게 고통을 준 후에야 원래의 모습을 찾았다. 자기조정이란 애초 불가능하다는 그의 주장대로다. 마지막으로 그는 자본주의의 대안으로 지역별 경제체제가 번성할 수 있는 공존의 질서를 해법으로 제안했다.

그라민 은행과 무함마드 유누스

1971년 파키스탄으로부터 독립한 방글라데시는 세계에서 인구밀도가 가장 높은 나라다. 우리나라(남한)의 1.4배 정도 되는 면적에 무려 1억 6천여 명 가까운 인구가 밀집해 있다. 최근 높은 경제성장률을 기록 중이나, 여타 독립국이 그랬듯 지난 수십 년간 심각한 사회적 혼란과 경제적 빈곤을 겪어야만 했다.

미국 유학을 마친 후 고국 방글라데시에 돌아온 무함마드 유누스는 대학에서 경제학을 가르치고 있었다. 그러던 어느 날 고국에 기근이 닥친다. 굶주린 사람을 눈앞에 두고도 정작 자신이 가르치는 경제학은 아무런 도움을 주지 못한다는 생각에 그는 깊은 회의를 느꼈고, 곧 마을에 가 주민들을 돕기로 한다.

그는 이 과정에서 마을 주민 대다수가 고리대금업으로 큰 고통을 받고 있음을 알게 된다. 이들 대부분은 종일 번 돈을 고리대금업 이자로 갚아야 했다. 은행은 이들의 담보가 부족하다는 이유로 대출을 거절했다. 이에 유누스는 스스로 은행을 세우는데, 바로 그라민 은행이다.

2006년 유누스와 그라민 은행은 빈곤 퇴치에 기여한 공로로 노벨평화상을 수상한다. 한편 시간이 지나며 그의 사업이 변질됐다는 비판도 나오나, 마이크로 크레딧(무담보 소액대출) 제도를 고안했다는 점은 높은 평가를 받고 있다.

유한계급론, 소스타인 베블런

일반적으로 가격이 낮을수록 수요가 증가하는 게 정상이다. 그런데 가격이 높음에도 불구하고 수요가 증가하는 경우가 있다. 일종의 과시적 소비로 사치재가 대표적이다. 이러한 현상을 처음 발견한 이가 베블런이며, 그의 이름을 따 '베블런 효과'라 부른다.

베블런은 뛰어난 사상가였음에도 크게 주목받지 못한 삶을 살았다. 노르웨이 이민 가정 출신의 그가 활동한 당시 미국은 급속한 산업화 과정에서 많은 부호가 탄생했던 때였다. 베블런은 저서 『유한계급론(1899)』에서 일부 상류계층의 퇴폐적 문화와 과시적 소비 등을 비판했고, 『영리기업론(1904)』에서는 기업이 책략으로 시장을 교란시켜 이익을 얻는다고 지적했다. 이처럼 합리적 선택과 효용을 중시하는 현재의 경제 이론과 달리 그는 경제가 사회제도와 역사적 발전과정의 영향을 받는다고 보았다.

마르크스와 비견될 만큼 자본주의에 통렬한 비판을 가한 그였음에도 세상을 보는 시각은 달랐다. "가난한 이들이 왜 보수화되는가?"하는 물음에, 그는 하위 계층의 현실이 제도에 순응하지 않으면 생존이 불가능하기 때문에 변화를 꺼린다고 보았다. 자본가 계층의 착취로 마침내 노동 계층의 혁명이 시도될 것이라 본 마르크스와는 정반대의 해석이다.

헨리 조지와 토지세

　우리나라는 이념 대립이 거센 편이다. 제아무리 상식적인 사람이라도 양자택일의 순간에는 둘 중 하나를 골라야 한다. 다른 걸 주장하는 순간 외톨이가 되기에 십상이다. 중도 혹은 제3의 대안이란 이론에 그칠 뿐, 현실의 벽을 넘지 못함을 우리는 여러 차례 경험한 바 있다. 비단 정치뿐 아니라 경제 정책에서도 그렇다.

　헨리 조지는 부동산 투기가 기승을 부릴 때마다 언론에 소개되는 인물이다. 그는 토지세를 주장했는데, 여기서 토지세란 국가가 나서 땅을 몰수한다거나 개발이익을 모두 환수해간다는 뜻이 아니다. 바로 불로소득, 즉 단순히 토지를 보유함에 따라 얻는 이익에 한해서 국가가 징수해야 한다는 것이다. 그의 주장에 완전히 동의하긴 어려우나, 그럼에도 한정된 자원인 토지의 효율적 이용에 대해서는 모두가 고민할 필요가 있다. 하지만 현실은 재산권 침해라는 반자본주의적 사고, 아니면 공산주의를 옹호한다는 극단적 비판뿐이다.

　자본주의는 경쟁에서 승리한 자에게 그만한 보답을 준다. 물론 패자도 있기 마련이라, 이들을 위한 제도적 장치를 마련하는 것이 자본주의의 과제이다. 하지만 노력조차 하지 않는 것은 자본주의에 어긋난다. 헨리 조지의 토지세는 결코 반자본주의적 주장이 아니며, 오히려 현시대 우리가 고민할 문제이다.

불확실성의 시대, 갤브레이스

　루스벨트에서 클린턴에 이르기까지 미국 민주당 대통령의 자문역으로 일했던 그는 종종 진보적 경제학자로 분류되는데, 사실 그보다는 '경제학계의 이단아'라는 표현이 더 어울릴 것이다.

　1908년 태어나 2006년 세상을 떠난 그는 광란의 20년대를 비롯해 대공황과 세계대전, 공산주의 대두와 석유파동, 냉전과 소련 붕괴, 신자유주의 및 세계화까지 격동의 한 세기를 경험하였다. 그가 경제학이라는 영역에 머물지 않고 다방면에 걸쳐 왕성한 저술에 매진한 것도, 자본주의에 대해 비판적 관점을 갖게 된 것도 어쩌면 자본주의의 영광과 몰락, 회생을 모두 지켜봤기 때문일 것이다.

　1958년 출간해 큰 호응을 얻은 『풍요한 사회』에서 그는 미국이 개인의 부 창출에는 성공했지만 학교와 고속도로 같은 공공 수요에는 제대로 대응하지 못했다고 지적했다. 석유파동과 베트남 전쟁의 충격이 컸던 1977년에는 『불확실성의 시대』를 통해 '사회를 주도하는 지도원리가 사라진 시대'라 하였다. 2004년 90세를 넘긴 그는 『경제의 진실』에서 자본주의와 소비자 주권, 심지어 Fed까지 모두 사기라고 규정하면서 거대 기업권력을 경계했다. 불확실성을 넘어 초불확실성의 시대, 우리에게 시사하는 바가 크다.

한국 경제학계의 대부, 조순

　한국 경제학계의 거목으로, 노태우 정부 때 부총리 겸 경제기획원 장관을, 문민정부 때 한국은행 총재를 역임했다. 장관 재임 시 부동산 문제를 '구한말 갑오경장'에 비유하면서 토지공개념 제도 도입을 추진했고, 한은 총재 시기에는 중앙은행 독립성 문제를 두고 정부와 갈등하다가 끝내 사임했다. 한편 정치에 입문한 후에는 서울시장과 국회의원으로 활동하였다.

　1928년 강릉에서 태어난 그는 UC 버클리에서 경제학 박사학위를 받은 후 귀국해 서울대 교수로 부임했다. 이때가 1968년으로, 1988년 정계에 입문할 때까지 약 20년간 서울대 교수로 후학을 양성했다.

　그가 대한민국 1세대 경제학자라 불리는 이유다. 제자로는 정운찬 전 서울대 총장, 박재완 전 기획재정부 장관, 좌승희 前 박정희재단 이사장 등이 있다. 사회·경제 각층에 그의 가르침을 받은 이들이 진출하다 보니, 언론에서는 종종 '조순학파'를 형성했다고 쓴다.

　1974년 그가 정운찬 교수와 함께 쓴『경제학원론』(율곡출판사)은 우리나라에 경제학 이론을 보급하는 데 크게 기여했다. 2020년까지 개정만 10판을 넘어설 정도다. 현재는 전성인(홍익대), 김영식(서울대) 교수가 집필에 참여했다. 한편 그는 경제학뿐 아니라 한학에 조예가 깊었는데, 율곡 이이의 사상을 직접 강연하기도 했으며 한국고전번역원 출범에도 도움을 줬다고 전해진다.

신자유주의 효시 '대처리즘'

마가렛 대처는 1979년부터 1990년까지 영국 총리를 지냈으며, 어떤 의미에서는 제2차 세계대전 당시 영국을 이끈 처칠보다 더 강한 영향력을 행사했다고도 볼 수 있다. 식료품점이라는 평범한 집안의 딸로 태어나 가문, 인맥 등 그 어떤 것도 없이 영국 최고의 자리에 오른 입지전적 인물이다. 그녀의 이름을 딴 '대처리즘'은 로널드 레이건의 '레이거노믹스'와 함께 80년대 신자유주의 경제를 주도했다.

1970년대 영국은 심각한 경기침체를 겪던 시절로, 국제통화기금의 지원을 받을 정도였다. 1979년 총선 승리와 함께 취임한 대처는 강력한 긴축정책을 펼쳤다. 복지국가와 정부의 시장 개입을 반대했으며, 시장 중심의 정책을 주도했다. 반발하는 노조 역시 총리의 권한을 적극 이용해 탄압했다. 한편 대처 집권 시절 자라난 아이들을 '대처 세대'라고 부르는데, 이들은 높은 실업과 사회에 대한 불안감을 겪고 자란다.

'철의 여인'과 '악랄한 마녀', 대처에 대한 평가는 크게 엇갈린다. 유럽의 환자라 불렸던 영국을 구해낸 영웅이자 동시에 포클랜드 전쟁을 승리로 이끌며 강력한 리더십을 펼친 여성 정치인이라는 평가가 있는 반면에 독선적이며 우파 중심의 편협한 사고와 시장경제 확대에 따른 지역 갈등과 빈부 격차를 낳았다는 평가가 있다.

작지만 강한 정부 '레이거노믹스'

미국 제40대 대통령이었던 로널드 레이건이 펼친 시장 중심의 경제 정책을 말한다. 공급경제학이라고도 하며, 수요 측면을 강조하는 케인스 경제학과 배치된다. '레이건(Reagan)'과 '경제학(economics)'을 합친 이 말은 어느 한 국가 또는 대통령의 독특한 사상, 주의 등을 가리킬 때 쓰는 표현으로 일반화됐다. 아베노믹스, 바이드노믹스가 대표적이다.

이 시기 미국은 제2차 석유파동의 여파로 심각한 스태그플레이션(물가상승과 경기침체를 동반하는 현상)을 겪던 상황이었다. 정부의 몸집을 줄여야만 경제가 성장할 것이라 믿었던 레이건은 작은 정부 만들기에 나섰다. 개인소득세와 법인세율을 대폭 인하했으며, 규제를 완화해 자유로운 기업 활동을 촉진했다. 여기에 연준의 고금리 정책이 더해지면서 인플레이션을 억제했다. 임기 초 높던 실업률은 점차 안정세에 들어섰다. 레이거노믹스의 결과 미국 경제는 큰 호황을 맞이했으나, 임기 말 부채 증가와 저축대출조합 파산 등의 부정적 효과를 낳기도 했다.

참고로 레이거노믹스는 대처리즘과 더불어 80년대 미·영 두 강대국의 신자유주의 기조를 대표하는 것으로 알려져 있는데, 그렇다고 레이거노믹스를 대처리즘과 동급으로 보긴 어렵다. 대처의 정책을 대처노믹스를 넘어 (좋은 의미에서건 나쁜 의미에서건) 대처리즘으로 부르는 건 그만한 이유가 있다.

페론주의, 포퓰리즘의 명암

에드몬도 데 아미치스의 소설 「엄마 찾아 삼만 리(1981)」에서는, 이 탈리아에 사는 가난한 소년 마르코는 엄마를 찾아 긴 여행을 떠나는데, 그 배경은 아르헨티나 수도 부에노스아이레스다. 지금의 아르헨티나 경제를 생각해보면 선뜻 이해하기 힘든 장면이지만, 당시만 해도 아르헨티나는 떠오르는 신흥 강국이었다. 부에노스아이레스는 '남미의 파리'로 불릴 정도였다.

하지만 시간이 지나며 아르헨티나 경제는 추락했고, 끝내 회복하지 못해 지금에 이른다. 이 과정에서 빠지지 않고 언급되는 사건이 바로 페론주의다. 후안 페론(재임 기간 1946~1955, 1973~1974) 前 대통령과 그의 부인 에바 페론이 주창한 이 사상은 임금 인상, 외국자본 배제, 복지 확대 등을 주된 내용으로 한다. 아르헨티나 현대사를 이야기할 때 페론주의를 빼놓을 수 없을 만큼 지대한 영향을 미쳤다.

보수 진영에서는 페론주의를 극단적인 포퓰리즘(대중영합주의)으로 평가한다. '국가 경제 파산을 가져온 주범'이라는 표현도 서슴지 않는다. 과도한 복지는 경계해야 하나, 그렇다고 페론주의가 아르헨티나 경제를 망쳤다는 해석도 적절치 않다. 페론 이후 정권을 차지한 군부의 연이은 실책이 경제 파탄을 가져왔다는 목소리도 높다.

기계의 시대, 1차 산업혁명

1760년 영국에서 시작되어 1840년까지 유럽 전반에 이어졌던 생산 기술 발전과 그에 따른 일련의 사회·경제적 변화를 말한다. 역사학자 아놀드 토인비의 저서 「18세기 영국 산업혁명 강의」를 통해 알려졌다. 그동안의 노동 집약 중심 생산방식이 기계공업 중심으로 완전히 탈바꿈하였다. 영국이 강대국으로 올라선 계기이기도 하다.

영국의 경제학자이자 신학자였던 맬서스는 「인구론(1798)」에서 "인구는 기하급수적으로 증가하는 반면 식량은 산술급수적으로 증가하기 때문에 인류는 빈곤을 벗어날 수 없다"라는 비관적인 전망을 내놓았다. 또한 이 문제를 해결하려면 인위적인 인구 감소 정책이 필요하다고 보았다. 맬서스의 덫(맬서스 트랩)이라고도 부르는 이 주장은 정책적으로 받아들여졌고, 실제로 영국의 빈민 지원책이 줄어드는 결과를 낳았다.

맬서스의 예측은 산업혁명의 열기에 찬물을 끼얹는 듯했으나, 얼마 지나지 않아 완벽히 틀린 것으로 밝혀졌다. 산업혁명은 맬서스의 덫을 막았고, 동시에 대량생산 시대의 포문을 열었다. 여기에 화학비료 개발과 품종 개량 등 녹색혁명이 더해지면서 인류 전체가 소비하고도 남을 정도의 풍족함을 이뤄냈다. 한편 산업혁명을 계기로 세계는 자본주의 경제체제에 본격 편입되었다.

전기로 촉발된 2차 산업혁명

대량생산임에도 비교적 경공업 중심이었던 1차 산업혁명과 달리, 2차 산업혁명은 철강·전기·화학 등에 기반한 중공업의 성격을 띤다.

시기적으로도 1차 산업혁명이 18~19세기의 산업화 초기를 대표한다면 2차 산업혁명은 20세기 산업화 확대로 연결된다. 한편 이 과정에서 영국이 아닌 독일, 미국이 새로운 공업국으로 급부상하였다.

영국의 사회학자 게데스가 발간한 「도시의 진화(1910)」에서 처음 소개된 것으로 알려진 이 용어는 훗날 경영사학의 대가 챈들러 교수가 채택하면서 일반화되었다. '보이지 않는 손(시장)'을 '보이는 손(기업, 즉 거대기업의 출현)'이 대체한다고 보았던 그의 주장처럼, 2차 산업혁명을 기점으로 프레데릭 테일러, 헨리 포드 등 소위 기업가들이 산업 전면에 두각을 드러내기 시작했다.

이 시기 특징으로는 강철과 인공염료의 대량생산을 들 수 있겠으나 가장 주목받는 사건은 단연 전기의 발견·보급에 있다. 전기가 대중화되면서 전화, 라디오 등 관련 통신기술 발전에 크게 기여했다.

그밖에 증기기관(주전자 물이 끓을 때 주전자 뚜껑이 움직이는 원리)은 내연기관(연소 과정의 피스톤 운동으로 에너지를 얻는 방식)으로 개선되면서 자동차, 선박, 비행기 등 수송 체계에도 획기적인 변화가 이뤄졌다.

정보와 인터넷, 3차 산업혁명

　컴퓨터와 인터넷으로 대표되는 정보통신기술의 발전을 말한다. 제러미 리프킨의 「3차 산업혁명」, 앨빈 토플러의 「제3의 물결」과 맞물리는 개념이다. 과거 외환위기로 나라 경제가 휘청거리던 시절 정부 차원에서 육성한 사업이 IT 분야였고, 현재까지도 각광받고 있다 보니 여러모로 중요하다고 할 수 있다. 최근 4차 산업혁명이 등장하면서 3차 산업혁명과의 구분이 모호하다는 지적도 나오지만, 이는 글로벌 시장을 선점하는 과정에서의 충돌 정도로 이해하는 것이 적절하다.

　3차 산업혁명의 덕을 가장 크게 본 기업은 단연 마이크로소프트(MS)이다. DOS 버전 이후 기술 개발을 거듭, 1995년 출시한 'Windows 95'는 컴퓨터 시장의 대중화를 견인했다. 소프트웨어인 'MS Office' 'Internet Explorer' 또한 기업의 성공적인 판매 전략으로 인정받으며 경영학 전공서에 실릴 만큼, 현재까지도 막강한 지배력을 행사하고 있다.

　한편 엄청난 사회적 영향력을 행사할 수 있음에도 불구, 공익을 위해 관련 기술을 무료로 제공한 인물이 있다. 바로 '웹의 아버지'라 불리는 팀 버너스리다. MIT 교수이기도 한 그는 www(월드와이드웹) 개발에 관련된 모든 소스를 무료로 공개했으며 특허도 등록하지 않았다. 그 공로로 대영제국 훈장, 튜링상 등을 수상했다.

노동가치설과 한계혁명

　가치의 역설이라는 말이 있다. 종종 '물과 다이아몬드의 역설'로 소개되는 이 개념은 인간 생존에 필요한 물은 공짜이거나 거의 헐값에 팔리는 반면, 다이아몬드는 별 쓸모가 없음에도 비싼 가격에 팔리는 것을 말한다.

　애덤 스미스는 사용가치와 교환가치를 통해 이 모순을 해결하고자 했다. 물은 사용가치가 높지만 교환가치가 낮은 반면, 다이아몬드의 경우 사용가치는 낮지만 교환가치가 높다. 그래서 그는 상품의 가치와 효용은 비례하지 않으며, 가치의 척도는 노동만이 될 수 있다고 보았다.

　애덤 스미스의 이러한 관점은 마르크스에 이르러 노동가치설로 재탄생한다. 쉽게 말해 상품의 가치(효용)는 이를 생산하는 데 투입된 노동시간으로 결정한다는 뜻이다. 시대상을 고려해보면 일견 타당한 측면도 있으나, 이 가설은 산업혁명 이후 본격화된 자본주의적 생산양식을 설명하는 데 한계가 있었다.

　한편 상품의 가치는 상대적인 것이며 그 크기는 소비자가 느끼는 한계효용(Marginal Utility)에 따라 결정된다는 효용가치설이 등장한다. 영국의 윌리엄 제번스, 오스트리아의 카를 멩거, 스위스의 레옹 왈라스가 주장한 이 가설은 물과 다이아몬드의 역설을 해결하며(물의 효용은 다이아몬드보다 크나, 그 양이 많으므로 한계효용이 낮음) 현대 경제학 이론 형성에 큰 영향을 미쳤다.

자본주의 1.0에서 5.0까지

　자본주의의 핵심 요소로는 ① 사유재산 인정 ② 생산과정에서 노동과 자본의 분리 ③ 시장 중심 경제활동을 들 수 있다. 자본주의 5.0은 이러한 자본주의를 역사적 발전과정에 따라 평가한 용어 중 하나로, 국내에서는 조동성 서울대 경영대학 교수가 쓴 동명의 책 제목이기도 하다.

　자본주의 1.0은 자유방임주의라고도 하는데, 「국부론」의 저자인 애덤 스미스의 사상으로 요약된다. 정부의 지나친 개입은 오히려 부작용을 낳는다는 것이다. 자본주의 1.0은 대공황을 거치며 정부 개입을 인정하는 방식으로 변화하는데, 이것이 자본주의 2.0 또는 수정자본주의라고 한다. 관련 인물로는 존 메이너드 케인스가 있다.

　한편 1970~80년대 석유파동 사태와 정부의 비효율적 대응에 비판이 이어졌고, 국가 개입을 최소화하는 신자유주의(자본주의 3.0)가 태동했다. 「제3의 길」로 알려진 영국 사회학자 앤서니 기든스가 대표 인물로 꼽힌다. 시장 중심의 신자유주의는 글로벌 금융위기를 기점으로 몰락했고, 1%가 아닌 99%의 사회 구성원이 참여하는 자본주의 4.0이 등장한다. 이를 대중자본주의라 하며, 「자본주의 4.0」을 쓴 아나톨 칼레츠키가 있다. 마지막으로 자본주의 5.0의 키워드는 공유가치창출(CSV)이다. 기업 활동의 목적에 사회적 가치가 포함되어야 하며, 정부 역시 시장과 유기적인 관계를 만들어가야 한다는 것이다.

기본소득제, 논란을 떠나 내용을 보자

　기본소득한국네트워크에 따르면 기본소득은 세 가지 점에서 기존 생활보장제도와 다르다. 첫째, 국가 또는 지자체(정치공동체)가 모든 구성원에게 지급하는 '보편성'이다. 둘째, 자산 심사나 노동 요구 없이 지급하는 '무조건성'이다. 셋째, 가구 단위가 아니라 구성원 개개인에게 직접 지급하는 '개별성'이다.

　내용을 보면 알 수 있듯, 기본소득제 도입은 결코 간단한 일이 아니다. 설령 도입을 결정하더라도 국내 복지체계 전반을 새로 짜야 하는 문제가 발생한다. 또한 기본소득제는 찬반에서부터 크게 엇갈린다. 찬성 측에서는 미래 일자리 감소에 따른 소득 불안 해소와 복지 관련 비용 절약, 사회안전망 강화 등을 꼽는다. 반면 반대 측은 막대한 재정 부담과 기존 복지제도의 후퇴, 근로의욕 상실 등을 지적한다.

　우리나라에서는 이재명 前 경기도지사가 주요 정책으로 제시하며 큰 관심과 논란을 불러일으켰는데, 문제는 보수와 진보 어느 쪽에도 큰 환영을 받진 못했다는 점이다. 보수 진영으로부터는 포퓰리즘이라는 비난을, 진보 진영에서는 반쪽 복지라는 평가를 받아야 했다.

　물론 불평등 격차 해소와 사회안전망 확충에는 모두가 공감하는 만큼 현재의 복지정책 변화에 기본소득제가 어느 정도 영향을 줄 것임을 예상할 수 있다.

"중앙은행의 역할은 파티가 한창 무르익을 때 펀치볼(파티 음료)을 치우는 짓이
다."

美 연준 의장 윌리엄 마틴

10
그 밖의
경제 교양

노벨상과 노벨경제학상

노벨 재단이 아닌, 스웨덴 중앙은행에서 수여하는 상이다. 따라서 '노벨 기념 스웨덴 중앙은행 경제학상'이라고 해야 옳다. 그럼에도 어째선지 노벨경제학상으로 불리며, 또 그렇게 인정받고 있다. 사실 경제학은 당초 노벨의 생전 유언에는 없던 분야다.

그는 자신의 유산을 오 등분 하여 물리학, 화학, 생리학·의학, 문학, 평화 다섯 분야의 발전에 헌신한 사람에게 줄 것을 부탁했다. 그런데 1968년 스웨덴 중앙은행 설립 300년을 기념으로 노벨경제학상이 만들어졌다. 1901년부터 시상해온 다른 노벨상에 비해 노벨경제학상은 1969년에야 시상이 이뤄졌다.

이러한 논란에도 불구하고 노벨경제학상은 약 50년간 이어져 오면서 기존 노벨상 못지않은 권위를 갖게 되었으며 경제학자가 받을 수 있는 최고의 명예라는 수식어를 획득한다. 역대 수상자의 면면을 보더라도 그렇다.

한편 노벨경제학상을 꼭 경제학자만 받는 것은 아니다. 엘리너 오스트롬(2009년 수상)은 정치학을 전공한 교수였다. 2002년 행동경제학의 발전에 기여한 공로로 수상한 대니얼 카너먼은 심리학자였다.

영화 「뷰티풀 마인드」의 주인공이기도 한 존 내쉬(1994년 수상)는 수학자다. 이는 현대 경제학이 그만큼 다양한 학문으로 연구되고 있음을 시사한다.

특별인출권(SDR)

　1970년 IMF가 인위적으로 만든 일종의 가상자산이다. 국제거래 시 주로 달러를 이용하는데, 만약 달러 공급이 부족해지거나 가치가 급변할 경우 거래 안정성이 불안해질 수 있다. 이 문제점을 보완하고자 새롭게 제안된 개념이 SDR이다. 쉽게 말해 달러를 보조하는 국제통화이자 동시에 외화 보유액으로도 인정받는 준비자산인 셈이다.

　SDR의 가장 큰 특징은 별다른 담보 없이도 인출할 수 있다는 점이다. 이때 주목할 것은 '권리(Rights)'인데, IMF는 회원국의 출자 비율에 따라 SDR을 배분한다. 예를 들어 우리나라가 가진 지분, 즉 IMF에 기여한 몫이 1.8%라고 하자. 지난 2021년 IMF는 4,565억 규모의 SDR 배분을 시행했다. 코로나19 위기 극복과 글로벌 유동성 지원을 위해 IMF 명의의 가상통화를 만들어낸 셈이다. 그러면 한국은 82억 SDR(약 117억 달러)을 배분받는다. 만약 금융위기가 발생하면 배분받은 권리를 실행해 이만큼을 인출하면 된다.

　첫 도입 당시에는 세계무역의 1% 이상 차지하는 상위 16개국 통화와 연계하는 바스켓 방식을 채택했는데, 구성통화가 많다 보니 달러, 엔, 마르크, 파운드, 프랑으로 줄였다. 마르크와 파운드가 유로로 통합해 4개 통화로 구성됐다가 2015년 중국 위안화가 포함되며 5개로 운영 중이다.

국제표준화기구(ISO)

경제발전의 역사는 곧 표준화의 역사라 할 수 있다. 국가기술표준원에 따르면 인류 최초의 표준은 기원전 7000년경 이집트에서 사용한 원통 모양의 돌이었다고 한다. 이것을 가지고 무게 비교하는 데 썼다.

한편 국가 간 교역이 확대되면서 거래 단위의 표준화 필요성에 제기됐다. 이에 출범한 기구가 ISO, 국제표준화기구다. 상품 및 서비스의 국제간 교류를 원활하게 하고 지식·과학·기술·경제활동 분야의 협력 및 발전이라는 관점에서 표준화 관련 활동을 증진하기 위해 설립됐다.

참고로 본래 명칭은 International Organization for Standardization이라서, 줄이면 ISO가 아닌 IOS가 된다. 그럼에도 ISO로 쓰는 이유는 설립 당시 '동등함'을 뜻하는 그리스어 'ισος(isos)'에서 따왔기 때문이다. 따라서 읽을 때도 '아이에스오'라고 읽지 않고 '아이소(혹은 이소)'라고 읽으면 된다. 물론 전자로 굳혀진 상황이라 그냥 넘어가는 분위기다.

가장 널리 알려진 것은 ISO 9000, 품질경영시스템에 대한 국제규격이다. 수출에 의존하는 우리 경제 특성상 ISO 9000 인증 충족은 필수로 여겨졌고, 곧 국가표준으로 채택되었다. 한편 우리나라는 2020년부터 2022년까지 ISO 비상임 이사국으로 선임되는 쾌거를 이루었다.

원자재의 이해

공업 생산의 원료가 되는 자재를 뜻하는 말로, 국제시장에서 거래되는 원자재를 상품화한 것을 통칭한다. 원유가 대표적이며 금·은을 비롯한 각종 금속, 밀·옥수수 등의 농산물, 천연가스와 같은 에너지 등을 모두 포함한다. 원자재 가격변동을 지수화한 것을 가리켜 원자재지수라고 하는데, 대표적으로 CRB지수가 있다. 국제 원자재 가격을 조사하는 CRB사의 이름을 딴 것으로, 19개 원자재를 대상으로 그 변동을 가중평균해 산출한다.

1967년 100을 기준으로 하며, 지수 특성상 값이 오르면 전 세계적인 물가상승을 동반하기 때문에 '인플레이션지수'라고도 한다. 특히 산업 전반에 쓰이는 구리는 그 가격만으로 경제 상황을 진단할 수 있어 Dr. Copper(구리 박사)로도 불린다.

국제정세 급변 시 가장 주목받는 분야 중 하나가 원자재다. 유가에 직접적인 영향을 주는 중동 분쟁은 물론이거니와, 최근 중국의 호주 석탄 수입금지에 따른 국제 석탄 가격 급등, 러시아의 우크라이나 침공과 곡물 가격변동 등을 예로 들 수 있다. 한편 중장기적으로도 원자재 추이를 예상할 수 있는데, '세계의 공장'이라 불리며 마치 블랙홀처럼 원자재를 빨아들이던 중국의 성장세가 둔화되면서 원자재 가격도 하락하는 경향을 보인 바 있다. 그밖에 코로나19로 기존 공급망 체계에 변화를 가져온 점도 고려할 필요가 있다.

안전자산, 금

황색의 광택이 있는 금속 원소다. 화학적으로 매우 안정되며 공기 중에서도 산화되지 않는다. 연성(늘어나는 성질)과 전성(퍼지는 성질)이 우수해 가공에도 용이하다. 이러한 특성으로 금은 오래전부터 귀한 대접을 받아왔다. 고대 이집트 시대부터 금을 태양에 비유해 '신의 금속'이라 불렀으며, 금을 만들고자 시도한 연금술은 현대 화학으로 발전했다. 여러모로 인류사에 큰 영향을 줬다고 할 수 있다.

한편 경제 분야에서 금은 거래의 매개이자 안전자산의 대명사로 통한다. 이유는 두 가지다. 금은 세계적으로 생산량이 일정하여 갑자기 수량이 늘거나 줄지 않는다. 또 내구성이 우수해 시간이 지나도 가치가 일정하다. 은 역시 금과 비슷한 특성을 갖지만, 보관조건이 달라지면 색이 변하는 등의 문제가 있다.

우리가 돈이라 부르는 지금의 화폐는 지폐, 즉 종이로 만든 것이다. 이 돈의 가치는 나라가 보증한다. 따라서 신용도가 떨어지는 나라의 화폐는 그 가치를 잃게 된다. 이때 최후의 보루가 금 보유량이다.

우리나라의 금 보유량은 약 104톤으로, 달러 환산 시 48억 정도 된다. 우리나라엔 없고 영란은행 금고에 보관하는데, 런던이 금 시장이 활성화되어 거래에 편리해서다. 한편 금 보유량 1위는 단연 미국으로 무려 8,100톤에 이른다. 최근 전쟁으로 서방 제재를 받는 러시아도 2,300톤 정도를 갖고 있다.

산업의 쌀, 철

　풍부한 매장량을 자랑하는 철은 다른 금속과 합성이 잘 되는 성질 덕분에 일찌감치 널리 쓰였다. 철기 시대에서 알 수 있듯 인류 문명사에 지대한 영향을 준 금속이기도 하다. 현대 경제에서는 아예 비철금속이라는 용어가 있을 정도로 자동차를 포함해 선박, 철도, 건물 등 거의 모든 분야에 기초 소재로 활용된다.

　산업화에 성공한 나라일수록 철은 국가 기간산업의 지위를 갖는다. 이는 우리나라도 예외는 아니라서, 포스코 창업주인 박태준 회장은 '제철보국(製鐵報國, 철로 국가에 공헌한다)'이라는 말을 남겼다. 1973년 포항 1고로에서 쇳물이 쏟아진 이래 철은 우리 경제가 제조업 강국으로 도약하는데 크게 기여했다. 97년 외환위기로 한보철강과 기아특수강 등 주요 철강사가 부도를 맞고 포스코가 민영화되는 위기도 있었으나, 꾸준한 기술 개발을 거듭해 여전히 제철 강국에 이름을 올리고 있다.

　한편 철강산업은 그 특성상 온실가스를 많이 배출할 수밖에 없는데, 최근 저탄소·친환경 전환 기조에 따라 제철공정에 변화를 시도하고 있다. 전기로 비중 확대와 수소환원공법이 그것이다. 문제는 상용화까지 걸리는 시간이다. 탈탄소 시대로 전환하는 것은 피할 수 없는 과제인 만큼, 철강업계의 선제적 투자와 이를 뒷받침할 수 있는 제도적 지원이 필요하다.

세계의 운하

지중해와 홍해를 연결하는 수에즈 운하는 1869년 개통됐다. 유럽과 아시아를 잇는 최단 항로인 만큼 꽤 예전부터 건설 논의가 이뤄져 왔으나, 기술상 어려움 등의 이유로 번번이 중단됐다. 그러던 것이 해상 물류의 이점을 파악한 프랑스 주도로 공사가 시작된다.

이 과정에서 건설에 동원된 많은 이집트인이 사고·전염병 등의 이유로 목숨을 잃었다. 수난은 여기서 그치지 않아 운하를 두고 제2차 중동 전쟁(1956)이 벌어지기도 했다. 결과적으로 현재는 이집트 소유로, 매년 상당한 수준의 통행료를 벌어들이고 있다.

아메리카 대륙 중앙에 위치한 파나마 운하는 대서양과 태평양을 연결한다. 160km 정도에 달하는 수에즈 운하에 비해 파나마 운하는 고작 80km 정도라 시간의 문제일 뿐 공사 자체는 어렵지 않을 것으로 생각하기 쉬우나, 이 지역 일대가 열대우림이다 보니 공사 과정에서 말라리아가 창궐하는 등 상당한 어려움을 겪었다. 현재 소유는 파나마 공화국이지만, 미국의 입김으로부터 자유롭지 못한 상황이다.

우리나라의 운하로는 경인 아라뱃길을 들 수 있다. 이명박 정부의 한반도 대운하 사업 일환으로 건설되었으나 물동량이 크게 못 미쳐 운하라고 부르기 민망할 수준이다. 현재는 자전거길로 더 잘 알려져 있다.

세계의 거래소

　암스테르담 증권거래소(現 유로넥스트 암스테르담)는 1602년 네덜란드 동인도회사가 증권 거래를 목적으로 설립한 세계 최초의 거래소다. 국토 대부분이 물에 잠길 정도로 저지대인 네덜란드는 일찌감치 해상 무역에 눈을 돌렸는데, 막대한 투자금과 위험이 따르는 일인 만큼 투자금을 모으기 위해 보증서(지금의 주식)를 발급했다.

　한편 무역 과정에 적지 않은 시간이 따르다 보니 투자자 중에는 증서를 사고파는 이들도 생겨났는데, 자연스레 증서를 보관·관리하는 일도 중요해졌다. 현대의 증권거래소는 이렇게 시작된 셈이다.

　현재 세계 제1의 증권거래소는 미국 뉴욕증권거래소다. 한때 런던(유럽), 도쿄(아시아)와 더불어 세계 3대 거래소로 손꼽혔지만 일본 경제의 부진, 중국의 고속 성장 등으로 현재는 유명무실해진 상태다. 시가총액으로만 놓고 봐도 뉴욕증권거래소에 이어 2위 역시 미국에 있는 나스닥이다. 따라서 3대 거래소는 대륙별 안배를 고려한 표현 정도로 봐야 좋을 것이다.

　우리나라의 한국거래소(KRX)는 시가총액 기준 세계 10위권 정도다. 한때 코스피 3,000을 돌파했으나, 증시 또한 최근 불황의 타격을 피하진 못했다. 물론 우리 경제 규모에 비출 때 결코 떨어지는 수준은 아니지만, 시공간의 장벽을 뛰어넘는 것이 증권 거래인만큼 꾸준한 금융시장 선진화 노력이 필요하다.

세계 금융의 중심지, 월가

미국의 최대 도시 뉴욕. 그중에서도 중심지라 할 수 있는 맨해튼의 남부에 위치한 이곳에는 세계 최대 규모의 증권거래소인 NYSE를 비롯해 굴지의 금융사들이 밀집해 있다. 금융 중심지라는 이미지가 강해 우리나라에서는 여의도 증권가를 가리켜 '한국판 월가'라고 표현한다.

월가의 역사는 17세기로 거슬러 오른다. 네덜란드의 식민지였던 뉴 암스테르담(현재의 뉴욕 맨해튼 섬) 주민들은 방어 목적으로 북부 경계선에 벽(wall)을 쌓는다. 하지만 영국이 지배하기 시작하면서 벽을 없애고 그 자리에 도로를 냈다. 그게 지금에 이른다는 해석이다.

뉴욕이라는 이름이 정해진 것도 이때의 일로, 영국 왕 찰스 2세의 동생인 요크 공의 이름을 따 '새로운 요크'의 뉴욕이 됐다. 한편 이 시기 증권 거래인들은 월가의 버튼 우드(미국의 플라타너스 나무)에서 주로 만났고, NYSE 설립으로 이어지며 지금의 월가를 형성했다.

월가를 바라보는 대중의 시각은 그리 곱지만은 않다. 2008년 금융위기로 촉발된 "월가를 점령하라(Occupy Wall street)" 시위가 대표적이다. 그럼에도 월가는 선망의 대상이다. 동명의 영화 「월 스트리트 (1987)」에서 기업 사냥꾼 역할로 나온 배우 마이클 더글러스는 다음의 대사를 남겼다.

"Greed is Good(탐욕은 좋은 것이다)." 이는 세계대전, 대공황 등 위기 속에서도 월가가 끝내 무너지지 않았던 이유이기도 하다.

Fed, 연방준비제도

　미국의 은행 제도는 50개의 주를 12개 지역으로 나누고, 이를 수천 여 개의 개별 은행이 떠받는 구조다. 여기서 12개의 지역 은행을 연방 준비은행(Federal Reserve Banks), 흔히 FRB라고 부른다. Fed는 이러한 FRB와 연방준비제도이사회(Board of Governors), 연방공개시장위원회 (FOMC)를 포함한 일련의 시스템이다.

　한국은행을 중앙은행으로 하는 우리와 달리 미국은 별도의 중앙은행 이 존재하지 않는다. 중앙은행의 역할을 Fed가 수행할 뿐이다. 이는 권 력의 집중화를 경계하고 개별 주의 자치권을 중요시하는 미국의 특성 에 따른 것이다. 이렇다보니 종종 미국 중앙은행이 거대금융자본에 휘 둘린다는 음모론의 소재가 되기도 하는데, 애초 미국이라는 나라가 중 앙집권적 성격이 약한 나라다. 오히려 정부로부터 철저한 독립성을 보 장받는다고 보는 게 적절할 것이다.

　무려 미국의 통화정책을 수립·집행하는 기관인 만큼 세계경제에 미 치는 영향도 막강한데, 연방준비제도이사회 의장은 세계 경제대통령에 곧잘 비유한다. 연방기금금리가 발표되는 날에는 세계의 이목이 집중 될 정도다. 과거 '인플레이션 파이터'로 불렸던 볼커 의장 시절 금리가 연 20%대까지 오르자 중남미를 비롯한 상당 국가가 달러 유출로 큰 위기를 겪었다.

세계 3대 신용평가사

개인이건 기업이건 자본주의 시장경제하에서는 신용이 가장 중요하다. 신용이 좋으면 빌려주는 입장에서 돈을 떼일 위험이 그만큼 적어지며, 빌리는 입장에서도 대출이 용이하고 이율도 낮아진다. "경제는 곧 신용이다"라는 말이 있을 정도다.

국가라고 해서 예외일 수는 없다. 신용이 좋아야 해외 금융기관으로부터 돈을 쉽게 빌리고 투자를 유치할 수 있다. 이렇게 생겨난 용어가 국가신용이다. 그렇다면 이때 국가신용은 누가 평가할까. 세계적으로 국가신용을 평가하는 회사들이 있다. 그중 무디스(Moody's), 스탠더드 앤푸어스(S&P), 피치(Fitch)를 3대 신용평가사라 부른다. 등급에 따라 대개 A~B 순으로 매긴다.

이들이 마치 컴퓨터처럼 완벽한 판단을 내릴 것이라는 생각은 금물이다. 우리나라가 IMF에 구제금융을 신청한 것이 1997년 11월이다. 같은 해 1월 한보철강의 부도로 우려가 이미 현실화되었음에도 불구하고 무디스는 신용등급을 조정하지 않고 있다가 10월이 되어서야 AA-에서 A+로 하향 조정하였다.

그러더니 12월에는 갑자기 투자부적격(투기)등급인 Ba1까지 하향 조정해 한국경제는 국제금융시장에서 불량국가로 낙인찍혔다. 위기를 자초한 우리의 탓도 없진 않으나, 신용평가사들의 뒤늦은 판단이 더 큰 혼란을 가져다줄 수도 있음을 감안해야 한다

우리나라의 기준금리

금리가 돈의 가격이라면 물가는 돈의 가치다. 시장경제 특성상 단기적 가격변동은 피할 수 없는 일이지만, 가치가 변한다면 얘기가 달라진다. 경제주체는 돈을 믿지 못하게 될 것이고 결국 경제 전반에 큰 혼란으로 이어지기 때문이다. 이에 각국 중앙은행은 경제 상황에 따라 기준금리를 이용해 시중금리를 조절하고, 최종적으로 물가안정이라는 목표를 달성한다.

우리가 흔히 쓰는 기준금리(base rate)란 한국은행이 금융기관과 거래할 때 적용하는 정책금리(policy rate)를 말한다. 정책금리는 통화당국이 시중금리에 영향을 미칠 목적으로 결정하는 공식금리다. 즉 성격은 정책금리이고, 표현은 기준금리인 셈이다. 참고로 미국의 경우 정책금리를 기준금리가 아닌, 연방기금금리라고 한다.

우리나라 기준금리는 2008년 금융위기를 계기로 5%대에서 2%대로 크게 하락했다가 2010년 반등했다. 당시 한은 총재였던 김중수는 임기 동안의 통화정책 중 가장 힘들었던 사건으로 금리 반등 시점을 꼽을 정도였다. 한편 코로나19가 대유행한 2020년 3월에는 기준금리를 0.5%P 인하해 0.75%, 역사상 처음으로 0%대 저금리에 진입했다. 최근에는 글로벌 여건을 고려해 다시 2% 중반까지 인상하였다.

코스피, 우리나라 대표 증권시장

우리나라를 대표하는 증권시장으로 한국거래소에서 인정하는 대표 지수는 KRX300(코스피·코스닥 통합지수)이지만, 투자자건 일반적 인식에서건 코스피를 우리나라 대표지수로 꼽는 데 별 이견이 없다. 참고로 코스피(KOSPI)의 I가 지수(Index)를 가리키는 만큼 '코스피 지수'라고 하지 않고 그냥 '코스피'라고 해야 맞다. 코스피는 1956년 12개 상장사로 개장하였다. 제1호 상장기업은 조흥은행(종목코드 000010)이다. 신한은행에 합병되어 명칭이 사라진 것과 달리, 제2호 상장기업인 동화약품(종목코드 000020)은 부채표활명수 등 브랜드를 유지하면서 경영활동을 계속해나가고 있다.

삼성전자, 현대차, POSCO, KB금융, LG화학, 한국전력 등 굴지의 대기업은 물론이거니와 네이버, 카카오, 셀트리온과 같은 기업들도 상위권에 이름을 올린다. 이렇듯 대형 우량기업들의 꾸준한 성장세를 바탕으로 시가총액 2,200조 원 규모를 돌파했다. 한편 지수산출은 1980년 1월 4일을 기준(100)으로 하는데, 코스피 3,000은 증시가 30배 성장했다는 뜻으로 보면 된다.

최근 MSCI 선진국지수 편입 여부에 관심이 있으면서 코스피 4,000에 대한 기대감도 높아지는데, 한국은 MSCI 신흥국 지수에 속해 있다 보니 증시가 저평가됐다는 게 그 이유다. 선진국지수 편입은 필요한 일이지만 그에 앞서 충분한 제도개선이 이뤄졌는지 검토할 필요가 있다.

코스닥, 한국의 나스닥을 꿈꾸며

중소 및 벤처기업의 자금조달을 목적으로 1996년 개설되었다. 한국 증권업협회(現 금융투자협회)에서 운영하던 것을 한국증권거래소(現 한국거래소)로 이전하여 지금에 이른다. 이름에서 알 수 있듯 미국의 나스닥을 참고하였으며, "꿈으로 먹고사는 시장"이라고 할 만큼 실적보다는 미래 가치평가를 두고 투자한다. 출범 시기를 보면 알 수 있겠지만 불과 1년 후 외환위기가 닥쳤기에 우여곡절이 많았다. IT 붐이 일 때는 2,000선을 돌파하기도 했지만 버블이 꺼지면서 대폭락을 맞이했다. 꾸준한 성장세를 유지하던 코스피와 달리 지독한 침체의 늪을 벗어나지 못했다. 당초 기준을 100으로 잡았다가 주가 변별력이 없다는 지적에 1,000으로 상향조정한 것도 이 때문이다. 2021년에는 코스닥이 (무려 20년 7개월 만에) 1,000을 돌파했는데, 기준을 회복한 것에 불과하다.

여담이지만 코스닥이 한국거래소에 이전되기 전까지만 해도 엄연히 장외시장이었다. 지금은 거래소에 속한 만큼 장내시장, 장내거래가 맞다. 문제는 이전 당시 기관을 합치면서 증권거래소(코스피)를 '유가증권시장'이라고 칭한 것이다. 보통명사로서 유가증권이 갖는 의미를 고려해보면 마치 코스닥은 유가증권이 아닌 것 아니냐는 오해도 생길 법한데, 어쨌든 코스닥도 엄연히 주식이라는 유가증권이 거래되는 장내시장이다.

코넥스, K-OTC 시장

코넥스란 'Korea New Exchange'의 줄임말로, 자본시장을 통한 초기 중소·벤처기업의 성장지원 및 모험자본 선순환 체계 구축을 위해 개설된 신시장이다. 기존 중소기업의 자금조달이 은행에 편중된 점과 창업 초 중소기업이 증권시장 활용 시 발생할 상황을 고려했다. 코스닥 상장요 건에 도달하지 못한 기업을 위한 일종의 등용문이라고 봐도 좋다.

2013년 출범 후 약 10년이 지났음에도 불구, 규모나 인지도 측면에서 열악한 게 사실이다. 코넥스에서 성장하면 코스닥으로 이전하는 구조적 한계일 수 있으나 그럼에도 금융기관들의 적극적 홍보와 투자자 확대를 위한 제도개선 등이 필요하다. 최근 결정된 기본예탁금 제도 폐지가 대표적이다.

한편 K-OTC는 비상장주식의 매매거래를 위하여 개설·운영하는 시장이다. 제4의 시장이라고도 하나, 그보다는 장외거래로 구분하는 게 이해하기 쉽다. 운영 주체 역시 한국거래소가 아닌 한국금융투자협회이다. 2005년 개설된 프리보드시장이 전신으로, 코넥스 시장이 출범함에 따라 중소기업은 물론 모든 비상장기업의 주식을 거래할 수 있도록 변경되었다. 장외시장이다 보니 고위험·고수익을 추구하는 투자가 많고, 규제 역시 최소화되는 만큼 투자자의 자기책임이 요구된다.

규모의 경제와 전기차 시장

규모의 경제란 생산량이 증가함에 따라 제품 한 단위당 평균비용이 감소하는 현상을 말한다. 통신, 철도, 자동차, 반도체, 철강 등 초기 고정비용이 높으며 상대적으로 변동비가 낮은 산업일수록 규모의 경제가 존재할 가능성이 크다. 또한 성격상 중소기업보다 막대한 자본조달 능력을 갖춘 대기업에 적합하다. 한편 규모의 경제가 자연독점의 결과로 이어질 우려가 있을 경우는 민간이 아닌 정부가 운영하기도 한다.

규모의 경제가 존재하기 위해서는 단순히 기술력만 갖추는 것으로는 부족하며, 무엇보다 생산량을 소화할 수 있을 정도의 충분한 구매력을 갖춘 시장이 전제되어야 한다. 대표적으로 전기차의 경우 충분히 개발할 수 있는 기술을 확보했음에도 불구하고 시장이 작다는 이유로 완성차 업체들이 진입을 꺼렸다.

그러던 것이 상황이 달라졌다. 친환경으로의 전환이 빨라지면서 내연기관차의 시대는 저물고 그 자리를 전기차가 빠르게 대체하고 있다. 최근 테슬라를 필두로 전기차 시장을 놓고 기업 간 경쟁이 치열하다. 현대자동차, 제너럴모터스(GM) 등 기존 완성차 업체들은 전기차 전용 플랫폼을 구축해 생산량을 대폭 확대할 계획을 밝혔다. 테슬라에 맞설 수단으로 규모의 경제라는 카드를 꺼내든 것이다.

게임이론과 죄수의 딜레마

게임이론이란 어떤 행동의 결과가 자기 행동에 의해서만 결정되는 것이 아니라 동시에 다른 사람의 행동에 의해서도 결정될 때, 자신의 이익을 최대화하기 위해 행동하는 것을 분석하는 접근법이다. 1944년 당시 존 폰 노이만과 오스카 모르겐슈테른이 함께 쓴 「게임이론과 경제적 행동」으로 이론적 근거가 마련되었으며, 이후 미국 물리학자 필립 모스가 2차 세계대전 당시 잠수함 전투에 적용하며 발전하였다.

죄수의 딜레마는 게임이론의 성격을 가장 단적으로 보여준다. 두 명의 죄수가 각각 독방에 수감되어 있으며 수사관은 이들에게 자백을 받아내고자 한다. 수사관은 '상대가 자백하고 당신이 묵비권을 행사하면 중형을, 당신이 자백하고 상대가 묵비권을 행사하면 조건 없이 풀어줄 것'을 약속한다. 이때 죄수는 고민한다. 둘 다 묵비권을 행사하는 게 최선이지만 자신만 놓고 보면 유리한 선택지는 자백이기 때문에, 결국 두 죄수 모두 자백해 형을 살게 되는 것이다.

죄수의 딜레마라는 이름은 수학자이자 프린스턴대 교수였던 앨버트 터커가 붙였다. 그는 게임이론을 설명하는 한 강연에서 참석자의 이해를 돕고자 두 죄수의 상황을 예로 들었다. 여담이지만 내시균형으로 유명한 존 내시의 박사과정 지도교수가 터커이다.

지니계수와 5분위 배율

지니계수는 소득 분배의 불평등 정도를 나타내는 지표다. 0~1 사이의 값을 갖는데, 1에 가까울수록 불평등하고 0에 가까울수록 평등하다. 물론 완전히 불평등하거나 평등한 사회는 없다 보니, 대개 0.3~0.4 정도를 유지하고 있다. 참고로 0.6 이상을 넘어서면 소득 불평등이 대단히 심각한 수준이다.

분명 경제지표임에도 불구하고 불평등을 다룬다는 그 특성상 정치적 판단으로부터 자유로울 수 없다. 예를 들어 2019년 국정감사에서는 당시 발표된 지니계수가 1인 가구를 제외한 것을 두고 논란이 일었다. 전 가구를 포함한 경우와 정반대의 결과가 나왔기 때문이다. 이렇듯 경제지표 중에서도 통계방식에 따라 결과가 달라질 수 있는 것들이 있어 해석 시 주의할 필요가 있다.

5분위 배율은 소득 상위 20%의 평균소득을 하위 20%의 평균소득으로 나눈 것이다. 전체 소득이 완전 평등하다면 그 값은 1이 되겠지만, 현실적으로는 5~6배 정도의 차이가 난다. 여기서도 주의할 점이 있는데, 대개 소득은 근로·사업소득의 성격을 가지며 이러한 소득은 정기적이다. 반면 저소득층에게 정부가 지원하는 이전소득은 일회에 그친다. 따라서 5분위 배율 감소가 단순히 이전소득 확대의 결과라면 불평등이 개선됐다고 보기 어렵다.

경제를 한눈에, 5대 국민계정 통계

　회계가 기업의 언어라면, 국민계정(national accounts)은 국가 경제의 언어라 할 수 있다. 우리가 재무제표를 통해 기업의 재무상태나 경영성과를 확인하듯이 국민계정을 통해 국가 단위의 각종 경제활동을 파악하고 평가할 수 있다. 한 마디로 국가 경제의 종합 재무제표인 셈이다.

　국민계정은 크게 생산계정(재화·서비스), 소득계정(소득 분배·사용), 자본계정(비금융자산 취득·처분), 금융계정(금융자산 및 부채 취득·처분), 국외계정(거주자 비거주자 거래), 대차대조표계정(일정 시점 경제 전체의 자산·부채 현황) 등으로 구성된다. 물론 나라마다 기준이 다르다 보니 이를 국제적으로 통일된 회계기준(system of national accounts, 줄여서 SNA)에 따라 작성했는데, 이것이 '5대 국민경제 통계'다.

　국민소득통계(기업으로 봤을 때는 손익계산서), 산업연관표(제조원가명세서), 자금순환표(현금흐름표), 국제수지표(외화수지계산서), 국민대차대조표(대차대조표)로 다시 나뉜다.

　우리나라는 1986년 국민소득통계·자금순환표·국제수지표를 작성·발표하였으며, 1989년에는 산업연관표, 2004년에 이르러 국민대차대조표까지 작성하여 완전한 국민계정체계를 확립하였다. 이만한 통계를 갖춘 나라는 손에 꼽을 정도다.

최고의 명예, 대한민국명장

名匠, 이름 명자에 장인 장자를 합친 말이다. 풀이하면 '이름난 장인'으로, 뚝심으로 한 분야를 연구·개척한 이들에게는 가히 최고의 칭호가 아닐 수 없다. 우리나라의 경우 대한민국명장이라는 제도를 운영하고 있다. 명장의 조건은 이렇다.

「숙련기술장려법」 제11조 규정에 따라 산업 현장에서 최고 수준의 숙련기술을 보유한 기술자이어야 하며, 숙련기술 발전 및 숙련기술자의 지위 향상에 크게 공헌한 사람이어야 한다. 구체적으로는 고용노동부에서 고시한 37개 분야 97개 직종에서 15년 이상의 경력자를 대상으로 기계·재료·전기·통신·조선·항공 등의 산업분야와 금속·도자기·목칠 등의 공예분야에서 선정된 기능인을 말한다.

1986년 전국기능대회 명장부 경기에서 용접 분야의 박동수 명장이 선정된 이래 최근까지(2021) 650여 명이 명장에 이름을 올렸다. 지금에야 산업 흐름이 제조업에서 IT 업으로 전환되면서 명장에 대한 인식이 예전 같지 않지만, 당시만 해도 대통령이 시상식에 참석하고 카퍼레이드도 펼치는 등 영웅 대접을 받았다고 전해진다.

한편 산업구조 및 기술 변화에 따라 명장 제도 역시 꾸준한 개선이 이뤄지고 있는데, 심사의 전문성과 공공성을 더욱 엄격히 해 명장의 자부심을 드높일 필요가 있다.

상속세 개편 논의

　오뚜기 회장 함영준은 선친이자 창업주 함태호 명예회장으로부터 기업을 물려받으며 1,500억 원의 상속세를 5년간 분납하였다. 이렇듯 기업이 천문학적인 상속세를 납부하는 것을 두고 세간의 인식은 대체로 긍정적이다. 일단 상속세라는 게 부자들이 내는 세금이고 부의 대물림을 어느 정도 방지하며, 사회 불평등 개선에 도움을 준다는 인식에서다.

　문제는 상속세의 적정 수준이다. 상속세를 회피하고자 꼼수(탈세)를 부리는 경우를 제외하면, 과도한 상속세는 기업 지배구조 위험과 경영상 어려움을 가중시키는 게 사실이다. 우리나라 상속세는 최대 50% 세율을 규정하고 있는데, 이는 OECD 평균(25%)에 비해 높은 수치다.

　과거에는 이보다 훨씬 높아 1950년 상속세법 제정 당시에는 세율이 최저 20%에서 최고 90%까지 설계됐다. 세원 파악이 쉽지 않던 시절이기도 하고 그동안 축적된 부를 상속 시점에 정산한다는 성격이 강했다. 이후 세율 구간 축소와 더불어 적용세율도 점진적으로 인하하여 현재에 이른다.

　최근 삼성그룹의 상속세 11조 원을 놓고 세율을 인하해야 한다는 목소리가 나오고 있다. 근거는 타당하나, 탈세와 편법이 만연한 우리 경제에 비춰보면 시기상조다. 오히려 소득세나 자본이득세 등 세제 개편과 기업 윤리경영, 관리 감독부터 강화해야 할 것이다.

화폐 속 인물

　화폐는 한 나라의 상징이다. 그래서 각국 화폐 도안에는 그 나라의 인물이나 문화유산이 들어간다. 미국 달러에 조지 워싱턴, 링컨의 초상과 독립기념서, 백악관 등이 그려져 있는 이유다. 영국 파운드에는 엘리자베스 여왕이, 중국은 마오쩌둥이, 일본 엔에는 후쿠자와 유키치와 후지산 등이 그려져 있다.

　우리나라 화폐의 경우 백 원권 주화에 충무공 이순신이, 만 원권 지폐에는 세종대왕이 그려져 있다. 두 인물 모두 온 국민의 사랑과 존경을 받는다는 공통점이 있는데, 여기에도 에피소드가 있다.

　1972년 만 원권을 첫 도입할 당시 도안의 주인공은 세종대왕이 아닌 석굴암과 불국사였다. 그런데 특정 종교가 화폐에 들어가는 게 적절치 않다는 견해가 나오면서 결국 발행이 취소되기에 이른다. 불교계 내부에서도 "신성한 부처님에게"와 같은 반응이 나왔다고 한다. 당시 박정희 대통령의 서명까지 들어간 만 원권 시쇄품은 이제 한국은행 화폐박물관에 가야만 볼 수 있다.

　2008년 고액권 발행 시에는 도안 인물로 누가 적절한지를 두고 논란이 일었다. 당초 한국은행은 오만 원권에 신사임당, 십만 원권에 백범 김구를 선정했는데 두 인물 찬반이 크게 갈렸다. 우여곡절 끝에 오만 원권은 신사임당으로 결정됐으나 십만 원권은 아예 발행이 연기됐다.

경제5단체

전국경제인연합회(전경련), 대한상공회의소(대한상의), 한국무역협회
(무협), 한국경영자총협회(경총), 중소기업중앙회(중기회) 5곳을 칭하는
용어다. 기업들의 애로사항을 정부가 일일이 경청할 수 없는 만큼 각종
정책 수립 시 이들과 협의한다.

대통령 해외 순방 시에도 동행하는데, 수출로 먹고사는 한국경제 구
조상 우리 기업의 해외 진출이 중요하기 때문이다. 한편 경제5단체라
고는 하나 성격은 기업 경영에 가깝다 보니 노동단체와는 입장이 정반
대일 때가 많다. 그래서 명칭에 대한 지적이 일기도 한다.

전국경제인연합회는 가장 대표적인 경제단체다. 이병철, 정주영, 구
자경, 최종현, 김우중 등 당시 재계 총수들이 회장직을 수행했는데, 그
러던 것이 2017년 정경유착으로 얼룩지면서 현재는 명성에 비해 크게
후퇴했다. 대한상공회의소는 우리나라 최초의 경제단체로 전국적 조직
망을 자랑한다.

한국무역협회는 무역 분야에 특화한 단체이며 무역상담 및 교육 등
을 진행한다. 국내 대표 전시장인 코엑스를 운영한다는 점도 특징이다.
그밖에 한국경영자총협회는 임금, 휴일 등 노사 간 문제에서 경영자를
대표한다. 중소기업중앙회는 대기업이 아닌 중소기업의 모임으로, 노
란우산공제 또는 중소기업 사업 확대 등을 목적으로 한다.

조중동, 한경오

조선일보와 중앙일보, 동아일보를 합쳐 '조중동'이라 부른다. 반면 '한경오'는 한겨레, 경향신문, 오마이뉴스를 합친 표현이다. 얼핏 보면 각각 보수와 진보를 대표하며 팽팽한 접전을 띨 것 같지만 규모 면에서 보수의 압승이다. 특히 조선일보가 사회에 미치는 영향은 '천만 독자 조선일보'에서 여실히 드러난다. 종이신문이 위축된 현재에도 크게 다르지 않다.

진영이 다른 만큼 경제 사건을 바라보는 관점도 크게 엇갈린다. 동일한 팩트임에도 불구, '물이 반밖에 차지 않았다'라거나 '반이나 찼다'와 같은 방식이다. 특히 사설 면에서 이러한 차이가 두드러지는데, 심지어 어떨 때는 진영 논리에 치우쳐 빈약한 논거로 주장을 펼치다 되려 독자의 항의를 받기도 한다. 이는 보수나 진보 가릴 것 없이 나타나기 때문에, 신문을 통해 경제를 공부하고자 할 때는 보수와 진보 매체 각각 한 곳 이상 택하는 게 바람직하다.

그밖에 경제신문이라고 해서 주로 경제 분야를 다루는 언론사도 있는데 매일경제와 한국경제가 있다. 경제라고 하나 친기업 성격을 갖는 만큼 보수 쪽에 가깝다. 그럼에도 자본시장과 부동산, 기업 동향, 글로벌 등 세세한 정보를 담고 있어 전반적 충실도는 높은 편이다.

조상제한서

조흥은행(1897, 괄호는 설립 연도), 상업은행(1899), 제일은행(1929), 한일은행(1932), 서울은행(1959)을 말한다. 90년대 외환위기 이전까지 한국의 금융계를 평정했던 은행이다. 가장 역사가 오래된 조흥은행은 신한은행에 합병됐다. 비교적 역사가 짧은 신한은행은 조흥은행의 역사를 계승하고자 등기부등본상의 존속법인은 조흥은행을 선택했다.

이 영향력은 은행장 회의 자리에서 여실히 드러나는데, 신한은행 행장은 시중 은행장 중 가장 상석에 앉는다. 상업은행과 한일은행은 한빛은행으로 대등합병하는데, 이후 평화은행과의 합병을 거쳐 현재의 우리은행에 이른다. 과거 일본 은행에 맞서고자 발족한 대한천일은행이 전신인 만큼 민족은행이라는 자부심도 크다. 개성공단에 첫 진출한 은행이 우리은행이다.

한때 국내 수신고 1위였던 제일은행은 외환위기 직격탄을 맞고 외국 투자회사에 매각되는 등 우여곡절을 겪었는데, 현재는 스탠다드 차타드의 한국 법인이다. 서울은행은 해외 매각에 차질을 빚으면서 국내 은행에 인수되는데, 지금의 하나은행이다.

광주형 일자리

　광주광역시에서 추진하는 노사상생형 일자리 창출 모델이다. 지역사회가 양극화 해소와 일자리 창출에 대한 해법을 사회적 대화로 모색하고, 노사관계와 산업혁신을 통해 사회통합형 일자리를 창출한다는 데의미가 있다. 초봉은 3,500만 원으로 다른 완성차 업계의 절반 수준이지만, 지역 내 안정적 일자리 제공 측면에서 보면 적지 않은 금액이라는 해석도 있다.

　2014년 민선 6기 핵심 사업으로 선정한 것이 2017년 문재인 정부의 100대 국정과제에 포함되면서 본격적으로 추진됐다. 협상대상자로현대차가 선정되었으며, 2019년 ㈜광주글로벌모터스 공장 착공식을가졌다. 이후 크고 작은 협상 속 갈등이 비치는 듯했으나 마침내 2021년 차량 양산에 이른다. 첫 모델은 캐스퍼다.

　한편 당시 문재인 대통령이 직접 차량을 구매하는 등 애정을 보였던광주형 일자리가 과연 차기 정권에서도 지원이 계속될 것인가를 두고의견이 나왔는데, 다행히 인수위는 광주형 일자리의 전국적 확산을 약속했다. 관치 주도의 우려보다 지역균형발전의 가능성을 더 높게 평가한 것이다. 상생형 일자리에 대한 법정 근거 마련이 기대되는 만큼 타지역들의 관심도 커질 것으로 예상된다.

노동자의 권리를 말하다, 노동3권

노동자의 단결권·단체교섭권·단체행동권을 말한다. 단결권은 노동자가 근로조건 등의 향상을 도모하기 위해 단결할 수 있는 권리를 말한다. 단체교섭권은 노동조합 등이 임금, 노동시간, 보건·후생 등 고용의 기본적 조건에 관한 문제를 사용자 측과 단체적으로 협의할 수 있는 권리이다. 마지막으로 단체행동권은 노사 간 단체교섭을 통한 합의가 이루어지지 않을 경우 분쟁을 해결하기 위하여 파업 등을 할 수 있는 권리이다.

우리 헌법 제33조에서는 노동3권에 대해 다음과 같이 선언하고 있다. ① 근로자는 근로조건의 향상을 위하여 자주적인 단결권·단체교섭권 및 단체행동권을 가진다. ② 공무원인 근로자는 법률이 정하는 자에 한하여 단결권·단체교섭권 및 단체행동권을 가진다. ③ 법률이 정하는 주요방위산업체에 종사하는 근로자의 단체행동권은 법률이 정하는 바에 의하여 이를 제한하거나 인정하지 아니할 수 있다.

이처럼 헌법에서 다룰 만큼 가장 기본적인 권리임에도 불구하고 우리나라에서는 남북 분단과 독재정치, 경제성장 우선주의 등으로 오랜 시간 큰 제약을 받았다. 그러던 것이 최근 들어 공정을 중시하는 젊은 세대가 노동시장에 진입하면서 노조를 바라보는 분위기도 조금씩 달라지고 있다. 이들은 경영자뿐 아니라 기성노조의 관행에도 과감히 맞서며 자기 권리를 당당히 주장한다.

협동조합의 천국, 이탈리아

협동조합 육성과 지역경제 활성화를 모색하는 나라들은 오랜 시간 '협동조합의 천국' 이탈리아 경제를 연구해왔다. 하나 큰 소득을 얻지 못했다. 우리나라도 한때 협동조합 붐이 일었지만 곧 현실적인 문제에 부딪히며 흐지부지해졌다. 이유는 단순하다. 이탈리아의 협동조합은 특정 정책·제도의 결과물이 아니기 때문이다.

이탈리아 경제의 특수성은 그들의 오랜 자치의 역사에 기인한다. 로마제국 붕괴 후 19세기 통일 이탈리아왕국이 출현하기까지 수백 년의 시간 동안 그들은 지역 중심의 독자적인 세력을 구축해왔다. 일종의 도시국가로, 베네치아를 비롯해 밀라노, 제노바, 피렌체 등이 대표적이다. 지역별 고유문화와 생활관습이 현재까지 이어져 온 결과 이탈리아의 다양함과 고급스러움을 만들어냈다.

외부 사정이야 어쨌건 주어진 위치에서 묵묵히 저마다의 일에 매진하는 모습이 이탈리아에서는 익숙한 풍경이다. 대대로 가업을 이어오면서 고도의 기술이 전수될 수 있었고, 지역 경제는 더욱 밀착할 수 있었다. 이것이 이탈리아 협동조합이 170여 년의 오랜 역사 동안 유지될 수 있었던 이유이고 내로라하는 대기업이 적음에도 이탈리아가 경제 대국에 손꼽혔던 이유이며 이탈리아 제품이 전 세계에서 명품으로 인정받는 이유이다.

노키아 이후 핀란드 경제

스웨덴 왕국 600년, 러시아 제국 100년. 긴 세월 동안 통치를 받은 핀란드는 볼셰비키 혁명이 있던 1917년 마침내 독립을 시도한다. 이 과정에서 극심한 내전을 겪었으며, 1919년에야 오늘날의 핀란드 공화국을 수립하기에 이른다.

첨단 IT산업과 높은 복지로 유명한 지금과 달리 이 시기 핀란드의 지위는 불안하기 짝이 없었다. 결국 1939년 소련의 침공을 받게 되고, '겨울전쟁'의 선전 속에서도 패배해 소련에 막대한 배상금을 지불하게 된다. 한편 핀란드는 선박, 농기계, 제지기계와 같이 공업류 제품을 배상했는데 이것이 농업 중심의 경제구조를 탈피하는 계기가 된 것으로 전해진다. 1980년대에 들어서는 임산업 및 금속공업의 수출이 호조를 띠기 시작했고, 이러한 제조업 육성에 힘입어 핀란드는 곧 선진국 반열에 오른다. 물론 위기가 없던 것은 아니라서 소련 해체와 해외시장 위축, 부동산 버블 등으로 1990년대 초 심각한 경기침체를 겪기도 했다.

긴축정책으로 위기를 이겨낸 이후로는 IT산업을 성장시켰는데, 그 결과물이 노키아다. 비록 스마트폰 시대에 밀려났음에도 공학(IT)에 대한 핀란드의 투자는 꾸준해서, 현재는 소수 대기업이 이끄는 경제구조가 아닌 중소·벤처 중심의 경제로 재편되었다.

G20(Group of 20)

Group of 20은 주요 20개국 회담을 말한다. 2007 서브프라임 모기지 사태로 촉발된 미국발 금융위기는 전 세계로 확대됐으며, 이에 관련 문제를 검토하여 새로운 국제금융·통화질서를 수립해야 한다는 논의가 힘을 얻기 시작했다. 이를 계기로 과거 아시아 금융위기에 따른 장관급회담에서 출발했던 G20은 정상회담으로 격상되었고, 현재는 명실공히 세계정세를 논하는 협의체로 자리 잡았다.

유럽과 영미 중심의 OECD와는 차이가 있다. 대표적으로 러시아와 중국, 인도, 브라질, 아세안 등은 OECD에 가입하지 않았다. 이들은 경제 선진국은 아니지만 경제대국 또는 지역강국의 지위를 갖기 때문에 국제무대에서 상당한 발언권을 행사한다. 같은 관점에서 G20은 선진국의 모임이라기보다 '세계 주요국의 모임'이라는 표현이 더 적절하다.

2010년에는 서울 코엑스에서 개최했으며 'Seoul Action Plan' 합의를 도출해냈다. 사실 국력을 따져봤을 때 우리가 주도한 성과라 보긴 어렵고, 오히려 큰 사고 없이 국제행사를 치러냈다는 데에 의미가 있을 것이다. 한편 이 시기 'G20 경제효과가 얼마 얼마'와 같은 기사들도 여럿 나왔는데, 88올림픽도 아니고 무려 2010년의 행사다 보니 대중의 반응은 싸늘했다.

바닷길의 주인은 우리, 해운동맹

해운동맹이란 특정 항로에 취항하고 있는 선박회사들이 상호 과당경쟁에 따른 피해를 방지할 목적으로 결성한 일종의 카르텔이다. 운송에서의 운임 및 영업조건 등을 협정해 운임동맹, 정기선 동맹이라고도 한다. 충분한 정기노선과 선박을 보유한 선사여야만 가입할 수 있다.

최초의 해운동맹은 증기선 운항이 시작되던 시기인 1875년 영국-캘커타 동맹이며, 1995년 글로벌 수준의 해운동맹(얼라이언스)이 결성됐다. 이후 4대 얼라이언스(2M, G6, CKYHE, Ocean 3)를 거쳐 2017년 3대(2M, Ocean, THE) 체제로 개편됐다.

2M은 세계 1, 2위 선사인 덴마크 MAERSK와 스위스 MSC가 결성한 연합체다. 전체 얼라이언스 중 가장 많은 선복량을 보유한 게 특징이며, 한때 현대상선이 2M+H라는 협력관계를 맺은 바 있다. 다음으로 Ocean은 3위 선사 프랑스 CMA-CGM의 주도로 중국 COSCO, 대만 Evergreen 등이 결성했다.

THE는 독일 Hapag-Lloyd가 우리나라 한진해운과 연합하여 일본 ONE, 대만 Yangming과 결성했다. 3대 얼라이언스 중 가장 작은 규모며, 한진해운마저 퇴출당했다. 이후 HMM으로 사명을 변경한 현대상선이 2M을 벗어나 THE에 정식 가입하였다.

하늘길엔 우리가 있다, 항공동맹

해운업이 그렇듯 항공업 역시 산업적 특수성(특정 항공사가 전 세계 모든 지역을 운항하지 못하는 점)이 있다 보니, 항공사 간 동맹을 결성한다.

다양한 노선을 확보해 추가 수입을 기대하며, 라운지 공유를 통해 비용을 절감하고, 코드쉐어(공동운항)로 빈 좌석을 최대한 줄일 수도 있다. 고객 관점에서는 마일리지 적립과 패키지 항공편 이용 등 장점이 존재한다.

1997년 결성한 스타얼라이언스는 최초이자 최대의 항공동맹이다. 루프트한자, 에어캐나다, 유나이티드항공, 타이항공, 스칸디나비아항공 5개 사로 시작하여 현재는 26개 항공사를 거느리고 있다. 우리나라의 경우 아시아나항공이 2003년 가입했다.

스카이팀은 2000년 결성한 항공동맹으로, 우리나라 대한항공이 창립멤버로 속해 있다. 아에로멕시코, 에어프랑스, 델타항공으로 시작하였으며 현재는 18개 항공사가 모였다. 후술할 원월드에 비해 결성은 늦었음에도 빠른 성장으로 항공동맹 2위에 올랐다.

1998년 결성된 원월드는 세계 3위 규모이긴 하나, 아무래도 우리나라 국적기가 없어서 그런지 인지도는 떨어지는 편이다. 어쨌건 항공동맹이 과점 성격을 갖는 점에 고려할 때 알아둘 필요는 있다. 그밖에 항공동맹으로는 바닐라, 유플라이, 밸류 얼라이언스가 있다.

"By a lonely prison wall I heard a young girl calling
Michael, they are taking you away
For you stole Trevelyn's corn So the young might see the morn'
Now a prison ship lies waiting in the bay."
아일랜드 대기근을 배경으로 한 Charlie Haden, Petra Haden의 노래
「The Fields of Athenry」가사 中

11
세계경제의
주요 사건

밸리 포지의 교훈

　미국 독립전쟁 당시 시행됐던 가격통제정책을 말한다. 경제는 애국심만으로 움직이지 않으며, 비록 정책방향이 옳더라도 결과는 전혀 다를 수 있음을 시사한다. 금주법과 더불어 정부의 시장 개입을 반대하는 사례로 종종 소개된다.

　1777년 겨울, 대륙군 사령관이었던 워싱턴 장군은 격전지로 펜실베이니아의 밸리 포지를 택했다. 강추위 속에 군 물자 조달은 쉽지 않았고, 식량마저 바닥을 드러내기 시작했다. 이를 본 펜실베이니아 주의회는 상인들로 하여금 대륙군에 정해진 가격으로만 물건을 판매하게 했다. 주의회는 이 정책이 영국군 격퇴에 크게 기여할 것이라 믿어 의심치 않았다.

　하지만 결과는 정반대였고 오히려 처참하기까지 했다. 가격을 통제하자 상인들은 군대에 물자 조달을 거부하거나, 심지어 적군에게 조달하기 시작한 것이다. 이유는 간단했다. 상인에게 아무런 보상이나 혜택이 없었기 때문이다. 그 피해는 고스란히 대륙군에 돌아갔다. 추위 속 굶주림에 많은 병사가 죽어갔다. 뼈아픈 교훈을 얻은 이들은 이듬해 다음과 같은 결의문을 채택한다.

　"재화에 대한 가격통제는 유효하지 않을 뿐만 아니라 공공서비스를 극도로 악화시키므로 다른 주에서도 이와 유사한 법령을 제정하지 말기를 권고한다."

세기의 거래, 알래스카 매매

1867년 러시아는 미화 720달러를 받는 조건으로 미국에 알래스카를 매각한다. 이는 지극히 현실적인 이유 때문이었는데, 수도 모스크바에서 알래스카까지의 거리는 약 7,000km로 관리상 어려움이 존재했다. 또한 크림전쟁에서 패배한 러시아는 재정난에 빠졌던 터라, 결국 알래스카를 미국에 매각하는 제안을 받아들인다.

지금의 인식과 달리 당시 미국인들은 알래스카 구매에 반대했다고 한다. "얼음 땅을 뭣 하려고 사느냐"는 비판이 나왔으며, 당시 거래에 나선 미 국무장관 윌리엄 헨리 수어드의 이름을 따 알래스카를 '수어드의 냉장고'라고 조롱하기까지 했다.

상황은 완전히 달라졌다. 알래스카에 각종 지하자원뿐 아니라 대량의 석유가 매장된 것이 알려지면서부터다. 더 많은 미국인이 정착하기 시작했고, 현재는 의심할 여지 없는 미국의 49번째 주(州)이자 동시에 미국에서 가장 잘 사는 주의 한 곳이 됐다. 러시아로서는 후회가 막심할 것이다. 실제로도 백악관 사이트에 알래스카를 러시아로 귀속시키자는 청원 운동이 제기된 적도 있었다.

석유파동과 스태그플레이션

　1973년 아랍 산유국의 석유 무기화 정책과 1978년 이란 혁명(명목상 입헌군주제인 팔라비 왕조가 무너지고 이슬람주의자였던 호메이니가 새로이 공화국을 건국)에 이르는, 두 차례에 걸친 석유 공급 부족과 잇따른 가격 폭등으로 세계경제가 큰 어려움을 겪은 사건이다. 이를 계기로 OPEC(석유수출국기구)은 국제무대에 화려하게 진출했다.

　배럴당 3달러 수준이던 유가가 불과 몇 달 사이에 배로 급등하면서 세계경제, 특히 전후 전례 없던 평화와 번영을 유지하던 유럽은 큰 충격을 받는다. 당초 기대와 달리 유가는 좀처럼 떨어질 줄 몰랐고, 심지어 2차 석유파동으로 장기간 이어졌다.

　물가상승과 경기 불황을 동반하는 스태그플레이션이 현실화되면서 수정자본주의의 영광은 종말을 고했다. 그동안 당연시되던 정부의 개입은 부작용을 낳았고, 민간의 효율성을 중시하는 목소리가 힘을 얻기 시작했다. 바로 신자유주의 사상이다.

　한편 석유파동은 우리 경제에도 여러 영향을 미쳤는데, 사실 1차 파동 때만 하더라도 2차 파동으로 이어지지 않을 것이라 오판, 별다른 대책을 세우지 않았다. 그러다가 중화학공업이 탄력을 받기 시작한 70년대 말 큰 피해를 보고서야 수입 다변화 및 에너지 관리 등 정책 개선이 본격적으로 이뤄졌다.

석유의 무기화, OPEC 결성

공식 명칭은 '석유수출국기구(Organization of the Petroleum Exporting Countries)'이다. 이란, 이라크, 쿠웨이트, 사우디아라비아, 베네수엘라 5개국이 모여 1960년 출범했으며 당시 유가를 좌지우지했던 석유 대기업(소위 '일곱 자매(Seven Sisters)')에 대항하고자 하는 목적이 컸다. 산유국의 모임 정도로 해석할 수 있는데, 그렇다고 전 세계 모든 산유국이 가입한 것은 아니다.

'현대문명은 석유문명'이라고 할 만큼 석유가 갖는 의미는 절대적이다. 대표적으로 1970년대 오일쇼크를 들 수 있다. 제4차 중동전쟁과 이란 혁명이 발발이 된 이 사건에서 OPEC은 생산량 조절을 통해 국제유가를 통제했다. 갑작스러운 석유 부족은 세계경제에 큰 혼란을 초래했고, OPEC의 국제적 지위는 급상승했다. 석유의 무기화가 현실화된 것이다.

한편 미국의 '셰일혁명'으로 산유국의 지위가 달라졌다. 시장은 OPEC의 협의보다 트럼프 대통령의 트윗 한 줄에 더 크게 반응했다. 러시아의 원유생산량이 증가한 것도 OPEC의 독주에 제동을 걸었다. 일변으로 OPEC은 비회원국을 포함해 'OPEC +'라는 새로운 협의체를 구성했다. 이들은 과거 석유파동 정도는 아니지만 여전히 국제시장에서 상당한 영향력을 행사하고 있다.

셰일혁명의 여파

모래와 진흙 등이 굳어져 만든 퇴적암층(셰일층)에 매장된 원유, 천연 가스를 말한다. 여기서 원유를 추출하면 셰일오일이고 천연가스를 추출하면 셰일가스가 되는 셈이다. 암반 틈에 퍼져있다 보니 시추 비용이 많이 들어 경제성이 없다고 판단했으나, 국제유가의 상승 및 수압파쇄법이라는 기술 도입으로 상황이 달라졌다. 셰일혁명으로까지 불리는 이 사건으로 미국은 석유 순 수출국가의 지위에 올라선다.

셰일혁명은 그동안 언론에 종종 보도되던 석유 고갈론을 잠재우고 세계 에너지 권력 재편에도 영향을 줄 것으로 예상됐다. 더 이상 미국이 중동에 개입하지 않을 것이라는 전망도 나왔다. 하지만 사우디와 러시아의 증산에 따른 국제 유가 하락으로 셰일 시추의 채산성 문제가 일기도 해 당분간 지켜볼 필요가 있다.

우리 경제, 특히 조선업에 있어서 셰일혁명은 악몽과도 같았다. 당시 유가가 고공행진을 이어감에 따라 조선업계는 해양플랜트 사업에 눈을 돌렸는데, 이는 중국의 저가공세에 따른 대안책이기도 했다. 시추 비용이 많이 들더라도 지금의 유가 수준이면 대응할 수 있을 것으로 판단했기 때문이다. 하지만 얼마 지나지 않아 유가는 하락했고, 설상가상으로 계약조건마저 불리해 조선업계는 큰 손실을 기록했다.

보스턴 차 사건

여러 전쟁을 겪으면서 빚 부담이 커진 영국은 식민지 과세를 통해 이를 해결하고자 했다. 당연히 미국은 반발했고, 결국 부과했던 세금은 철회되기에 이른다. "대표 없이 과세 없다"라는 말처럼, 세금으로 대표되는 정치적 권력을 두고 영국 본토와 미국 식민지 간 갈등은 심화되고 있었다. 물론 이때까지만 해도 미국은 평등한 대우를 원했을 뿐, 독립을 요구하진 않은 것으로 전해진다.

한편 영국은 중국으로부터의 차(홍차) 유통과정을 일원화함으로써 밀수를 금지하고 자국 기업인 동인도회사에 무역 독점권을 부여했는데, 오히려 미국인들은 기존보다 싼 가격에 차를 마실 수 있게 되었다. 별문제가 없어 보이는 이 과정에 일부 시민들이 반감을 드러냈다. 이들은 영국의 이러한 독단적 식민지 과세정책이 타분야로 확대될 것을 우려했다. 기존 상인들의 불만도 더해졌다.

이런 상황 속에 1773년 12월의 어느 날, 원주민으로 변장한 일행이 보스턴 항에 진입해 정박해있던 배의 차 상자를 모조리 바다로 던져버리는 사건이 발생한다. 미국은 당황했고, 영국은 격분했다. 끝내 이 사태는 독립전쟁으로 치닫는다.

콩코드 오류

콩코드는 1969년 프랑스와 영국이 협력해 개발한 초음속 여객기다. 파리-뉴욕 간 8시간 가까이 걸리던 비행시간을 무려 3시간 반으로 단축할 만큼 빠른 속도를 자랑했다. 하나 장점은 그뿐이었다. 요금은 엄청나게 비쌌으며 실내 좌석도 좁았다. 심한 소음도 골칫거리였다. 70년대 들어서는 오일쇼크로 경제성 문제마저 제기됐다. 그럼에도 막대한 제작비가 들어간 점을 고려해 운영을 이어갔다.

결정적 사건은 2000년 7월에 발생했다. 파리 공항을 이륙한 뉴욕행 콩코드가 추락해 100여 명의 승객이 전부 사망한 것이다. 조사 결과 비행기에서 떨어진 금속 조각이 타이어를 파열시켰고, 이내 연료통 폭발로 이어졌음이 드러났다. 곧 운행을 재개했지만 손님은 크게 줄었고, 경영 부진을 견디지 못한 채 결국 중단한다.

콩코드 오류는 경제학의 매몰 비용, 즉 이미 지출되어 포기해야 함이 마땅함에도 그동안 투자한 시간과 노력·비용이 가까워 그러지 못한 행위를 가리킬 때 쓰인다. 우리 또한 종종 콩코드 오류에 빠질 때가 있다. EBS「지식채널e」에서는 본 콘텐츠를 다루며 경영학자 피터 드러커의 말을 인용했다.

"포기에 관한 결정은 아주 중요한데, 가장 소홀히 여겨지고 있다."

역사 속 대기근

불행히도 인류 역사 속 대기근은 여러 차례 있었다. 기근 특성상 자연재해로부터의 영향이 큰 게 사실이나, 20세기 들어서는 잘못된 정책과 인식으로 사태가 악화된 경우도 있다. 대표적으로 아일랜드 대기근과 우크라이나 대기근을 들 수 있다.

아일랜드는 오랜 시간 영국의 지배를 받았다. 영국은 곡물을 비롯해 많은 자원을 수탈했는데, 그나마 감자는 가져가지 않았다. 땅속에서 자라는 울퉁불퉁한 모습에 '악마의 씨앗'으로 불렸던 탓이다.

아일랜드인은 감자를 주식으로 삼으며 그럭저럭 생계를 꾸렸는데, 1845년 감자마름병이 돌면서 기근에 시달린다. 많은 아일랜드인이 굶어 죽었음에도 본국인 영국은 적극적 구호 활동에 나서기는커녕 이들이 게을러서 생긴 문제 정도로 보았다. 심지어 자신들의 이익을 탐내며 아일랜드 소작인을 내쫓기까지 했다. 이때 나온 말이 '보이콧'이다.

한편 '홀로도모르(기아로 인한 살인)'로 불리는 우크라이나 대기근은 1932년 소련의 농장 집단화 정책의 결과로 발생했다. 일각에서는 스탈린의 의도적인 민족 말살 정책으로 해석한다. 최근 러-우크라 전쟁에서 우크라이나가 결사 항전에 나선 이유에는 이러한 역사적 배경도 영향을 주었다.

베어링스 은행 파산

베어링스 은행은 230여 년의 역사를 지닌 영국의 은행으로, 엘리자베스 2세 여왕을 고객으로 두었으며 과거 미국이 루이지애나를 사들일 때 돈을 빌려주기도 했다. 사실 이 정도 역사와 경험을 갖춘 은행이 파산할 정도라면 국가적 위기가 발생했어야 마땅한데, 오히려 한 직원의 작은 일탈을 막지 못한 것이 결국 파산으로 이어졌다. 그가 바로 닉 리슨이다.

1989년 베어링스 은행에 입사한 그는 싱가포르 지점으로 발령받는데, 여기서 거래소 간 지수차익거래를 통해 이익을 내기 시작한다. 물론 모든 거래가 성공적이었던 것만은 아니라서 종종 실수로 주문을 잘못 입력하는 때도 있었다. 문제는 그가 이 사실을 회사에 알리지 않았다는 점이다. 그는 별도의 계좌를 만들어 손실이 나면 여기에 숨겼고, 이익이 나면 회사에 보고했다. 회사는 그가 어떻게 수익을 내는지에 별 관심을 갖지 않았고 감독에도 소홀했다.

결국 일이 터졌다. 일본 닛케이지수 변동성이 작을 것이라 예상하고 스트래들 매도 포지션(변동성이 클 때 손실을 보는 구조)을 취했는데, 다음 날 고베 대지진이 일어난 것이다. 곧 증시 반등을 기대하며 베팅에 나섰지만 시장은 그의 기대에 따라 움직이지 않았다. 베어링스 은행은 ING에 1파운드에 매각됐다.

대공황과 뉴딜

1929년 10월 24일, 뉴욕증시 대폭락을 시작으로 기업과 은행이 연이어 도산하고 곧 세계적 공황에 이른 사건이다. 여파가 어찌나 컸는지 침체(Recession)와 구분해 공황(Depression)이라는 수식어를 붙였으며, 앞에다가 great까지 더할 정도였다. 언론은 '검은 목요일'이라는 표현을 썼다.

이 당시 공황은 단기적 현상에 그칠 것이라는 전망이 우세했으나 오히려 장기화되었으며, 공황 타개를 위해 제정한 스무트-할리 관세법은 사태를 더욱 악화시켰다. 거리는 일자리를 잃은 실업자와 배급을 기다리는 대열로 가득 찼다. 대공황은 미국뿐 아니라 유럽을 포함해 거의 모든 자본주의 진영에 영향을 주었으며, 사회주의 진영과의 정치적 불안감도 가중되었다.

이렇듯 극심한 불황 속에서 대통령으로 취임한 루스벨트는 대안을 제시하는데, 이것이 바로 뉴딜이다. 뉴딜은 농업과 공업, 금융 등 경제 전 분야에 걸쳐 새로이 진행(New Deal)되었다. 대규모의 공공사업을 진행하여 유효수요를 창출시켰으며, 일자리 안정 및 사회지원 등의 복지정책도 병행하였다. 이 시기 루스벨트 대통령은 4선을 연임하며 제2차 세계대전과 대공황 속 혼란의 미국을 이끌었다. 대공황 극복에 뉴딜이 기여한 바를 놓고는 논란이 있으나, 자칫 자본주의가 붕괴될 위기를 타진할 방안을 제시했다는 점에 의미를 갖는다.

불만의 겨울

악몽 같은 전쟁이 끝났다. 처칠의 선전에도 불구하고 1945년 영국 총선 승리는 노동당에 돌아갔다. 당시 영국 경제 상황은 대단히 나빴음에도, 당초 사회보장제도를 주장했던 노동당은 약속을 이행한다. 건강보험과 기초연금을 비롯한 복지제도가 구축되기 시작하였으며, 다수의 공기업이 설립·운영되었다.

하지만 시간이 지나며 공공부문의 고비용, 저생산성 등의 문제가 불거졌다. 1970년대 발생한 석유파동으로 물가마저 급등해 더는 정부 주도의 정책을 펼치기 어려운 지경에 이르렀다. 1976년에는 무려 영국이 IMF로부터 구제금융을 받기까지 한다. 1960~70년대 영국의 비효율적인 경제구조를 가리키는 '영국병'이라는 말이 생겨났다. 정부도 이를 모르는 건 아니었으나, 매번 노조의 강력한 파업에 부딪혀 제도 개편에 실패했다.

1978년 영국 정부는 노조의 임금 인상률을 제한하는 특단의 조처를 내린다. 하지만 노조는 이를 받아들이지 않았고, 오히려 총파업으로 대응했다. 그런데 파업이 어찌나 심했는지 거리에 쓰레기가 가득 차고 장례식마저 연기될 지경이었다. 파업은 이듬해 봄까지 이어졌고, 민심은 흉흉했다. 이 기간을 가리켜 '불만의 겨울'로 칭한다. 마침내 1979년 총선에서 영국인들은 노동당이 아닌 보수당을 선택하는데, 이때 보수당의 수장이 바로 '철의 여인' 마가렛 대처다.

브레튼우즈 체제

전후 국제통화질서 확립을 위해 구축된 체제이다. 고정환율제의 일종으로, 금 1온스를 미 35달러에 고정하되 다른 국가의 환율은 오직 미 달러와 연동된다. 회담 장소였던 미국 뉴햄프셔주의 휴양지 브레튼우즈에서 이름을 따왔다. 이 체제를 계기로 미 달러화는 전후 화폐 패권을 거머쥔다.

회담 당시 영국 대표로 나선 이는 케인스이다. 전쟁의 여파로 자국의 영향력이 미·소에 크게 밀리는 상황이었음에도 그는 당대 최고의 경제학자라는 명성에 걸맞게 '방코르(Bancor)'라는 새로운 통화체제를 제안했다. 국제청산동맹(ICU) 등 구체적인 밑그림도 구상했다. 이는 국가 간 무역을 조정하고 자본 이동을 통제하는 효과적인 수단이었다. 가상화폐가 출시되는 지금 관점에서 보더라도 충분히 훌륭한 시스템이다.

반면 미국 대표였던 화이트는 무명에 불과했지만 표정에는 여유가 있었다. 당시 미국은 막대한 금을 보유하고 있었으며, 유럽과 달리 전쟁의 피해도 크지 않았다. 그는 충실히 미국 중심의 통화질서를 주장했다. 마침내 케인스는 화이트와의 논쟁에서 승리했지만 미국과의 대결에서 패배했다. 이렇게 출범한 브레튼우즈 체제는 1971년, 닉슨 쇼크로 사실상 붕괴한다.

자유무역과 WTO 출범

국제무역(통상)의 시작은 투박하면서도 명확했다. 'GATT(관세 (Tariffs)와 무역(Trade)에 관한 일반 협정(General Agreements))'라는 용어에서 알 수 있듯이 자유무역의 기본 사항을 세우는 데 주력했다. 이 과정에서 다자간 무역협상인 Round를 진행해왔다. 제네바 라운드 (1947), 앙시 라운드(1949), 토케이 라운드(1950) 등을 들 수 있다. 이중 우리에게 가장 유명한 것은 아무래도 8차 라운드인 우루과이 라운드가 아닐까 싶다.

GATT 체제는 숱한 예외 규정 등으로 불공정한 무역 행위를 제지하지 못하는 한계에 부딪혔다. 7년 이상 지속된 우루과이 라운드가 '마라케시 선언'을 통해 GATT의 문제를 개선하는 한편 새로운 무역 규범의 탄생으로 이어진 것도 이러한 이유에서다. 바로 WTO, 세계적인 무역 자유화 확대와 공정한 국제무역 질서의 확립을 위한 국제무역기구다.

WTO는 협력기구의 성격이던 GATT보다 한층 막강한 법적 권한을 갖는다. Round라는 명칭도 Agenda로 바뀌었다. 가장 최근의 협상은 도하개발어젠다(DDA)로, 2001년 도하 라운드에서 시작했다. 문제는 지금까지 타결하지 못하고 있다는 점이다. WTO라는 명성과 달리 각국은 세부 합의점을 찾지 못하고 있다. 이에 대안으로 자유무역협정 (FTA), 공동시장 등이 부상하고 있다.

유럽연합(EU), 통합의 역사

유럽 27개 회원국의 연합으로, 수도는 벨기에 브뤼셀에 위치한다. 이곳은 NATO 본부가 있는 곳이기도 하다. 주요 기구로는 최고 의사결정 기구인 이사회를 비롯해 집행기관인 집행위원회가 있다. 상임의장(우리로 따지면 대통령)이 있긴 하나, 실질적 영향력은 집행위원장(총리) 쪽이 더 크다.

EU의 시작은 1950년경으로 거슬러 오른다. 유럽석탄철강공동체(ECSC, 1952)를 바탕으로 유럽경제공동체(EEC, 1957)와 유럽공동체(EC, 1967)를 거쳐 1993년 지금의 EU가 출범했다. 영국의 경우 ECSC와 EEC에는 참가하지 않았으나, 공동체의 성공을 예상했는지 뜻을 바꿔 EC부터 참가했다. 한편 EU 창설의 기반이 되는 역사적 사건인 '마스트리흐트 조약'은 1991년 체결됐는데, 유럽연합의 세 기둥으로 경제와 외교 및 사법 분야를 설정했다.

2002년 유로화가 공식 통화로 사용되기 시작했으며, 2009년에는 유럽의 미니헌법이라 불리는 리스본조약 발효를 통해 국가 간 협력은 더 공고해졌다. 이 같은 공로를 인정받아 2012년에는 EU가 노벨평화상을 수상하기도 한다. 최근 금융위기 여파에 따른 남유럽 재정위기와 난민 사태, 브렉시트 등을 겪으며 세계경제 3대 고리(미국, 중국, EU) 중 가장 느슨하다는 평가를 받음에도 독일, 프랑스 등은 건재하며 국제무대에서 EU의 위상 또한 여전히 강력하다.

서유럽 재건에 나서다, 마셜플랜

　제2차 세계대전으로 황폐화된 유럽 재건을 위해 미국이 계획한 원조 프로그램이다. 공식 명칭은 유럽부흥계획으로, 당시 연합국을 승리로 이끌었던 조지 마셜의 이름을 따 마셜플랜이라고도 한다.

　한때 세계를 선도했던 유럽은 두 차례 전쟁의 소용돌이에 휘말리면서 걷잡을 수 없는 정치·사회적 혼란에 빠졌다. 경제적 어려움은 이루 말할 수 없을 정도였다. 공산주의 세력의 유럽 확산을 우려하는 목소리가 나오기 시작했고, 이를 지켜보던 미국은 대대적인 유럽 지원에 착수한다.

　1948년부터 1952년에 이르기까지 약 4년간 총 130억 달러가 투입됐다. 유럽, 특히 미국의 원조를 받기로 한 서유럽은 빠르게 부활했다. 미국과 서유럽의 관계는 점차 공고해졌으며 이는 곧 북대서양조약기구(NATO) 출범으로 이어졌다. 소련 역시 동유럽과 바르샤바조약기구를 창설하며 공산권 블록을 형성했다.

　한편 당시 경제 재건을 위한 유럽 자체의 노력도 필요했는데, 유럽은 국가 간 무역 장벽을 점차 철폐하고 경제 회복을 위해 협력하기 시작한다. 더 정확히 말하면, 이제 더 이상 영국이나 프랑스, 독일 모두 개별 국력으로는 미국과 소련이라는 초강대국을 상대할 수 없었기 때문이다. 일단 가장 사이가 나빴던 프랑스와 독일이 먼저 손을 잡는데, 이것이 유럽통합의 시발점으로 알려진 유럽경제공동체(EEC)이다.

PIGS, 유로존 위기의 해법은

'돼지들'. 방만한 재정 운영으로 2010년 유로존 위기를 촉발한 것으로 알려진 남유럽 4개국(포르투갈, 이탈리아, 그리스, 스페인)을 일컫는 말이다. 그밖에 영국(G)과 아일랜드(I)를 합쳐 PIIGGS 혹은 PIIGS로 칭하기도 하나, 영국의 경우 브렉시트로 이미 유럽연합을 탈퇴한 상황이라 대개 전자의 의미로 쓰인다.

유로존 위기를 두고 많은 이들이 이구동성으로 하는 말이 있다. "생산성을 높이지 않고, 선심성 정책을 남발했으며, 사회개혁에 지지부진했다"라는 점이다. 물론 타당한 지적이다. 하지만 이것만으로는 부족하다. 애초 각국의 경제 상황이 전혀 달랐음에도 정치적 이유로 경제 통합을 밀어붙인 게 EU다. 그렇다 보니 상처(국가 간 다툼)가 생겨도 통합의 명분 뒤에 가려졌고, 결국 곪을 대로 곪아 터진 게 유로존 위기라는 진단이다.

이번 기회에 제도적 한계를 극복해야 한다는 지적이 나온다. 방법은 두 가지다. 하나는 유로화의 점진적 후퇴다. 쉽게 말해 유럽이 동일 화폐를 쓸 만큼 경제구조가 비슷한 나라들만 모여 있지 않은 이상, 통합은 오히려 화를 키운다는 것이다. 다른 방법은 미국에 준하는 유럽합중국의 출범이다. 단 이 경우 유럽 각국의 내정까지 관리한다는 뜻인데, 브렉시트 사태에 비출 때 실현 가능성은 낮은 수준이다.

2008 글로벌 금융위기

시작은 2000년대 초반으로 거슬러 오른다. 당시 미국은 9·11테러 등으로 경기가 위축돼 그 해결을 위해 초저금리 정책을 펼친다. 이는 부동산 가격의 상승을 가져왔는데, 대출금리보다 주택가격 상승이 높아 한동안은 별문제가 되지 않았다. 금융기관은 더 많은 수익을 유치하고자 신용등급이 떨어지는 이들에게도 대출을 실행한다. 이른바 서브프라임(Subprime, 비우량) 대출이다.

하지만 초저금리 시대가 저물고 연준이 금리 인상에 나서며 대출금 상환에도 적신호가 켜졌다. 대출자들이 제때 대출금을 갚지 못하면서 금융기관의 손실은 점차 확대되었고, 결국에는 미국 대형 금융사들이 파산하기에 이른다. 가장 극적인 상황이 리먼 브라더스의 파산이다. 미국 4대 투자은행 중 하나였던 리먼의 파산은 자칫 미국의 부도를 가져올 정도의 큰 충격을 줬다.

마치 도미노처럼 금융회사에 투자한 기업들도 무너지기 시작하면서 위기는 미국을 넘어 전 세계로 확장한다. 우리나라도 예외는 아니라서 2008년 코스피지수가 930선까지 주저앉았다. 지금의 코스피지수가 대략 2,500선임을 고려해보면 당시 혼란이 어느 정도였는지 짐작할 수 있다. 글로벌 금융위기는 실물 분야의 성장 없이 금융이 팽창할 경우 그 결과가 어떠한지를 단적으로 보여주는 사례로, 미 금융당국은 재발을 막고자 도드-프랭크법을 제정하였다.

아이슬란드 금융위기

1918년 덴마크로부터 독립한 아이슬란드는 빈약한 내수와 섬이라는 지리적 여건 탓에 어업 중심의 활동에 머물러야 했다. 그러던 것이 70년대 지열을 이용한 알루미늄 제련업 육성에 나섰고, 수산물 가공업을 확대하며 경제를 발전시켰다. 2000년대 들어서는 금융 활성화를 추진하며 일약 유럽의 금융 허브로 떠오른다.

이렇듯 승승장구하던 아이슬란드가 크게 휘청거린 사건이 있으니 바로 2008 세계금융위기다. 국가 부도 위기라는 초유의 사태 속 게이르 하르데 당시 총리는 담화문을 내며 위기 극복을 위한 고통 분담을 호소했는데, 그 내용이란 금융권에 면죄부를 주는 것이었다. 마치 우리의 금 모으기 운동처럼 비치는 이 모습에, 아이슬란드 국민은 분노로 대응했다. 거리로 나온 이들은 프라이팬과 솥을 두드리며, 은행을 비롯해 잘못을 저지른 이들이 직접 책임질 것을 요구했다.

마침내 은행권에는 강력한 구조조정과 자본통제가 단행됐다. 유로존에 가입하지 않았음에도 독자적인 통화정책을 고수했다. 교육과 복지는 오히려 확대했다. 고통이 없었던 것은 아니었으나 결과적으로 위기 극복에 성공적이었다는 평가다. 한편 하르데 총리는 국가부도 사태를 이유로 유죄를 선고받는다.

잭슨홀 미팅

주요국 중앙은행 수장과 경제학자, 정책 입안자들이 모여 정책을 논의하는 자리다. 정식 명칭은 '캔자스시티 연방준비은행 경제정책 심포지엄'이다. 매년 8월 말 와이오밍주의 휴양지 잭슨홀에서 개최된다. 연방준비제도의 통화정책뿐 아니라 세계경제의 향방을 가늠할 수 있는 잣대로 평가받는다.

1978년 개최 당시만 해도 캔자스에서 열리는 단순한 학술대회에 지나지 않았던 것이 1982년 폴 볼커 연준 의장이 참석하면서 무게감이 달라졌다. 1998년에는 러시아의 모라토리움 선언에 대응하고자 통화 완화 정책을 예고했는데 실제 기준금리 인하로 이어졌다. 2009년 미국발 서브프라임 모기지 사태가 확산되자 당시 의장이었던 벤 버냉키는 양적완화를 시사했고 이 역시 대규모 경기부양으로 이어졌다.

지난해 잭슨홀 미팅의 관심은 연내 테이퍼링 시작이었다. 이는 코로나19로 시중에 풀린 돈을 회수하겠다는 뜻으로, 파월 연준 의장은 "올해(2021) 안에 실행하겠다"라는 발언을 통해 시장의 불확실성을 줄였다. 한편 기준금리 인상에는 신중한 입장을 내비쳤는데, 정작 2022년 미국 물가가 급등하면서 상황은 완전히 달라졌다. 연준은 이미 3차례 자이언트스텝(0.75%p) 인상을 단행했음에도 금리를 더 올리겠다고 공언한 상태다.

이슬람 금융의 역사

이슬람교 인구는 약 19억 명으로 기독교(25억 명)에 이어 세계 2위다. 한 조사에 따르면 2060년경에는 이슬람교가 기독교와 비슷해지거나 오히려 추월할 것이라는 전망이다.

종교의 자유가 보장된 우리와 달리 이란, 파키스탄 등 이슬람을 국교로 인정하는 나라들이 꽤 있다. 때문에 이들과의 거래를 위해서는 이슬람에 대한 이해가 필수적이다. 이슬람교도는 대부분 종교적 이유로 금융 활동에 적극적이지 않은데, 단적으로 금융거래의 기본이라 할 수 있는 이자마저도 여기서는 금지할 정도다. 이처럼 이슬람 금융은 매우 엄격한 샤리아(이슬람 율법)를 따르며 제한적으로 발전해왔다.

최초의 이슬람 금융기관으로 알려진 이집트의 미트감르저축은행(1963)의 경우, 상업은행이라기보다 이익배분제 성격의 예금투자기관에 가까웠다. 하지만 1970년대 들어 막대한 오일머니가 이슬람국이 아닌 서방 은행에 유입되는 것이 지적되면서 논의가 본격화되었고, 중동 중심으로 상업은행이 등장하기 시작했다.

1980년대에는 이자라(리스금융), 타카풀(보험) 등으로 다양화되었으며 1990년대 들어 수쿠크(채권), 주식, 펀드 등이 만들어졌다. 2000년대 이후에는 글로벌 시중은행이 이슬람에 진출하기 시작하였다.

쌍둥이 적자

쌍둥이 적자란 재정수지 적자와 경상수지 적자가 동시에 일어난 상황을 가리키는 말로, 1980년대 미국이 대표적이다. 이 시기 레이건 정부는 경기침체 극복을 위해 감세 정책을 단행한다. 세입이 감소했음에도 불구하고 소련과의 군비경쟁으로 인해 재정지출은 오히려 늘어났다. 그마저도 부족해 국채 발행이 더해진다.

한편 미 연준은 물가안정을 위해 금리를 한계까지 끌어올리는 특단의 조처를 내리는데, 이는 달러 가치 상승으로 이어졌다. 수출경쟁력이 약해진 미국 제조업은 크게 쇠퇴하며 실업률 역시 큰 폭으로 상승했다. 그럼에도 상황은 나아질 기미를 보이지 않았다.

재정수지 적자는 대개 국내 문제에 그치다 보니 지출 축소, 증세 등의 방법으로 어떻게든 타개할 수 있다. 문제는 경상수지 적자다. 적자가 부채로 쌓이다 보면 국가신용도 하락으로 이어지며, 최악의 경우 국가부도를 맞이할 수 있다. 미국은 이 문제를 해결하고자 반강제적인 합의를 도출하는데, 바로 플라자합의다.

최근 우리나라에서도 쌍둥이 적자 우려가 나오고 있다. 이미 재정은 적자이고 남은 것은 수출인데, 외환위기 후 처음으로 6개월 연속 무역적자를 기록했고 환율마저 불안정한 상태다. 위기를 조장할 필요도 없으나, 언제건 위기가 닥칠 수 있다는 경각심은 필요하다.

광란의 시대

제1차 세계대전(1914~1918)의 각축장이었던 유럽은 전후 혼란에 휩싸인 반면, 미국은 전쟁 특수를 톡톡히 누리고 있었다. 특히 1923~29년은 미국 역사상 전례 없는 호황의 시기로, 피츠제럴드의 소설 『위대한 개츠비(1925)』의 배경이기도 하다.

당시 미국 경제는 테일러의 과학적 관리기법, 포드의 컨베이어벨트 생산방식 등이 도입되면서 대량생산의 문이 일찌감치 열린 터였다. 역설적으로 전쟁은 그동안 해내지 못했던 수많은 과학적 성과와 기술 발전을 가져왔다. 무엇보다 대부분의 산업 기반 시설이 파괴된 유럽과 달리 미국은 전쟁의 피해를 거의 입지 않았기에, 전후 세계경제의 주도권은 자연스레 미국으로 넘어가기 시작했다.

날이 갈수록 미국인들의 생활수준은 점차 높아졌고, 그만큼 기업 활동도 전성기를 맞이한다. 대량생산은 곧 대량 소비로 이어졌다. 그중에서도 라디오와 영화, 자동차 수요는 폭발적이었다. 그 밖에도 금주법 통과(1919), 여성 참정권 도입(1920), 공화당 재집권(1921), KKK(Ku Klux Klan, 미국 극우단체) 성장, 재즈(Jazz) 유행 등이 이어졌다. 1920년대 미국은 번영과 광란으로 점철된 시대였다.

헤이마켓 사건

1886년 5월 1일, 미국 시카고의 노동자들은 대규모 파업을 벌였다. 이들은 8시간 노동 보장을 외치며 파업을 계속 이어갔다. 5월 3일, 노동자와 경찰 사이에 충돌이 생겼고 그 과정에서 노동자 수 명이 사망하기에 이른다. 이에 노동자들은 경찰의 행위를 규탄하는 집회를 여는데, 그 장소가 헤이마켓 광장이었다.

집회가 평화롭게 끝나고 경찰의 해산 과정 중에 누군가가 폭탄을 던졌고, 경찰 일부가 죽고 다치는 일이 발생했다. 경찰 역시 즉각 발포에 나서면서 피해가 커졌다. 당국은 즉각 조사에 나섰는데, 문제는 충분한 수사 없이 재판과 선고가 이뤄졌다는 점이었다. 재판에 회부된 노동운동가 8명 중 4명이 사형으로 목숨을 잃었다.

이 사건은 국제적인 관심과 함께 노동자들의 분노를 일으켰다. 이를 계기로 노동자들은 매년 5월 1일 모이기 시작하였고, 마침내 기념일로 제정되기에 이른다. 바로 노동절이다.

한 가지 이상한 것은, 분명 5월 1일 그것도 미국 시카고에서 일어난 사건임에도 정작 미국의 노동절은 9월 첫째 월요일이라는 점이다. 여기에는 노동절을 5월 1일로 정할 경우, 노동자들의 파업과 시위가 전 세계적으로 일어날 것을 우려했다는 설이 있다. 한편 우리나라는 5월 1일을 따르나, 노동절이 아닌 근로자의 날로 부른다.

알바니아 폰지 사기 사건

일종의 다단계로 불리는 폰지 사기는 신규 투자자의 돈을 기존 투자자에게 지급해주는 방식으로, 1920년대 찰스 폰지가 일으킨 금융범죄에서 유래했다.

그는 아무런 투자 전략이 없음에도 불구하고 '우표에 투자하면 큰 수익을 낼 수 있다'라는 소문을 내 투자자를 모집했다. 그렇게 모은 돈은 자신이 갖고 또 투자자를 모집하는데, 기존 투자자에게 이자를 지급해줘야 했기 때문이다. 당연히 이런 방식이 지속될 순 없었고 결국 투자자에게 원금과 이자를 지급할 수 없는 상황에 이른다. 이후에도 비슷한 범죄가 반복되면서 폰지 사기라 부르기 시작했다.

폰지 사기로 큰돈을 벌다가 결국 징역 150년형을 선고받은 버나드 메이도프를 비롯해 최근에는 가상화폐 LUNA의 대폭락까지, 여러 사건 중에서도 가장 충격적인 것은 1997년 알바니아 폰지 사기다. 남유럽 발칸 반도에 있는 알바니아는 1990년대 들어 자본주의 체제를 도입하였는데, 이 과정에서 다단계 회사가 폰지 사기를 벌였다. 이들은 알바니아 국민 대다수가 자본주의를 제대로 이해하지 못했다는 점을 이용해 범위를 넓혀나갔다. 심지어 정치권마저 여기에 결탁해 국민 60% 가까이 다단계에 투자하기에 이른다. 이 피해로 알바니아는 무려 내전까지 겪게 된다.

대항해시대

　15~16세기에 걸쳐 진행된 유럽인들의 신항로 개척 및 신대륙 발견은 세계사에 큰 전환을 가져왔다. 스페인과 포르투갈 중심으로 시작된 이 항해의 주인공은 인도 항로를 개척한 '바스쿠 다 가마', 아메리카 대륙을 발견한 '크리스토퍼 콜럼버스', 최초 지구일주 항해에 성공한 '페르디난드 마젤란'이다.

　생각해보면 유럽에서 봤을 때 대항해일 뿐, 아프리카 최남단을 비롯해 인도, 심지어 없던 대륙 취급받던 아메리카로서는 낯선 외지인의 방문에 가깝다. 그렇다고 애써 의미를 깎아내릴 필요는 없다. 대륙 간 교류의 물꼬를 텄다는 점만큼은 분명한 사실이며, 그동안 누구도 해내지 못했던 미지의 영역에 위험을 무릅쓰고 도전한 것 역시 크게 평가할 부분이기 때문이다.

　한때 위인전에는 이들의 이름이 실리기도 했다. 하지만 제국주의의 폐해가 조금씩 드러나면서 재평가가 이뤄지고 있다. 대표적으로 콜럼버스는 유럽에서나 개척자일 뿐, 원주민들에게는 학살자에 가깝다. 물론 여기에는 유럽의 영향력이 예전 같지 못하단 점도 영향을 줬다.

　이처럼 해양으로의 진출을 통한 성장이라기보다 열강의 침략과 약탈로 점쳐진 대항해시대는 18세기 들어 모든 영토를 발견하게 되면서 자연스레 쇠퇴했다.

대서양 노예무역

대서양은 유럽과 아프리카, 아메리카를 잇는 바다이다. 15~16세기 대서양 진출에 성공한 유럽 제국주의 열강들은 아프리카에서 흑인 노예를 사들였고, 이들을 배에 태워 대서양을 횡단했다. 설탕을 생산하기 위해서다. 서아프리카 연안은 노예 해안으로 불렸으며, 현재는 관광지로 유명한 카리브해는 이 시기 노예선이 오가는 주요 통로였다.

아메리카에 도착한 노예는 곧 사탕수수 재배에 투입됐다. 이들의 위험하면서도 고된 노동 끝에 생산된 설탕은 유럽으로 팔려나갔고, 그렇게 번 돈으로 다시 노예를 사들였다. 이러한 행위는 노예무역이 공식적으로 폐지된 19세기까지 계속됐다. 역사적으로 동서고금을 막론하고 노예제가 존재해왔으나 대서양 노예무역만큼 대규모로 이뤄지진 않았다. 무려 900만 명 이상이 팔려 간 것으로 전해지며, 연구에 따라서는 2,000만 명 이상으로 보기도 한다.

대서양 노예무역의 후유증은 여전하다. 노예로 팔기 위해 이른바 '인간 사냥'이 이뤄졌던 아프리카는 여전히 부족 간 극심한 갈등을 겪고 있으며, 사탕수수 주 재배지였던 카리브해 역시 빈곤과 폭력에 허덕이고 있다. 그럼에도 정작 포르투갈, 영국, 프랑스 등 당사국은 국가 차원의 보상이나 사과에 소극적이다.

바나나 공화국

바나나와 같은 1차 상품의 수출에 의존하면서 독재, 부패 등 정치적 혼란을 겪는 국가를 가리키는 말이다. 플랜테이션(대규모 자본과 기술을 갖춘 다국적기업이 식민지 또는 제3세계의 노동력을 이용해 행하는 단일경작)이 대표적인데, 바나나는 사탕수수, 커피 등과 더불어 플랜테이션 농업의 상징이다.

「마지막 잎새」의 작가 오 헨리가 펴낸 단편집에서 처음 사용한 것으로 알려져 있다. 당시 남미 국가 온두라스에서 생활했던 그는 온두라스를 가리켜 '겉으로는 멀쩡해 보이나 안을 들여다보면 문제가 산적한' 가상의 국가 바나나 공화국으로 빗대었다. 바나나 역시 외관상 단단해 보이지만 쉽게 썩는 성질이 있다.

바나나 공화국이라는 오명을 해당국의 정치적 혼란에만 탓할 수는 없다. 서구 열강, 특히 다국적기업은 자신들의 이익을 위해서라면 무엇이든 자행했다. 철도, 토지 등을 헐값에 매입하는 것은 물론 민주주의 체제를 뒤엎거나 독재정권을 후원하는 일도 서슴지 않았다. 유나이티드 프루트, Dole, 델몬트 등이 대표적이다.

유나이티드 프루트는 미 정부를 움직여 과테말라에 쿠데타를 시도했다. 국내에서도 유명한 Dole은 하와이공화국의 몰락을 주도한 샌퍼드 돌의 친척 제임스 돌이 세운 회사다. 델몬트 역시 플랜테이션의 그늘에서 벗어날 수 없다.

코차밤바 물 전쟁

볼리비아는 오랜 정치적 혼란이 거듭되면서 경제 전반이 상당히 위태로운 상황이었다. 결국 세계은행(WB)으로부터 지원받기에 이르는데, 세계은행은 그 대가로 민영화를 주문한다. 공공부문의 효율성을 높여야 한다는 게 주된 근거였다. 대상은 수도, 바로 물이었다. 볼리비아 정부는 이를 수락했고 얼마 지나지 않아 다국적기업으로 구성된 국제 컨소시엄 '아구아스델투나리'가 볼리비아 도시 코차밤바의 수도 사업 운영자로 선정된다.

사실 민영화도 따져보면 나름의 존립 이유가 있으며, 기업으로서 투자한 금액을 회수하는 것은 당연한 논리다. 하지만 현지 여건을 제대로 고려하지 못했다는 게 문제였다(만약 그랬다면 애초 다국적기업이 수익성 악화를 꺼려 진입할 일도 없었을 것이다).

인상된 수도 요금은 코차밤바 주민 월 소득의 1/5에 달했다. 설상가상으로 수도에 관련된 모든 권한이 이전된 터라, 빗물을 받아 쓰는 것도 위법 대상이 됐다. 비인도적 처사에 주민들은 분노했고 이는 시위로 이어졌다. 볼리비아 정부는 계엄령까지 선포하는 강경 대응에 나섰으나 시위대를 막진 못했고 결국 물 산업 민영화 조치를 철회한다. 민영화에 참여한 다국적기업 역시 숱한 비난 속에 물러나야 했다. 이 사건은 단순한 시위를 넘어 다국적기업 중심의 세계화에 경종을 울렸다.

기후변화협상의 기록

1992년 6월 브라질 리우데자네이루에서 개최된 유엔환경개발회의(UNCED)에서 채택된 유엔기후변화협약(UNFCCC)은 선진국과 개도국이 '공동의 그러나 차별화된 책임(Common But Differentiated Responsibilities)'에 따라 각자의 능력에 맞게 온실가스를 감축할 것을 약속하였다. 협약 최고 의사결정기구는 당사국총회(COP)이다.

1997년 일본 교토에서 개최된 제3차 유엔기후변화협약 당사국총회에서는 선진국들의 수량적인 온실가스 감축의무를 규정한 '교토의정서'가 채택되었다. 교토의정서는 기후변화의 주범인 6가지 온실가스(이산화탄소, 메탄, 이산화질소, 수소불화탄소, 과불화탄소, 육불화황)을 정의하였으며, 대상국의 감축의무와 조치 이행 등을 부과하였다.

한편 청정개발체제와 배출권거래제, 공동이행제도를 도입하여 온실가스를 비용 효과적으로 감축하고 개도국의 지속 가능한 발전을 지원할 수 있는 계기를 마련하였다.

2015년 프랑스 파리에서 열린 당사국총회에서는 2020년부터 모든 국가가 참여하는 신기후체제의 근간이 될 '파리협정'이 채택되었다. 이로써 선진국에만 온실가스 감축 의무를 부과하던 기존의 교토의정서 체제를 넘어 모든 국가가 자국의 상황을 반영하여 참여하는 보편적인 체제가 마련되었다.

탄소국경세 도입

1997년 교토의정서를 통해 탄소배출권 제도가 논의되었으나 수년째 제자리걸음에 그쳤다. 주요 온실가스 배출국인 중국과 미국의 소극적 태도 때문이다. 세계의 공장 중국은 말할 것도 없고 심지어 미국은 아예 교토의정서를 탈퇴했다. 높은 제조업 비중상 탄소 배출이 불가피한 우리 역시 굳이 나서기보다 관망하는 정도에 머물렀다.

이를 보다 못한 EU가 나섰다. 2019년 '탄소국경조정메커니즘(CABM)'을 도입했는데, 이른바 녹색 무역 장벽으로 불리는 이 제도의 골자는 탄소 배출에 따라 세금을 부과하겠다는 것이다. 다시 말해 탄소중립에 적극적인 국가와 그렇지 않은 국가 간 형평성 문제를 해결하겠다는 의미로, 사실 막대한 비용을 들여 친환경 제조공정을 갖춘 기업과 상대적으로 오염물질 배출을 방관하며 저렴한 비용을 유지하는 기업을 동일선상에 두긴 어려운 측면이 있다. 한편으로는 강도 높은 환경 규제를 받는 유럽 자국 기업의 경쟁력을 확보한다는 목적도 있다.

제조업 비중이 높은 우리나라는 최근 삼중고에 놓여 있다. 에너지 부문의 탈원전 논란, 글로벌 신냉전 체제 속 안미경중의 변화, 탄소중립에 따른 친환경 기술 전환이 그것이다. 위기를 기회로 바꾸는 민간의 노력과 정부 당국의 긴밀한 지원이 맞물려야 할 것이다.

오바마케어

미국 오바마 대통령 시절 도입한 의료보험 개혁을 가리키는 말로 정식 명칭은 '환자보호 및 부담적정 보험법(PPACA)'이다. 2009년 하원 통과 후 이듬해 상원 문턱을 넘었음에도 폐지 주장이 꾸준히 이어질 만큼 논란이 많았다. 2012년 대법원이 합헌으로 판결하면서 예정대로 시행했으나 이 과정에서 연방정부 업무정지(셧다운) 사태가 벌어지기도 했다.

미국은 경제 규모 면에서나 1인당 국민소득 측면에서나 엄연한 선진국 지위에 있다. 의료비 지출 역시 높은 편이다. 그럼에도 의료 서비스의 질은 낮으며 건강보험도 개인이 직접 가입해야 하는 구조다. 그렇다보니 한때 선진국 중 유일하게 전 국민 대상 의료보장제도가 없는 나라라는 불편한 평가를 받기도 했다.

여기에는 그만한 이유가 있다. 역사적으로 미국은 개인의 자유를 중시해 온 나라다. 따라서 보험 가입은 개인의 선택이라는 선을 넘지 말아야 한다. 하지만 이 경우 보험의 역선택 문제가 발생하기에, 지속적 서비스 제공이 불가능해진다. 가입 강제는 필수라는 뜻이다.

이렇듯 치열한 논란이 이어지는 사이 오바마의 후임으로 공화당 트럼프가 당선된다. 그는 오바마케어 폐지를 주장했지만 후퇴하는 수준에 그쳤다. 이와 반대로 후임 바이든은 오바마케어 살리기에 나섰다.

교통의 핵심, 도로의 역사

도로란 사람, 차 따위가 잘 다닐 수 있도록 만들어 놓은 비교적 넓은 길을 말한다. 이때 인도(보행자 통행로)와 자전거도로, 철도 등은 도로와 구분하며 대개 자동차가 다니는 길만을 가리켜 도로라고 부른다.

도로의 역사는 곧 인류 문명의 역사이다. 초기에는 나무나 돌 같은 장애물을 제거해 이동이 용이하게끔 만드는 정도였다. 기원전 3000년 경 메소포타미아에서 최초의 포장도로가 등장하였는데, 대량의 흙벽돌을 찍어 만들고 그사이에 역청을 발라 결합하였다.

"모든 길은 로마로 통한다"에서 알 수 있듯 로마제국은 약 9만 km에 달하는 도로를 건설하였다. 하급도로까지 합치면 무려 30만 km에 달한다. 차도(왕복 2차선) 기준으로 양쪽에 인도와 배수로를 갖췄으며, 일부 구간은 현재까지 도로로 사용될 만큼 튼튼하다. 이탈리아의 아피아 가도는 세계에서 가장 오래된 도로로 알려져 있다.

한편 대도시가 등장하며 '도시의 혈관'으로 부상한 도로는 현대 경제에서 빠질 수 없는 기본 인프라로 자리 잡았다. 흙, 돌에서 벗어나 콘크리트와 아스팔트가 도로 건설의 주재료로 이용된다. 특히 고무 타이어 개발은 인류가 더 빠른 속도로 도로를 이용할 수 있게 하게 하였다.

자원의 저주

오세아니아 대륙 미크로네시아의 작은 섬나라 나우루. 인구 1만 명에 면적은 21km^2에 불과한 이 나라는 인광석(유기물이 풍부해 비료, 화약의 원료로 씀)이 발견되면서 일대 전환을 맞이한다. 나우루는 인광석을 팔아 막대한 부를 얻었고, 나우루 국민은 그 돈으로 풍족하다 못해 사치스러운 생활을 누린다.

하지만 인광석이 점차 바닥을 드러내기 시작하면서 상황이 달라진다. 뒤늦게 나우루 당국은 대응에 나섰으나 정작 아무런 조치도 취하지 못했다. 나우루 국민이나 당국 모두 할 줄 아는 게 없었던 탓이다. 인광석에 기댄 기형적 경제구조가 끝내 붕괴된 후 나우루는 조세 피난처로 반등을 노렸다가 오히려 큰 피해를 봤고, 인근 호주로부터의 원조 등에 기대 근근이 살아가는 중이다.

자원의 저주란 자원이 풍부한 나라가 그렇지 않은 나라보다 경제적으로 어려움을 겪는 상황을 말한다. 이런 역설적 상황이 나타나는 이유는 무엇일까. 바로 저축과 투자를 등한시했기 때문이다. 자원의 저주를 겪은 나라 대부분은 자원개발로 얻은 소득 대부분을 소비에 썼다. 한편 우리나라는 대표적인 자원 빈국임에도 불구하고 고도 경제성장을 이뤄냈는데, 풍부한 노동력을 투입했다는 점은 인정해야 한다.

그럼에도 꾸준히 미래를 대비하며 변화를 모색한 결과라고 할 수 있겠다. 물고기를 주는 것보다 물고기 잡는 법이 중요하다는 점은 국가경제라고 해서 크게 다르지 않다.

"만일 어느 날 중국이 안면몰수하고 초강대국이 되어 패권을 주장하고, 여기저기 남을 괴롭히며, 남을 침략하는 한편, 남의 것을 탈취한다면, 세계의 모든 인민은 응당 들고일어나 중국을 '사회제국주의'로 규정하고 반대하여 중국 인민들과 함께 무너뜨려야 할 것이다."

덩샤오핑(鄧小平)

12

주변국 및
세계경제사

대약진운동의 실패

중국 경제성장의 일환으로 추진한 전국적인 대중 운동이며, 중화인민공화국 초대 주석인 마오쩌둥이 주도하였다. 결과적으로는 공산당 내부에서도 피해를(최고지도자의 판단이 틀렸음을) 인정할 만큼 그의 크나큰 실책 중 하나로 평가된다.

미·소 간 냉전이 지속되던 1950년대, 스탈린에 이어 소련 서기장 자리에 오른 니키타 흐루쇼프는 "경제발전을 통해 15년 내 미국을 추월하겠다"란 뜻을 밝힌다. 스탈린 사후 공산 진영의 맹주 지위를 놓고 흐루쇼프와 경쟁하던 마오쩌둥은 다급해졌다. 그 주인공이 자신이길 원했던 그는 "영국을 추월하겠다"라는 목표를 내걸고 경제개발계획을 세우는데, 이것이 대약진운동이다.

그는 중국이 보유한 거대한 노동력을 바탕으로 농업과 공업 두 분야에 적극적인 정책을 집행했다. 물론 성공만 거둔다면 훗날 독재자라는 비판을 받더라도 그럭저럭 감수했을 것이다. 하지만 결과는 대실패에 그쳤다. 애초 불가능한 목표임을 알고 있던 관리들은 엉터리로 보고했으며, 의욕적으로 진행한 토법고로는 무용지물이었다.

그밖에 제사해 운동과 각종 악재가 이어지면서 수많은 국민이 굶주림으로 사망했다. 대약진운동의 실패를 인정한 마오는 사임했으나 곧 문화대혁명이 발발하며 중국은 경제적으로나 문화적으로 큰 후퇴를 맞는다. 위화의 소설을 원작으로 한 장이머우(장예모) 감독의 영화 「인생(1994)」이 당시 혼란했던 중국의 모습을 담고 있다.

남순강화, 개혁·개방 가속화

"개혁·개방이 없다면 죽음의 길밖에 없다."

1992년 덩샤오핑은 88세 노구를 이끌고 우한과 선전, 주하이, 상하이 등 남부 주요 도시들을 시찰하였다. 이 과정에서 중국식 사회주의 시장경제의 필요성을 역설하며 시급한 도입을 주장한다. 당시 꺼져가는 중국의 개혁·개방 불씨를 되살림과 동시에 중국식 사회주의 시장경제 건설에 쐐기를 박은 이 사건을 가리켜 '남순강화(南巡講話)'라고 한다.

당의 원로이긴 하나 평당원 신분이던 그의 행보는 처음에 주목받지 못했다. 소련 해체와 공산권 붕괴로 성사성자(중국이 걷는 길이 사회주의의 길이냐, 자본주의의 길이냐) 논란이 일었고, 톈안먼(천안문) 사태의 유혈 진압에 서방은 교류를 중단했다. 실용노선을 내세웠던 덩샤오핑의 정책이 자칫 중단될 위기에 놓일 상황이었다.

덩샤오핑은 "사회주의에도 시장이 있다"라며 "생산력과 국력의 확대, 인민의 삶의 질 향상이 정책 판단의 기준이 되어야 하며 이러한 기본노선은 동요 없이 100년간 지속되어야 한다"라고 주장했다. 남부지역 여론이 남순강화에 호응하며 덩샤오핑은 힘을 얻었고, 후임자 장쩌민은 개혁·개방에 더욱 속도를 낸다. 그 결과가 현재의 중국이다.

1997 홍콩 반환

1840년 아편전쟁에서 승리한 영국은 난징조약을 통해 중국(청나라)
으로부터 홍콩섬을 빼앗는다. 더 큰 이익을 노린 영국은 재차 전쟁을
일으켰고, 중국은 홍콩 북부 주룽반도마저 빼앗긴다. 1898년에 이르러
서는 신계 지구까지 확대됐다. 영국은 겉으로 99년간 임차 조건을 내
걸었지만, 사실상 제국주의 횡포였다.

한편 그사이 중국 본토에는 공산당이 들어섰고, 덩샤오핑 시대에 이
르러 적극적인 개혁개방 노선을 펼치며 국력을 키워나갔다. 홍콩 또한
중국과 달리 독자적인 문화와 경제체제를 유지하며 아시아의 중심지
로 부상했다. 한때 일제가 홍콩을 지배한 시기도 있었고 1949년 중화
인민공화국이 건립될 때는 홍콩이 중국에 편입되는 것 아니냐는 우려
도 있었으나, 큰 분쟁 없이 영국의 홍콩 할양이 계속됐다.

그렇게 시간이 지났고 1980년이 되자 영국은 홍콩 반환 논의를 위
해 중국을 방문했다. 영국은 중국의 주권을 인정해주면서도 통치권은
계속 갖길 원했다. 하나 중국이 이 조건을 받아들일 리 없었다. 협상 끝
에 중국으로 반환하되 홍콩의 제도는 최소 50년간 유지하기로 했다.
이것이 '일국양제(하나의 국가에 2개의 사회·경제 제도를 인정)'다.

마침내 1997년 7월 1일, 홍콩의 주권이 중국으로 이양되었다. 한편
홍콩 땅을 밟아보는 게 일생의 소원이었던 덩샤오핑은 반환식을 얼마
앞두고 별세했다.

저우 4원칙

　냉전이 지속되던 1970년, 중국의 초대 국무원 총리를 지낸 저우언라이가 발표한 원칙이다. 대만과 한국(남한)을 견제하려는 목적으로 그 내용은 다음과 같다.

　1. 한국 또는 대만과 경제협력 관계를 맺고 있는 기업과는 무역 거래를 하지 않는다. 2. 한국이나 대만에 투자하고 있는 기업과 경제거래를 하지 않는다. 3. 무기를 생산해 베트남전에서 미국을 돕고 있는 기업과 거래하지 않는다. 4. 미국과의 합작회사, 미국의 자회사와도 무역거래를 하지 않는다.

　우려는 곧 현실이 되었다. 중국은 첫 번째 항목을 위배했다는 이유로 일본의 스미모토화학, 미쓰비시중공업과의 무역 단절을 선언했다. 그렇다고 일본으로서 중국을 포기할 수도 없는 일. 결국 우리와 합작사업을 추진하던 여러 일본 기업들이 취소 의사를 밝힌다.

　당시 토요타와 기술제휴로 코로나를 출시하는 등 순항하던 신진자동차(舊 대우자동차)는 중국 진출을 염두에 둔 토요타의 일방적 중단 선언으로 손해를 입었다.

　그러던 상황에 우리와의 기술제휴를 계속하겠다는 기업이 있었으니, 바로 포항제철과 협력했던 신일본제철이다. 신일본제철 역시 중국의 강한 압력을 받았지만 이나야마 요시히로 사장은 한국과의 신뢰를 저버릴 수 없다는 이유로 중국의 양자택일은 받아들일 수 없다고 하였다. 당시 한국 파트너가 포항제철의 박태준이다.

마늘 파동, 사드 사태

국가 간 교역이 확대될수록 분쟁도 생기기 마련이다. 특히 중국은 우리 수출입의 1/4을 차지할 정도로 경제에 미치는 영향이 크다 보니 그 충돌도 잦고 여파도 상당했던 게 사실이다. 대표적으로 마늘 파동 (2000)과 사드 사태(2016)를 들 수 있다.

1998년 5,400톤 규모였던 중국산 마늘 수입량은 이듬해 2만 2,600톤 가까이 폭증한다. 농가 피해를 우려한 우리 정부는 세이프가드(긴급 관세) 조치를 발동하는데, 이에 중국이 한국산 휴대전화와 폴리에틸렌 수입을 중단하는 무역 보복을 단행한다. 결국 우리 정부가 재교섭에 나서면서 상황은 진정됐다.

사드 사태는 한중관계가 어디까지 추락할 수 있는지를 여실히 보여 줬다. 사드 도입을 두고 중국은 한한령(한류 금지령)이라는 보복조치를 취했다. 한국상품에 대한 불매 운동이 벌어졌으며, 한국 배우가 출연한 광고는 다른 이로 교체됐다. 중국에 진출해 있던 수많은 기업이 직격탄을 맞았다. 특히 유통(백화점), 화장품 시장의 매출 감소가 컸다.

최근에는 경제 보복뿐 아니라 기술력 측면에서도 중국의 거센 추격을 받는 상황이다. 2015년 중국 리커창 총리는 '중국제조 2025'를 통해 제조업 강국을 선언했다. 아직은 기술격차가 존재하는 상황이나 결코 안심할 수 없는 부분이다. 그마저도 일부 기술을 제외하면 중국과의 차이가 작거나 오히려 밀리는 상황이다.

백 년의 마라톤

미국 허드슨연구소 중국전략센터 소장 마이클 필스버리가 쓴 책의 제목이다. 주된 내용은 마오쩌둥에서 시작해 덩샤오핑을 거쳐 시진핑에 이르는 중국의 '세계 패권 대장정'으로, 중화인민공화국이 출범한 1949년에서 100주년이 되는 2049년까지 미국을 따라잡고 세계 패권을 쥐겠다는 것이다.

2008년 세계금융위기의 진원지였던 미국이 큰 혼란을 겪는 사이, 중국은 수도 베이징에서 하계올림픽을 성대히 개최했다. 중국을 보는 세계 각국의 시선도 크게 달라졌다. 덩샤오핑이 도광양회를 천명한 지 불과 20년 만에 중국이 다시 일어선 순간이었다. 장쩌민의 '유소작위(해야 할 일에 적극적으로 나서 이뤄냄)', 후진타오의 '화평굴기(경제적으로 일어서되, 주변국과 평화 유지)'는 이제 시진핑의 '분발유위(떨쳐 일어나 해야 할 일을 함)'로 이어졌다.

중국을 바라보는 평가는 엇갈리나, 적어도 중국몽을 '헛된 꿈'으로 치부하는 사람은 이제 없다. 미국은 이러한 중국의 패권 도전에 절대 좌시하지 않을 것이다. 과거 소련에 그리고 일본에 그랬듯 말이다. 단, 한 가지 차이점이 있다면 지금의 미국은 동맹 강화를 중시한다는 것이다. 그동안 '안미경중(안보는 미국, 경제는 중국)'을 유지해 온 우리로서는 더욱 복잡한 경제환경이 전개될 전망이다.

차이나프리카

아프리카에서 가장 영향력이 큰 나라, 바로 중국이다. 사실 그동안 중국이 아프리카에 들인 공을 생각하면 그리 놀랄 일은 아니다. 중국은 1950년대부터 아프리카를 지원해왔으며, 한때 중국 외교부장의 새해 첫 방문지가 아프리카라는 말이 있을 정도였다. 여기에는 미국이 주도하는 서방 질서에 벗어나 아프리카를 우방국으로 만들겠다는 속내가 있다. 1971년 미국이 반대함에도 중국(중화인민공화국)이 유엔에 재가입할 수 있었던 것에는 아프리카의 공이 컸다.

'프랑사프리크(Françafrique)'라는 말이 가리키듯, 프랑스는 옛 식민지 시절부터 아프리카에 절대적 영향력을 행사해왔다. 그랬던 것이 점차 중국의 진출을 허용해 이제는 '차이나프리카(Chinafrica)'라는 말이 생겨나기에 이르렀다. 핵심은 교역로 및 자원 확보다. 매해 중국은 아프리카의 교통 및 광산을 중심으로 투자를 이어가고 있다. 최근 코로나19 과정에서는 백신 외교로 영역을 넓혀갔다.

한편 중국의 지배력 확대를 위기로 보는 시각도 적지 않다. 대표적으로 중국의 일대일로 정책이 자국 경제발전에는 기여하지 못하고 중국의 이익만 가져왔다는 평가가 있다.

한중수교 30주년

　역사적으로 한중은 같은 동아시아 문화권이자 이웃 국가로 많은 교류를 이어왔다. 현재의 중국과 수교한 것은 1992년의 일이다. 한국전쟁의 적대국임에도 불구하고 거대 시장 중국의 잠재력을 지켜만 볼 수는 없었기 때문이다. 중국은 우리의 '새 이웃'이 됐고, '오랜 이웃' 대만과는 헤어졌다. 주중대사관에 걸린 청천백일기(대만의 국기)는 오성홍기로 교체됐다.

　수교 후 민간의 중국 진출이 본격화됐다. 저렴한 인건비와 지리적 인접은 우리 기업의 생산기지 진출을 가져왔으며, 13억 명이라는 거대한 인구는 화장품·관광 등 소비시장 개척으로 이어졌다. 쇼핑 1번지 명동은 아예 중국인 관광객을 대상으로 영업하고 있으며, 국내 대학에서 중국인 유학생이 차지하는 비중은 압도적이다. 수교 당시 약 60억 달러 수준이던 양국 교역은 2,400억 달러(2019)로 크게 늘었다. 명실상부 중국은 우리의 제1 교역국으로 발돋움했다.

　부침도 많았다. 대표적으로 마늘 파동, 사드 사태 등을 들 수 있다. 특히 사드는 한한령이라는 보복조치로 이어지면서 우리 경제에 큰 혼란을 가져다줬다. 최근에는 미중 패권 다툼, 코로나19 속 GVC 재편, 중국의 쌍순환 전략(세계의 공장에서 내수시장 확대로의 전환), 대중 의존도 개선 등이 풀어야 할 과제로 지적된다. 하나 우리 여건상 뾰족한 해법도 없는 상황이다.

메이지 유신

일본 제122대 천황이었던 메이지 덴노(재위 기간 1867~1912)의 연호를 딴 것이다. 일본의 근대화를 가져온 대사건임에도 혁명이 아닌 유신(維新, 낡은 것을 새로이 고침)이라는 표현을 썼는데, 정치적으로는 왕정복고에 가깝다 보니 혁명과는 거리가 있어서 그렇다. 그럼에도 근대화라는 상징성이 강해 조선의 갑신정변, 중국의 양무운동에 종종 비교된다.

'부국강병(나라는 부유하고 군사는 강함)', '식산흥업(식량을 늘리고 산업을 일으킴)'은 메이지 유신을 대표하는 단어다. 당시 청나라의 몰락을 지켜본 일본은 서양을 이기는 것은 몹시 어려운 일이고, 오히려 서양을 배워 일본을 강하게 만들어야 한다는 점을 깨닫는다. 그 결과 서양의 기술과 제도를 적극적으로 받아들였고 마침내 일본은 아시아에서 가장 먼저 근대화에 성공한 나라가 된다.

메이지 유신은 일본, 특히 우익 세력에게 있어 영광이자 자부심이다. 청나라를 꺾었고, 러일전쟁마저도 결국 승리했다. 또한 조선을 지배했고 대만을 넘어 대동아공영권을 구축했다.

제2차 세계대전 이후로도 마찬가지다. 일본의 경제부흥 과정에서 메이지 유신은 하나의 정신처럼 퍼져나갔다. 단, 타국가를 무력으로 지배하고 억압했던 것마저 성공적 근대화로 볼 수 있는가에 대해서는 비판적 의견이 높다.

일본, 아시아 제1 경제대국으로

미일안전보장조약 하에 미국의 감시를 받는 변방의 농업국으로 전락했던 일본을 기사회생시킨 사건은 바로 냉전이었다. 그중에서도 한국전쟁이 절대적이었다. 물자 부족과 패전의 혼란으로 신음하던 일본에 전쟁 특수를 통한 엄청난 생산과 설비 도입이 이뤄졌고, 그 결과 투자 증대와 기술력 향상으로 이어졌다.

전쟁으로 폐허가 된 한반도와 달리 일본은 몰라보게 변해있었다. 지역 곳곳에 도로가 놓였으며, 건물과 공장이 속속 들어섰다. 1960년대에 이미 일본은 아시아 1위, 세계 10위권 경제대국으로 이름을 올렸다. 도쿄올림픽 개최와 OECD 가입(1964) 모두 이 시기에 이뤄졌다.

우리가 한창 경제개발에 열을 올리던 1970~80년대는 이미 일본 경제의 전성기였다. 이 시기 우리 경제가 어떠했는가 하면, 근로기준법 준수를 외쳤던 전태일 열사가 세상을 뜬 게 1970년이었다. 이웃 나라 일본의 경제발전이 결코 반겨지지 않던 시대였다.

일본의 영향력은 당시 대중매체에서도 고스란히 드러난다. SF영화의 기념비적 작품으로 평가받는 「블레이드 러너(1982)」에는 기모노를 입은 여성이 등장하는데, 무려 2019년 LA를 배경으로 한 것이다. 「로보캅 3(1993)」에서는 아예 일본 기업이 디트로이트를 사들이며, 사무라이 로봇이 로보캅과 결투를 벌인다. 실제로 미국 자동차 산업의 메카이자 제조업 중심지였던 디트로이트는 일본차 진출에 직격탄을 맞으며 몰락의 길을 걷는다.

세계 최초의 고속철도, 신칸센

일반적으로 시속 200km 이상으로 주행하는 철도를 가리켜 고속철도라고 한다. 한때 접근성 측면에서는 자동차에, 속도에서는 항공기에 밀리며 철도의 지위가 흔들리기도 했으나 고속철도가 들어서며 새로운 전성기를 맞이했다. 그 시작에 일본 신칸센이 있다.

'새로운 간선'이라는 뜻의 신칸센은 1964년 도쿄올림픽에서 처음 선보였다. 프랑스의 고속철도인 TGV가 81년, 독일의 ICE가 91년에 개통된 것에 비춰보면 상당히 빠른 개통임을 알 수 있다. 우리나라의 고속철도는 2004년에야 운행을 시작했으니, 기술 발전을 고려하더라도 약 40년의 차이가 나는 셈이다. 이 시기 신칸센의 평균속도는 210km/h에 달했다.

후지산을 전경으로 달리는 신칸센의 모습은 패전국 일본의 완전한 부흥을 의미했다. 수도 도쿄를 중심으로 길게 뻗은 일본의 국토에 맞게 노선은 점차 확대됐고, 꾸준한 기술 개발로 속도 개선이 이뤄졌다. 여기에 일본 특유의 장인정신이 더해져 안전성 측면에서도 세계 최고 수준을 달린다. 도입 이래 적어도 기계 자체 결함에 따른 인명 사고는 단 한 건도 발생하지 않았다고 한다. 그 밖에도 특별한 자연재해가 발생하지 않고서야 열차 지연은 분 단위가 아닌, 초 단위에 그칠 정도다.

미라이 공업

　전 직원이 정규직이며 70세까지 정년을 보장받는 기업. 직원의 출퇴근을 고려해 하루 근로시간을 7시간 15분으로 단축한 기업. 주4일제를 도입했다가 "너무 많이 쉬어서 심심하다"라는 직원들 요구에 부득이 주5일제로 돌아간 기업. 연 140일에 달하는 휴가를 제공하면서 월급은 대기업 수준인 기업. 읽으면서도 믿기 어려운 이 기업, 바로 일본 미라이 공업이다.

　미라이 공업 창업주 야마다 아키오(2014년 타계)는 연극인 출신이다. 그는 "막이 오르면 연기는 배우에게 맡겨야 한다"라면서, 경영자 또한 직원에게 모든 걸 맡겨야 함을 강조했다. 직원 스스로 감동해 열심히 일하지 않고서는 기업은 성장할 수 없다는 게 그의 지론이었다.

　'선풍기 승진'이라는 믿지 못할 일화도 이때 만들어졌다. 상장 시 일정 수의 과장급 직원이 필요하자, 이름이 쓰인 명단을 선풍기 바람에 날려 뽑은 것이다. 가장 멀리 날아간 이들을 뽑았는데도 전혀 문제가 없었다고 한다. "사원은 모두 같기 때문에 누굴 뽑더라도 다 잘한다." 절로 고개가 끄덕여지는 말이다.

　그렇다고 미라이 공업의 방식이 성공을 보장한다고 볼 순 없다. 무작정 직원 복지를 늘렸다가는 멀쩡한 회사도 흔들리기 마련이다. 업종, 규모에 따른 특징도 고려해야 할 것이다. 그럼에도 직원의 만족을 최우선시하는 경영방식만큼은 우리도 귀를 기울일 필요가 있지 않을까.

플라자합의

1960~70년대 일본은 고도성장을 거듭해 종국에는 미국 경제를 위협할 수준에 이르렀다. 미국은 이러한 일본의 성장을 지켜보고 있지만은 않았다. 컬러TV를 비롯해 철강, 섬유, 자동차에 이르기까지 일본 기업이 미국 시장을 위협한다고 판단하면 적극적인 견제에 나섰다.

최근의 미·중 무역분쟁을 '제2의 미·일 무역분쟁'에 빗대는 이유도 여기에 있다. 과거 소련과 일본, 현재의 중국에 이르기까지 미국은 확실한 힘의 우위를 보여줌으로써 세계 패권국 지위를 유지해왔다.

그중에서도 일본 장기침체의 단초를 가져왔다고 평가받는 사건으로는 플라자합의(1985)를 들 수 있다. 미·일을 비롯해 프랑스, 영국, 독일(서독) 5개국 대표가 모인 자리에서 엔화와 마르크화의 가치를 올리는(절상) 결정이 이뤄진다. 거의 반강제적인 합의였음에도 불구하고 일본 대표였던 다케시타 노보루는 "미국이 일본에 항복했다"라는 말로 당시 상황을 받아들였다고 한다.

1달러당 240엔 수준이던 환율은 약 1년 후 150엔대에 거래되기에 이른다. 엔화 가치가 오르자 일본 상품의 수출경쟁력은 떨어지기 시작했다. 일본은행은 금리 인하 카드를 꺼내 드는데, 이제 밖으로는 엔고(円高)에 안으로는 돈이 넘쳐나는 상황이 됐다.

생산이나 투자에 쓰여야 할 돈이 주식, 부동산 시장으로 흘러 들어갔다. 거품경제의 시작이었다.

미·일 반도체 협정

일본이 반도체 산업에 진출한 시기는 1950년대로 이는 한국의 삼성이 반도체 진출을 선언(도쿄선언)한 것보다 20년 이상 빠른 것이었다. 일본 정부의 적극적 지원 속에 일본 반도체 산업은 빠르게 성장했고, 얼마 지나지 않아 반도체 제조에서 양산에 이르는 수직 체계를 완성해낸다. 특히 주력 상품군이었던 D램은 25년 품질 보증을 자신할 만큼 높은 기술력을 자랑했다.

80년대 들어서 일본 반도체는 종주국 미국을 위협하는 수준에 이르는데, 글로벌 반도체 상위 10개 사 중 6개는 일본 기업일 정도였다. NEC, 도시바, 히타치 등이 이름을 올렸다. 당시 미국 언론은 이러한 상황을 '제2의 진주만 공습'에 빗대었다. 위기감을 느낀 미국의 반도체 업계는 당국에 도움을 요청한다. 그 결과가 1986년 체결된 미·일 반도체 협정이다.

본 협정에서 미국은 일본이 자국 반도체를 사용할 것을 장려했는데, 사실상의 강제였다. 제3국 시장에서의 덤핑을 이유로 보복관세마저 부과했다. 그럼에도 일본의 기세가 꺾이지 않자, 외국 반도체 점유율을 20%로 특정하거나 지적재산권 침해를 이유로 일본 기업을 공격했다. 근 10여 년간 계속된 마찰로 일본은 반도체가 아닌 소재/부품 분야로 눈을 돌렸고, 상대적으로 우리 반도체 기업들이 반사이익을 얻는 계기가 된다.

일은포 사건

2001년 9·11 테러의 여파로 미국 경제는 큰 침체를 맞이한다. 미 연준은 경기부양을 위해 자금 지원 및 금리 인하에 나섰으나, 이 과정에서 달러 가치가 하락하기 시작했다. 미-아프간 전쟁과 이라크 전쟁으로의 확대는 기대심리를 부추겼다.

달러 보유에 불안을 느낀 투자자들은 안전자산으로 엔화를 택했다. 엔화 가치는 점차 오르기 시작했고, 이를 놓칠 리 없는 국제 헤지펀드사들도 엔화 매수에 나섰다. 막대한 투기차익을 노린 행위였다.

일본 정부는 빠르게 대응했다. 당시 디플레이션으로 몸살을 앓던 일본 경제에 엔화 가치 상승이 가져올 피해는 너무나도 분명했기 때문이다. 무역수지 악화를 막기 위해서라도 엔화 급등은 막아야 했다. 이에 일본 정부는 중앙은행을 통해 막대한 엔화 매도에 나서는데, 이것이 '일은포(일본은행 대포, 우리로 따지면 한은포)'다.

2003년 1월부터 2004년 3월까지 무려 35조에 가까운 돈을 쏟아부은 결과, 달러-엔 환율은 118엔에서 121엔까지 상승했다. 그 영향으로 수천 개의 헤지펀드가 도산한 것으로 전해진다. 일본의 승리로 비칠 법한 이 사건은 이후 환율이 104엔까지 하락하면서 엇갈린 해석을 낳고 있긴 하나, 결과적으로 헤지펀드가 항복을 선언하였으므로 일본의 승리이긴 하다.

잃어버린 10년

작게는 몇 배, 크게는 몇십 배까지 부풀려지는 것이 거품이다. 당시 일본의 거품이 얼마나 심했는지는 닛케이225에서 극명하게 드러난다. 1989년 12월 29일 주가는 38,915.87로 역대 최고치를 기록하는데, 무려 30년이 지난 지금까지도 이 수준을 회복하지 못하고 있다.

그 밖에도 지금 생각해보면 믿기 어려울 일들이 이때는 비일비재했다. 뉴욕의 상징이라 불리는 엠파이어 스테이트 빌딩을 인수하는가 하면, 반 고흐의 작품(해바라기)을 매입하는 등 글자 그대로 전 세계를 사들이기 시작했다. 세계 50대 기업(1998, 시가총액) 중 절반 이상을 일본이 차지했다. 땅값도 크게 상승해 "도쿄를 팔면 미국을 산다"라는 말이 나돌 정도였다.

부풀어 오르던 거품은 점차 한계점에 다다랐다. 설비투자 감소, 가계 소비 악화 등 이상 징후가 포착되기 시작한 것이다. 금융과 실물은 동반 하락했다. 일본 정부도 이를 모르는 건 아니었으나 기존 방식(인위적 경기부양)이 오히려 사태를 키운 꼴이 됐다.

이에 하시모토 내각에서 대책을 마련했지만 반등을 노리기엔 역부족이었다. 설상가상으로 1995년 고베 대지진에 동아시아 외환위기까지 겹치며 불황이 지속되는데, 1991년부터 2001년까지 이어지는 일본의 경기침체를 가리켜 '잃어버린 10년'이라고 부른다.

도호쿠대지진

2011년 3월 일본 도호쿠(동북부) 지방에서 발생한 리히터 규모 9.0 의 대지진이다. 역사상 관측된 지진 중에서도 순위에 들어갈 만큼 충격 이 컸다. 이 지진으로 일본 경제는 물론 사회 전반에 엄청난 피해와 혼 란을 가져왔다. 사망자 수는 만 명을 넘어섰으며, 10년이 지난 지금까 지도 실종자 수색 작업이 진행될 지경이다. 대부분 건물이 붕괴되면서 도시는 기존의 모습을 찾을 수 없게 됐다. 일각에서는 지진 피해 복원 에만 수십 년이 걸릴 것이라는 비관적 전망을 내놓고 있다.

이 지진의 여파로 밀려온 쓰나미가 후쿠시마 원전을 덮치는 사건이 발생했다. 냉각용 전원이 멈추면서 멜트다운을 일으켰고, 설상가상으 로 늑장 대응이 겹치며 결국 방사능이 누출되기에 이른다. 체르노빌 원 전 이후 잠잠했던 원전 사고에 세계는 경악했다. 우리나라에서도 원전 의 위험성을 우려하는 여론이 조성됐고 이는 문재인 정부의 탈원전 정 책에도 영향을 줬다.

한편 지진이라는 대재앙 앞에서 원리에 충실한 일본 사회는 오히려 독이 됐다. 실제로 한 대피소 앞에 미군 헬기가 착륙한 일이 있는데, 구 호 물품을 받는 매뉴얼이 없다는 이유로 전달이 늦어지자 미군이 직접 나선 것이다. 그동안 촘촘하다고 알려졌던 일본의 시스템이 사실은 정 체된 상태에 머물렀던 셈이다.

안전자산, 엔화의 역사

일본의 통화이다. 코드는 JPY, 표시는 ¥으로 편의상 '엔'이라고도 부른다. '잃어버린 30년'이라는 평가에도 불구하고 일본은 GDP 5조 달러에 인구 1억 명을 넘는 경제대국이다. 전성기 시절 미국을 위협할 정도였으며 "도쿄를 팔면 미국을 산다"라는 말이 나돌았다.

그런 나라의 화폐인 만큼 국제시장에서 엔화의 지위는 상당한 수준이다. SDR(특별인출권) 편입만 봐도 알 수 있다. 엔화는 미 달러화, EU 유로화, 영국 파운드화, 중국 위안화와 더불어 SDR을 구성한다.

무엇보다 일본은 30년째 대외순자산 1위를 기록할 만큼 재산이 많으며, 국가채무 역시 대부분 국민이 지고 있어 부도의 가능성은 거의 없다고 봐도 좋다.

상황이 이렇다 보니 '캐리 트레이드(이율이 낮은 국가의 자금을 조달해 투자하는 기법)'의 대상으로 달러가 아닌 엔화가 쓰이기도 한다. 경기 불황 시에는 환율이 올라 애를 먹는 우리와 달리 오히려 일본은 환율이 하락한다. 안전자산으로서의 엔화 수요가 확대되는 탓이다.

우리나라의 원화 대비 환율은 대개 1,000원당 100엔으로, 약 10:1 수준이다. 원-엔 직거래 시장이 개설된 적도 있었지만 유동성 부족으로 곧 폐쇄됐다. 반면 통화스와프는 몇 차례 체결한 사례가 있다.

아베노믹스, 세 개의 화살

일본 제90·96~98대 내각총리대신을 지낸 아베 신조가 주도한 경제 정책이다. 보통 새 정부가 들어서면 관례로 '○○노믹스'로 표현하는데, 막상 내용을 보면 그다지 새로울 게 없는 경우가 많다. 하지만 아베노믹스는 양적완화, 그것도 세계 3위의 경제대국인 일본이 주인공이라는 점에서 큰 주목을 받았다.

아베노믹스는 '세 개의 화살'로 압축된다. 1. 대담한 금융정책 2. 신속한 재정정책 3. 신성장 전략이 그것이다. 풀이하면 이렇다. "돈을 풀면 엔화 가치가 그만큼 떨어지고(엔화 약세) 그 결과 수출이 증가하여 기업의 수익이 개선된다. 이는 고용 창출로 이어질 것이며, 따라서 내수도 살아나 경기가 활성화된다." 여기서 핵심은 돈을 얼마나 충분히 풀 수 있느냐에 있다. 이에 아베 총리는 양적완화에 미온적이었던 시라카와 마사키 총재를 대신 구로다 하루히코를 앉혔다.

통화정책은 그 특성상 효과가 나타나기까지의 시차가 커 정책 평가가 쉽지 않은데, 단기적으로 아베노믹스는 성과를 거둔 게 맞다. 단, 이것이 일본 경제의 반등으로 이어졌는지에는 견해차가 분분하다. 무엇보다 세 개의 화살 중 마지막 화살(신성장 전략)은 거의 아는 이가 없을 정도로 별다른 소득을 얻지 못했다. 그러던 중 코로나19 사태로 기대했던 도쿄올림픽마저 실패, 전망은 밝지 않은 편이었다.

한일 무역분쟁과 일본 불매운동

한일관계의 역사적 맥락을 차치하더라도, 양국 다툼은 대개 외교나 군사 영역의 갈등이었을 뿐 경제를 건드리지는 않았다. 서로에게 별 이득이 되지 않음을 잘 알고 있었기 때문이다. 우리 경제 구조상 일본에 의존하는 부분이 큰 터라 막대한 무역적자를 감수하고도 교역이 이뤄지는 상황이었고, 일본 역시 이를 알고 있기에 굳이 손해를 봐가면서까지 분쟁을 확대하진 않았다.

한편 이번 조치를 두고 일본은 수출 구조 재정비라는 공식 입장을 밝혔는데, 실제로는 과거 강제징용에 대한 우리 법원의 배상 판결에 보복 조치라는 해석이 지배적이다. 또한 그 대상으로 플루오린폴리이미드·포토리지스트·에칭가스(고순도 불화수소)를 지목했는데, 이는 우리 주력 산업인 반도체의 주요 소재다. 한국을 바라보는 일본의 시각이 어떠했는지를 알 수 있는 부분이다.

한일 무역분쟁이 가져온 변화는 다음과 같다. 우선 일본이 한국보다 경제 규모가 큰 건 사실이지만 한국을 때림으로써 일본 또한 피해를 봤다는 점, 그동안 알려지지 않았던 막대한 대일 무역적자를 국민이 인식했다는 점, 마지막으로 수입선 다변화와 국내 기초산업 육성에 더욱 속도를 붙였다는 점이다. 따라서 단기적인 득실을 따지기보다 대일 의존도 하락과 국내 산업 육성 등 중장기적 변화의 계기로 삼아야 할 것이다.

러시아혁명과 소련 탄생

제1차 세계대전이라는 격변의 과정에서 러시아혁명(1917)이 일어났다. 러시아 제국은 무너졌다. 같은 해 레닌이 주도하는 10월 혁명이 이어지면서 소비에트 연방, 즉 소련이 탄생했다. 주변 사회주의 공화국들이 가입하며 영토는 더욱 확대됐고, 1950년대에 이르러서는 바르샤바 조약기구를 체결하여 사회주의 국가의 동맹을 강화했다.

소련의 급속한 성장에서 빼놓을 수 없는 인물이 스탈린이다. 스스로 '강철의 인간'이라 칭했던 그는 독재자였음에도 불구하고 여러 업적을 남겼기에 러시아 내에서도 평가가 엇갈리는 편이다. 특히 생산력 추진을 목적으로 한 공업화 전략이 성공을 거두면서 낙후된 소련 경제의 체질을 크게 바꿔놓았는데, 이는 우리나라의 박정희 대통령에 대한 평가와도 비슷한 측면을 보인다.

스탈린 사후, 말렌코프에 이어 니키타 흐루쇼프가 최고지도자 자리에 오른다. 그는 스탈린 시기 억압적인 소련을 변화시키고자 했는데, 스탈린 우상화를 부정하며 정치범 석방에도 너그러운 태도를 보였다. 자칫 반공산주의로 비칠 수 있었던 이 모습은 서방을 넘어 같은 공산주의 진영에도 큰 충격을 줬고, 특히 중국과의 관계 악화는 오히려 '미중 간 수교'라는 놀라운 결과로 이어진다.

푸틴, 러시아 재건

1991년, 이제는 소련의 초대이자 마지막 대통령이 된 고르바초프는 모든 직을 내려놓기로 결심한다. 소련은 결국 해체된다. 후신인 러시아 연방정부의 초대 대통령으로는 옐친이 당선됐다. 그는 자본주의 시장경제의 적극적 도입을 주장한다. 독수리(미국)와 자웅을 겨루던 곰(소련)의 몰락치고는 너무나도 초라했다.

하지만 급격한 체제 전환은 엄청난 부작용과 진통을 가져왔고 대다수 국민은 빈곤층으로 내몰렸다. 심지어 권력의 불안을 느낀 옐친은 의회에 군대를 투입하는 모습을 보였고, 서방식 자본주의와 민주주의 그 어느 것 하나 제대로 성공하지 못한 상황이 됐다. 여기에 제1차 체첸 전쟁의 패배와 모라토리엄 선언까지 이어지면서 러시아인들은 깊은 절망감에 빠진다. 그러던 와중 선거가 치러졌고 옐친은 한 인물을 자신의 후임으로 정하는데, 그가 바로 푸틴이다.

푸틴은 지지부진했던 체첸 전쟁을 승리로 이끌며 지지율을 높였으며 당선 후에는 안정적인 경제 정책을 펼쳤다. 현재 푸틴에 대한 평가는 독재자와 침략자 그 이상도 이하도 아니다. 하지만 적어도 2000년대 러시아 재건에 있어서 만큼은 그의 업적을 부정하기 어렵다. 아마 이것이 비극적 사태의 원인이 됐을지도 모를 일이다.

유라시아경제연합

우크라이나는 1991년 소련 해체 시 분리 독립한 나라다. 이미 30년 가까운 세월이 흘렀음에도 러시아와의 영토 분쟁은 계속되고 있다. 러시아는 '역사적으로 볼 때 우크라이나와 한 가족과 다름없다'라는 입장이다. 물론 우크라이나는 분명한 선을 긋고 있다.

어쨌건 러시아는 유럽도 어려워하는 군사 강국의 지위에 있고 우크라이나는 상대적으로 약소국이다. 이에 우크라이나가 택한 전략이 바로 서방, NATO로 대표되는 미국과 유럽의 지원이다. 하지만 서방의 태도는 분명하지 못했고 우크라이나 내에서도 친서방, 친러를 두고 갈등이 일었다. 유로마이단 혁명(2013)을 통해 친서방 정부가 들어서며 사태는 일단락되는 듯 보였으나, 러시아가 개입하며 상황은 반전됐다. 그 결과가 크림 위기와 돈바스 전쟁, 최근 우크라이나 사태다.

한편 러시아가 우크라이나를 넘어 소련 해체 후 분열된 나라를 모아 제2의 소련을 수립할 것이라는 전망도 나온다. 유라시아경제연합(EAEU)이 대표적이다. 이미 카자흐스탄과 벨라루스, 아르메니아 등이 가입했다. 대외교역에도 적극적이라 우리와도 FTA 체결을 진행 중이다. 인구 2억 명 규모에 광활한 영토, 러시아어 통용 등을 고려할 때 앞으로 적잖은 변화가 예상된다.

한-러 경제교류

1990년 한-러 수교 이래 양국 교역은 꾸준히 증가 추세를 보였으나, 주요국 대비 러시아가 차지하는 비중은 적은 게 사실이다. 주된 이유는 현지 투자의 불확실성 때문이다. 북한이 가로막고 있다는 점 외에도 러시아에 대한 서방 제재가 이어지면서 우리 기업의 진출을 가로막고 있다.

그 밖에도 러시아는 영토에 비해 적은 소비시장, 부족한 인프라, 상대적으로 높은 임금 등이 장애물로 작용한다. 사정이 이렇다 보니 가장 큰 관심사라 할 수 있는 자원개발이나 기술 획득 분야에서의 투자도 미미한 수준이다.

더 큰 문제는 이러한 고민이 러시아라고 해서 크게 다르진 않다는 것이다. 러시아 역시 북한에 가로막히고, 또 우리 기업의 진출이 적다 보니 이렇다 할 매력을 느끼지 못한 상태다.

이에 제시된 해법이 이른바 실용 노선이다. 체제와 이념을 떠나 서로 확실히 이득을 볼 수 있는 분야 중심의 협력을 우선시한다는 뜻이다. 실제로 양국은 2020년 수교 30주년을 맞이해 전력, 철도, 가스, 조선, 수산 등 서비스업이 아닌 제조·기술 분야의 협력을 발표했다. 바로 '9-BRIDGE 전략'이다. 문제는 이때와 현 상황이 크게 달라졌다는 점이다. 당분간 한-러 관계에는 짙은 안개가 낄 전망이다.

고난의 행군

1990년대 북한의 체제 위기 상황을 말한다. 과거 김일성이 이끄는 항일유격대가 일본군의 토벌 작전을 피해 혹한과 굶주림 속 100여 일간 강행군을 했던 것에서 유래했다.

그동안 고난의 행군은 세 번 있었다. 첫 번째가 앞서 소개한 1938년 김일성의 행군이며, 두 번째는 1956년 '8월 종파사건(반대파 숙청 및 김일성 독재 본격화)'을 전후로 진행한 천리마운동 시기다. 사회주의 노력경쟁운동 형태로 생산성 향상을 목표했으나, 자본투자와 기술혁신이 제때 이뤄지지 않아 실패에 그쳤다.

세 번째 고난의 행군은 우리에게도 적지 않은 충격을 줬는데, 앞의 두 시기와 달리 1990년대는 남북 체제경쟁에서 우리가 확실한 우위를 보였던 때다. 남한은 경제성장과 민주화는 물론, 국제무대에서도 정상국가로 발돋움하고 있었다. 반면 북한은 체제 모순 속 계속된 정책 실패로 경제는 파멸을 향해가고 있었다. 극심한 식량난으로 적게는 수십에서, 많게는 100만 명의 아사자가 발생한 것으로 알려져 있다.

주목할 것은 당시 남북정상회담 논의인데, 김영삼 대통령은 북한에 파격적인 경제지원을 하는 대신 군사위협을 중지할 것을 요구했다. '1994년 7월 25일 평양'이라는 회담 날짜와 장소까지 잡혔으나 7월 8일 김일성이 급사하며 무산됐다. 만약, 28년 전 김영삼과 김일성이 만났다면 남북 간 대치는 다른 방향으로 흘러갈 수도 있지 않았을까.

금강산 관광사업

　북한은 김일성 시대부터 외화 획득의 수단으로 금강산 관광사업을 고려했다고 전해진다. 1989년 우리 기업인으로는 최초로 현대그룹 정주영 명예회장이 방북, 금강산관광 개발에 대한 의정서를 체결하였다. 하지만 세부적으로 북측과 이견이 생겨 사업 본격화는 9년 후인 1998년부터 이뤄진다.

　같은 해 11월, 이산가족을 태운 관광선 금강호가 동해항에서 출발해 북한 장전항에 입항하였다. 꿈에도 그리던 북녘에 도착한 이들은 감격에 흐느꼈다. 한 할머니는 아버지의 이름을 목놓아 불렀고, 금강산 일대가 고향인 실향민은 북녘땅 한 곳에 제수를 차려 돌아가신 부모님께 제사를 지냈다고 전해진다. 이렇게 시작한 금강산 관광사업은 2003년 육로 관광길이 열리며 더욱 활기를 띤다.

　한편 2008년 8월 민간인 관광객 피격·사망사건으로 금강산 관광사업은 잠정 중단된다. 당시 우리 정부는 진상규명과 재발 방지 대책을 요구했으나 북한은 이를 받아들이지 않았고, 2010년에는 금강산 내 남측 시설과 재산을 몰수하고 체류 인원을 전원 추방하기에 이른다.

　이에 사업을 주도한 현대아산은 큰 손실을 보았다. 2018년 남북정상회담을 통해 정상화 가능성이 잠깐 비쳤으나 북미정상회담 결렬 후 별다른 논의가 없는 상황이다.

북한의 시장, 장마당

이론적으로 봤을 때, 사회주의는 생산수단의 공유화와 배급제를 기반으로 둔다. 따라서 자본주의적 성격이 강한 시장마저도 '물건을 교환하는 장소' 정도의 인식에 그친다. 본격적인 상행위와 이 과정에서 부가가치를 얻는 우리의 시장과 가장 큰 차이점이다.

북한은 1958년부터 농민시장을 운영해왔는데, 이곳에서는 개인이 텃밭 등을 통해 생산한 농축산물이 거래되었다. 이른바 '합법적 사회주의 상업'인 셈이다. 북한 당국이 이를 허용한 이유는 사회주의 초기 생산력 발전이 높지 않았기 때문으로, 대신 규모를 제한하거나 일부 품목에 관한 거래를 엄격히 금지하여 자본주의적 요소가 개입하지 않게끔 하였다.

한편 1990년대 들어서 상황이 변한다. 밖으로는 공산권 붕괴와 안으로는 고난의 행군을 겪으며, 북한의 배급제가 붕괴되기 시작한 것이다. 주민들은 생존을 위해 사적 생산물을 늘렸고, 농민시장의 규모 또한 확대되었다. 여기에 북중 접경지역 중심으로 밀무역이 성장하면서 농민시장은 암시장으로 변해간다.

마침내 2003년 북한은 농민시장을 종합시장으로 확대·개편하였고 2005년에는 물자교류를 포함한 생산재 시장으로 운영되었다. 이는 김정은 정권 출범 이후에도 계속되고 있다.

개성공단, 중단된 남북경협

남한의 자본과 북한의 인력을 합친 모델로, 남북 경제교류의 현실화는 물론 통일 시 충격 흡수 등 여러모로 큰 기대를 모았던 사업이다. 현대 정주영 회장의 소떼 방북을 계기로 서해안 공단개발과 금강산 관광산업 논의가 시작되었으며, 2000년 들어 역사적인 6·15 공동선언 후 남북교류사업의 일환으로 구체화했다.

2003년 착공, 이듬해 입주 및 공장 가동에 들어간 개성공단은 2007년 「개성공업지구 지원에 관한 법률」이 제정되면서 속도를 냈다. 2012년에는 북한 노동자 5만 명 고용, 2013년에는 누적 생산액 20억 달러 돌파 등 성과를 거두기도 했다. 그럼에도 분단이라는 한계를 넘지 못해, 정치·군사적 정세에 따라 몇 차례 공장 중단과 재개가 반복됐다.

당초 개발면적만 여의도의 20배를 넘는 2,000만 평에 업체 수 2,000곳, 고용인력 35만 명을 예상했던 사업이다. 역사에 만약은 없다지만, 서울과 평양을 잇는 개성에 대규모 남북공단이 안정적으로 운영되었더라면 하는 아쉬움이 남는 것도 사실이다.

그럼에도 북한의 계속된 도발로 개성공단은 2016년 폐쇄됐으며, 이는 문재인 정부의 4·27 판문점 선언, 6·12 북미 싱가포르 공동선언이 이뤄졌음에도 변함이 없다. 개성공단 입주기업들은 하염없이 남북관계 정상화만을 기다리는 처지다.

북한 경제의 현주소

한국은행 자료에 따르면 2021년 기준 북한의 1인당 국민소득은 약 140만 원이다. 남한의 4,000만 원과 비교해보면 무려 28배 가까운 차이를 보인다. 일본은 말할 것도 없으며, 중국만 해도 1인당 GDP는 1만 달러(약 1,200만 원)를 넘는 시대다. 그만큼 북한 주민의 생활 수준이 현저히 떨어짐을 알 수 있다.

하지만 과거에는 정반대였다. 일제강점기 일본은 한반도의 남측을 경공업 및 농업지구로, 북측은 중화학공업 중심으로 발전시키는 전략을 택했다. 일제 패망 후 이러한 산업 시설을 그대로 보유하게 된 북한은 군사적으로나 경제적으로 남한보다 우위에 섰다. 전쟁의 과정에서 평양, 원산 등 대도시가 파괴되며 북한도 우리 못지않은 큰 피해를 본 게 사실이나, 같은 사회주의 국가들의 지원으로 빠르게 재건했다. 발표 기관에 따라 차이가 있긴 해도 1960년 북한의 1인당 국민소득은 남한보다 1.5배에서 크게는 3배 정도 높았다.

1970년대 북한 경제는 다소 둔화한 모습을 보이긴 했어도 여전히 성장세였고, 1980년대에도 겉으로는 별문제가 없었다. 하지만 1990년대 사회주의 진영이 해체되며 북한은 절대적 타격을 입었고, 여기에 권력 세습과 잇따른 경제 실책 등이 겹쳤다. 김정은 시기에 들어 체제 개방을 시도하는 중이나, 지난 북미정상회담에서 봤듯 이렇다 할 성과를 내지 못하고 있다.

아세안, 신남방정책

1967년 아세안 5개국(태국·말레이시아·인도네시아·싱가포르·필리핀) 외교장관회의에서 논의되기 시작했으며 이후 브루나이와 베트남, 라오스·미얀마, 캄보디아가 가입해 현재에 이른다. 1997년 아세안 창설 30주년에 맞춰 한-아세안 정상회의가 열렸으며, 아세안+3(한·중·일 삼국과의 협력 증진), 한-메콩(메콩 5개국인 캄보디아·라오스·미얀마·태국·베트남) 등으로 확대되었다.

아세안 전체 인구는 약 6억 명을 넘는 데 반해 GDP는 3조 1,062억 달러(2020) 수준으로 독일에 못 미치며, 그마저도 인도네시아와 태국 두 나라가 절반을 차지한다. 생활 수준 전반을 가늠하는 지표인 1인당 GDP 역시 싱가포르와 브루나이를 제외하면 격차가 크다.

한편 우리 정부는 지나친 대중 의존도를 줄임과 동시에 무역 다변화를 모색 중이다. 그 대상으로 떠오른 곳이 아세안이다. 최근에는 '신남방정책'이라 이름 짓고 더욱 공을 들이고 있는데, 아세안 진출을 두고 일본과의 치열한 경쟁이 진행 중이다.

분명한 것은 아세안은 더욱 성장할 것이고 우리와의 협력 또한 다양한 분야로 확대될 것이라는 점이다. 따라서 우리 또한 과거 열강들이 그랬듯 아세안을 얕보고 이용하려는 생각을 갖고 있는 건 아닌지 돌이켜봐야 한다.

베트남의 개혁·개방, 도이머이

베트남의 개혁·개방을 상징하는 용어다. 베트남어로 '쇄신'이라는 뜻을 담고 있다. 러시아의 '글라스노스트·페레스트로이카(고르바초프 시절 진행된 소련의 개혁·개방정책)', 중국의 '흑묘백묘(검은 고양이건 흰 고양이건 쥐만 잘 잡으면 된다는 뜻의 실용성 강조)', '선부론(능력 있는 사람부터 먼저 부자가 되어, 낙오한 사람들을 도우라)'과 더불어 공산권 진영의 개혁개방을 언급할 때 소개된다.

참혹했던 베트남 전쟁(1955~1975)이 종식되고, 마침내 베트남은 통일을 이룬다. 하지만 사회·경제적 혼란은 여전했다. 만성적인 재화 부족, 관료의 부패, 암시장 형성에 시달렸고 여기에 서방 진영의 경제제재까지 겹쳤다. 1980년대 고도성장을 누리던 한국의 모습과 달리 베트남 경제는 성장전략 노선조차 제대로 잡지 못한 수준이었다.

이때 나온 것이 도이머이 정책이다. 1986년 베트남 공산당 대회를 계기로 도입된 이 정책은 시장경제 체제로의 이행과 동시에 농업개혁 등 제도적 기반을 구축해나가는 발판이 되었다. 이후로도 베트남은 교역 개방과 외국인 투자 확대, 국영기업 개혁에 주력했다. 2006년 APEC 개최, 2007년 WTO 가입 등이 이어지면서 현재는 글로벌 경제 체제에 완전히 편입했다는 평가다.

떠오르는 신흥국, 인도네시아

인도네시아라고 하면 대개 "우리보다 못사는 동남아시아 나라 중 하나"라는 인식이 강한데, 이건 과거의 이야기다. 2억이 넘는 인구와 한반도 10배에 달하는 면적을 보유해 동남아시아의 맹추격을 자처하며, 경제력 또한 세계 20위권 내에 꼽힌다. 여기에 풍부한 자원과 아름다운 자연환경, 오랜 역사와 문화, 그밖에 동서 무역을 잇는 지리적 이점 등이 더해지면서 발전 가능성은 대단히 큰 편이다.

최근 조코 위도도 대통령이 연임에 성공하면서 적극적 외자 유치와 규제 완화를 추진 중이다. 또한 수도 자카르타를 보르네오섬으로 이전하여 인구·경제집중, 환경문제, 균형발전 등에 대응할 뜻을 밝혔다. 아세안(ASEAN) 창설에 주도적인 역할을 했듯이 RCEP, CPTPP 등 경제 영토 확대에도 힘쓰고 있다. 우리와는 MIKTA 구성원으로 친밀도가 높은 편이다.

주목할 것은 전기차 배터리의 원료인 니켈 매장량 1위 국이 인도네시아라는 점이다. 미중 무역분쟁과 코로나19 등 잇따른 글로벌 공급망의 탈 중국화 움직임 속에 인도네시아 진출을 꾀하는 기업들이 늘어나고 있다. 인도네시아 정부는 단순 수출에 그치지 않고 자국 경제발전의 기회로 만들겠다는 방침이다.

메이크 인 인디아

인도는 GDP 기준 세계 6위, 인구 14억 명의 거대한 내수 시장을 갖춘 나라다. 지리적으로 육로는 중국·아세안·중동을 잇고 있으며, 해로는 인도양을 접하고 있다. 무엇보다 사실상의 핵보유국이라 국제사회에 미치는 영향력도 상당하다. 미국이 주도하는 쿼드(미국·일본·인도·호주)의 목적이 중국 견제에 있음을 고려할 때, 추후 중국을 대신해 서방세계의 새로운 제조업 기지로 부상할 가능성이 제기된다.

인도의 강점은 엄청난 잠재력에 있다. 중국에 이어 세계 2위의 인구 대국이며, 이마저도 곧 추월이 예상된다. 풍부한 노동력은 글로벌 제조업체들의 진출을 기다리는 중이다. 영토 역시 파키스탄과 분리되었음에도 한반도의 15배 수준이며, 농경지가 절반을 차지할 만큼 비옥하다.

인도 경제의 특징으로는 2차 산업, 즉 제조업의 부재를 꼽을 수 있다. 이에 2014년 인도 정부는 '메이크 인 인디아' 정책을 발표했는데, 인도 경제에서 제조업이 차지하는 비중을 2025년 25% 수준으로 끌어올리는 것이 골자다. 한편 우리와의 외교 관계는 원만하여 이미 여러 기업이 현지 시장에 진출해 있다. 다만 낙후된 기반 시설과 대외 개방에 따른 엄격함, 경직된 노동시장 등은 개선점으로 지적된다.

세계화 30년의 종언, 신냉전 시대

미국이 지금과 같은 패권국 지위를 누린 시간은 불과 100년이 채 되지 못한다. 1944년 브레튼우즈 체제를 기점으로 유럽은 국제통화제도라는 막강한 권한을 미국에 내줬고, 한동안 미국으로부터 원조받으며 경제 재건에 나서야 했다. 한편 이들은 미·소 두 강국에 대응하고자 뒤늦게 EU라는 연합을 결성한다.

철옹성 같은 미국의 패권에 금이 가기 시작한 것은 2000년대 들어서다. 이라크 전쟁은 미국에 상처뿐인 영광만을 가져다줬고, 설상가상으로 서브프라임 모기지 사태가 세계금융위기로 번지면서 미국은 경기침체의 주범으로 낙인찍혔다.

이렇듯 미국이 휘청거리는 사이, 중국은 조용한 성장을 이어갔다. 세계의 공장으로 급부상하며 일본을 추월한 중국은 이제 글로벌 패권국의 지위를 놓고 미국에 도전장을 내밀었다.

2018년 무역분쟁으로 시작한 미·중 간 다툼은 이제 자유민주주의 진영과 권위사회주의 진영 간 대립으로 이어지고 있다. 더욱이 코로나19가 겹치면서 우리는 언제든지 자국의 빗장을 걸어 잠글 수 있다는 점을 깨달았다. 따라서 신냉전 시대에 대비해 미래기술 확보에 총력을 기울여야 하며, 공급망 다변화를 통한 경제안보를 구축해야 한다. 특히 식량안보가 중요하다. '안미경중'을 재설정하는 과정에서의 경제 충격도 극복해야 한다.

365개의 이야기를 마치며

어느덧 이 책의 마지막에 다다랐다. 책을 쓰는 과정에서 많은 노력을 기울였으나 여전히 고민과 아쉬움이 남는다. 어떤 이야기는 너무 미화한 건 아닌지, 공이 더 큰 인물임에도 굳이 과를 들춰낼 필요가 있었는지, 차라리 다른 이야기를 소개했더라면 어땠을지 하는 것들이다. 그저 이 책의 취지에 맞춰 경제사의 다양한 이야기를 가볍게 접하고자 하는 독자에게 잘 전달되길 바랄 뿐이다.

다시 경제사 이야기를 해보려 한다. 경제사 또한 결국엔 역사의 기록이기에, 같은 사건이라도 누가 어떻게 바라보느냐에 따라 그 평가가 달라지기 마련이다. 누군가는 역사를 '있는 그대로의 사실로 다루는 것'으로 보았지만 이 책에서만큼은 예외를 두었다. 따라서 주관적 기술이 반영된 부분은 독자분들의 양해를 구함과 동시에 이를 참고해 스스로 평가를 해보길 권한다.

한편 이 책에서 다루지 못한 내용도 많은 게 사실이다. 방대한 경제의 역사를 한 권의 책에 담는다는 것도 어불성설이지만 설령 그렇다고 한들 그 깊이는 한 치에도 이르지 못 할 일이다. 단편적인 나열에 아쉬움을 느꼈다면 관련 이야기를 더 찾아보길 권한다. 이때 경제에 한정할 이유는 없으니, 역사적 맥락과 정치적 상황 등을 함께 조망해보길 바란다.

끝으로 경제사를 하나의 길에 비유한다면, 그동안 우리는 수많은 길과 그 위를 걸어간 이들을 지켜본 셈이다. 이제 마지막 물음에 답할 차례다. 우리는 어떤 길을 택할 것인가. 이는 '어느 길인가'가 아닌 '왜 그 길인가?' 하는 물음이기도 하며, 동시에 이 책이 전하는 메시지이기도 하다.

경제사 속 그들은 왜 그러한 길을 선택했을까. 이 해답을 찾다 보면 지금의 우리 경제에 산적한 난제를 풀 수 있는 혜안을 기를 수 있을 것이다. 코로나19와 미·중 간 신냉전 시대, 그 계기가 이 책이 되길 바라며 글을 마친다.